一般言語学から見た
日本語の音韻構造

窪薗晴夫

まえがき

　本書は「一般言語学から見た日本語の音声」シリーズ（3部作）の3巻目として上梓するものである。このシリーズでは、まず2021年に『一般言語学から見た日本語のプロソディー』を、続いて2023年に『一般言語学から見た日本語の語形成と音韻構造』を刊行した。いずれも一般言語学の知見を取り入れて、日本語の音韻現象と音韻体系を日本語のウチとソトから分析したものである。第3巻となる本書でも、引き続き一般言語学の視点から日本語の音声現象を分析した。今回は前2巻で取り上げることができなかったテーマ―モーラ、音節、音楽と言葉の関係（テキストセッティング）、プロミネンスの衝突―を俎上にあげ、東京方言以外の方言にも視野を広げて日本語の音韻構造を明らかにしようとしたものである。

　「一般言語学から見た日本語の音声」シリーズ3部作は、半世紀近い私の研究をまとめたものであるが、学部生時代より今日まで多くの方々に支えられてきた。恩師としてお世話になったのが（故）寺村秀夫先生、（故）荒木一雄先生、（故）原口庄輔先生、Bob Ladd 先生の4名の先生方である。寺村秀夫先生には、大阪外国語大学で言語学を学び始めた頃、母語である日本語を研究することの楽しさを教えていただいた。名古屋大学大学院で英語音韻史を研究していた頃の恩師である荒木一雄先生には、言語を通時的な観点から分析することの面白さを教えていただいた。学兄である原口庄輔先生からは、公私にわたる交流の中で音韻理論の面白さを学んだ。イギリス留学時代の恩師であった Bob Ladd 先生からは、一般言語学の視点から個別言語を分析することの大切さを教えていただいた。学部生時代から今日まで言語学に対する関心を欠かさず持ち続けることができたのは、この4名の恩師との出会いに負うところが大きい。

　これまでの研究生活では南山大学（1982〜1992年）、大阪外国語大学（1992〜1996年）、神戸大学（1996〜2010年）の3つの大学で教鞭をとったが、いずれの大学でも同僚や教え子に恵まれた。日々の授業だけでなく卒業論文や

ii | まえがき

修士論文、博士論文の指導を通じて若い人たちから大きな刺激を受け、彼らとの議論が新たな研究テーマにつながった。

　研究への刺激という意味では、研究仲間に負うところも大きい。とりわけ関西音韻論研究会（PAIK）と日本音韻論学会のメンバーや、Junko Ito, Armin Mester, Bob Ladd, Larry Hyman, Carlos Gussenhoven, （故）Anne Cutler の各氏をはじめとする海外の研究者との交流から多くのことを学んだ。研究生活の後半では、国立国語研究所（2010〜2022 年）在籍中に行った全国の研究者との共同研究プロジェクトが大きな刺激となった。

　長年の調査研究では方言話者（インフォーマント）の皆さんの協力が不可欠であった。とりわけ鹿児島方言調査では、（故）花牟禮靖男、花牟禮セツ子、安藤健二、安藤秋子、（故）窪薗信子、（故）窪薗浩己、窪薗睦男、（故）川嶋俊雄、川嶋賢一、永田善三、中川清の皆さんに、甑島方言調査では巡田敏史、巡田千里子、巡田英三、尾崎孝一、富田康文の各氏（手打集落）と、梶原孝信、山下安義（平良集落）、横路康尚、（故）中能秀樹（中甑集落）、（故）西村勝己、浜辺常夫、川元決（桑之浦集落）、中村精人（瀬々野浦集落）、西手達三（片野浦集落）、染川淳（長浜集落）の皆さんに長年にわたりお世話になった。ここに記してお礼を申し上げる。

　国立国語研究所で行った共同研究プロジェクトでは年に 1〜2 回の国際シンポジウムを開催し、その成果を国内外の出版社から論文集として刊行した。これらの事業を可能にしてくれたのが歴代の PD フェローや非常勤研究員の皆さんの献身的な協力である。また研究推進課および研究支援グループの皆さんの支援も不可欠であった。

　個人研究では 3 年間（1983〜1986 年）のイギリス留学と、1 年間（1994〜1995 年）のアメリカ留学が研究を発展させる契機となった。前者は当時勤務していた南山大学の若手教員養成制度、後者はアメリカ政府のフルブライト奨学金によるものである。この 2 回の海外体験がなければ、英語研究から日本語研究へ転向するということも、一般言語学の視点から日本語を分析するということもなかったに違いない。

　本書の刊行にあたっては、くろしお出版編集部の荻原典子氏と池上達昭氏に大変お世話になった。また国立国語研究所非常勤研究員の溝口愛さんと高

城隆一君には原稿の査読から校正に至るまで協力をいただき、坂井康子さん（甲南女子大学）と後藤陽子さんには最終段階で楽譜の作成にご協力いただいた。この場を借りてお礼申しあげる。本書は、過去数年間に受けた科学研究費補助金（19H00530, 20H05617, 23K25324, 24K21366, 24K00068）の成果報告でもある。

　最後に、長年の研究生活を支えてきてくれた家族に感謝の気持ちを伝えると同時に、この 2 年間に亡くなられた 4 名の親しい方々—南山大学の黒田清彦先生、大学時代の先輩の中野均さん、幼なじみの春田正俊さん、教え子の儀利古幹雄君—に本書を捧げ、ご冥福を祈りたい。

2024 年 8 月
東京・国分寺にて
窪薗晴夫

目　次

まえがき i

序　本書の概要 1
本書の概要と構成 1
用語の解説 3

第 1 章　一般化と有標性 9
1.1　一般化 9
1.2　有標性 11

第 2 章　モーラと音節 15
2.1　これまでの研究 15
  2.1.1　定義と役割 15
  2.1.2　モーラ言語と音節言語 19
  2.1.3　音韻階層 23
  2.1.4　「音節言語」におけるモーラの役割 25
2.2　詩の韻律 32
  2.2.1　五七五のリズム 33
  2.2.2　字余り現象 34
2.3　音韻規則 36
  2.3.1　モーラのみに言及する規則 36
    2.3.1.1　エロ本とエッチ本 36
    2.3.1.2　「＿次郎」のアクセント 38
    2.3.1.3　「＿屋」のアクセント 41
    2.3.1.4　「＿町」のアクセント 43
    2.3.1.5　平板化形態素 45

2.3.1.6　南アメリカと南カリフォルニア 49

　　2.3.2　音節にも言及する規則 56

　　　2.3.2.1　アクセント核移動現象 56

　　　2.3.2.2　「＿太郎」のアクセント規則 58

　　　2.3.2.3　平板型アクセントの生起条件 60

　　2.3.3　音節のみに言及する規則 65

2.4　形態規則 68

　　2.4.1　モーラのみに言及する規則 68

　　　2.4.1.1　複合語短縮規則 68

　　　2.4.1.2　混成語規則 72

　　2.4.2　音節にも言及する規則 78

　　　2.4.2.1　単純語短縮規則 79

　　　2.4.2.2　ズージャ語 83

　　　2.4.2.3　「グレージュ」タイプの混成語 86

　　2.4.3　音節のみに言及する規則 90

2.5　言い間違いと吃音 90

　　2.5.1　言い間違い 91

　　　2.5.1.1　言い間違いの種類 91

　　　2.5.1.2　モーラの必要性 94

　　　2.5.1.3　音節の必要性 101

　　2.5.2　吃音 102

2.6　音楽のテキストセッティング 106

　　2.6.1　1モーラ＝1音符の原則 106

　　2.6.2　Happy Birthdayのテキストセッティング 108

2.7　言語獲得／発達 112

　　2.7.1　赤ちゃん言葉 112

　　2.7.2　しりとり遊び 114

2.8　フットの役割 120

2.9　まとめ 126

補遺 131

第3章　モーラと音節に関する史的考察 135
3.1　言語類型と日本語 136
3.2　モーラ方言と音節（シラビーム）方言 138
3.3　甑島方言との比較 143
3.4　鹿児島方言で現在進行中の変化 156
3.5　鹿児島方言のモーラ性 161
3.6　まとめ 170

第4章　歌謡と音韻構造 175
4.1　英語のテキストセッティング 176
4.2　日本語のテキストセッティング 179
4.3　Happy Birthday to You の分析 182
　4.3.1　英語の Happy Birthday to You 183
　4.3.2　日本語の Happy Birthday to You 185
　　4.3.2.1　日本語のテキストセッティング 185
　　4.3.2.2　二重母音と超重音節 195
4.4　野球の声援の分析 202
　4.4.1　基本構造 202
　4.4.2　アクセントの中和 208
　4.4.3　二重母音と超重音節 210
　4.4.4　他の現象との共通性 212
4.5　まとめ 223

第5章　プロミネンスの衝突 229
5.1　英語の「強勢の衝突」 232
5.2　日本語の「高音調の衝突」 238
　5.2.1　近畿方言における高音調衝突 238
　　5.2.1.1　低起無核型 238
　　5.2.1.2　高起二型 240
　　5.2.1.3　式の変化 245

5.2.2　甑島方言の文節内の高音調衝突 247

5.2.3　甑島方言の文節間の高音調衝突 252

5.2.4　鹿児島方言の呼びかけイントネーション 260

5.2.5　鹿児島方言の強調イントネーション 266

5.2.6　まとめ 269

5.3　モーラ間のプロミネンス衝突 270

5.3.1　赤ちゃん言葉のリズム 270

5.3.2　元号のリズム 275

5.3.3　他の現象 282

5.3.3.1　外来語の短縮 282

5.3.3.2　ズージャ語 284

5.3.3.3　野球の声援 285

5.4　母音と母音の衝突 288

5.4.1　Hiatus の忌避 289

5.4.2　二重母音 294

5.5　子音と子音の衝突 297

5.6　まとめ 301

結び 305

本書のまとめ 305

最後に 308

英文要旨（English summary）...311

参照文献 314

索引 324

序

本書の概要

本書の概要と構成

　本書は「一般言語学から見た日本語の音声」シリーズ（3 部作）の第 3 巻である。第 1 巻の『日本語のプロソディー』では、アクセントとイントネーション（いわゆるプロソディー現象）に焦点を絞り、鹿児島方言を軸にして日本語の多様性を分析した。日本語が類型論的にどのような言語なのかという問題を出発点にして、これまで研究が蓄積されてきたアクセント現象に加え、体系的な研究が少なかったイントネーションの現象（呼びかけのイントネーション、強調のイントネーションなど）を対象に、日本語のプロソディー構造に現れる一般的な原理と言語個別的な特徴を考察した。第 2 巻の『日本語の語形成と音韻構造』では、複合語や短縮語をはじめとする日本語の様々な語形成過程を (i) 語形成に伴う音韻構造の変化、(ii) 語形成の出力にかかる音韻制約、(iii) 音韻規則にかかる統語・意味制約の 3 つの観点から分析した。

　前 2 巻で重要となったのが、音韻理論をはじめとする一般言語学の知見を日本語の分析に活かすという視点—ソトから日本語を見る視点—と、日本語の研究が一般言語学の発展にどのように貢献するかという視点—ウチからソトを見る視点—の 2 つの視点である。今回第 3 巻として上梓した『日本語の音韻構造』でも、基本的に前 2 巻と同じ視点から日本語音声の諸問題を考察した。今回は前 2 巻で取り上げることができなかったテーマ、具体的にはモーラ、音節、音楽と言葉の関係（テキストセッティング、text-setting）、様々なレベルのプロミネンスの衝突を俎上にあげ、東京方言以外の方言にも視野を広げて日本語の音韻構造を明らかにする。テーマによっては

2 | 序　本書の概要

前 2 巻と重複するところがあるが、その点はご寛容願いたい。

　本書は概要と用語を解説した序章に加え、5 つの章から構成されている。第 1 章において「一般化」と「有標性」という言語学の基本的な考え方を略述する。これらは本書で展開する日本語の分析にも不可欠な概念である。続く 2 つの章ではモーラと音節をめぐる問題を取り上げる。第 2 章ではまず日本語の様々な現象—詩の韻律から音韻規則、形態規則、言い間違い・吃音、音楽のテキストセッティング、乳幼児の言語獲得—を分析し、そこでモーラ、音節、フットという概念がどのような役割を果たしているか考察する。第 3 章では九州西南部の二型アクセント地域に観察される 3 つの対照的なアクセント体系—「モ̇ー̇ラ̇で数えてモ̇ー̇ラ̇でアクセントを担う体系」（長崎方言）、「モ̇ー̇ラ̇で数えて音̇節̇でアクセントを担う体系」（甑島方言）、「音̇節̇で数えて音̇節̇でアクセントを担う体系」（鹿児島方言）—を通時的視点から分析し、モーラ体系から音節体系へという変化のプロセスと、その背後にある一般的な原理を考察する。

　本書の後半（第 4 章、第 5 章）では、これまで体系的な研究が行われていなかった歌謡と言葉の関係（第 4 章）と、様々なレベルにおけるプロミネンスの衝突（第 5 章）を分析する。第 4 章で俎上にあげるのはテキストセッティングと呼ばれる楽譜と歌詞（単語）の関係である。先に作られた歌詞に音符が付与されるタイプのテキストセッティングと、それとは逆に楽譜が先に作られ、そこに歌詞が付与されるタイプのテキストセッティングの両方を分析し、分節単位としてのモーラ／音節の役割や、歌の分析から見えてくる音節構造の問題—二重母音の認定、超重音節の有標性—を考察する。

　最終章の第 5 章で考察するのは様々なレベルに観察されるプロミネンスの衝突（prominence clash）である。強さアクセントを持つ英語では、アクセント（強勢）同士が隣接する構造—強勢の衝突（stress clash）—が有標とされ、その構造を避けようとして種々の現象が起こることが知られている。この章では、類似の現象が高さアクセント言語である日本語にも観察されることを指摘し、「プロミネンスの衝突」という一般的な概念で統一的に説明することを提案する。その代表的なものが諸方言に観察される高音調の衝突（high tone clash）である。1 語の内部や語が連続する環境において、語アクセント

の高音調やイントネーションの高音調が連続もしくは隣接して生じることがある。そのような場合に、一方の高音調を削除したり、あるいは移動させたりして、2つの高音調が衝突することを避けようとする。高さアクセントを持つ日本語でも、強さアクセントに特徴的と考えられてきた強勢の衝突を回避する現象とよく似た現象が起こるのである。

第5章の後半では、「プロミネンスの衝突」という概念をモーラレベルや分節音のレベルにまで拡張し、そこでも強勢の衝突や高音調の衝突を避ける現象と同じ原理が働いていることを指摘する。モーラレベルでは、音韻的に強いモーラ（自立拍）と弱いモーラ（特殊拍）の中で、前者が連続する構造がプロミネンスの衝突を作り出し、間に特殊拍を挟むことによってその衝突を解消しようとする。これまでも日本語では〔重音節＋重音節〕（Heavy+Heavy）と〔重音節＋軽音節〕（Heavy+Light）の2音節構造が好まれ、一方〔軽音節＋重音節〕（Light+Heavy）や〔軽音節＋軽音節〕（Light+Light）の2音節構造が忌避されることが、赤ちゃん言葉（マンマ、ダッコなど）や元号（昭和、平成、令和など）、外来語の短縮形、ズージャ語をはじめとする様々な現象の分析で指摘されていた。この章では、この韻律構造の偏りが、プロミネンスの衝突という一般的な原理で説明できることを示す。また言語一般に観察される母音連続（hiatus）を避ける現象や、聞こえ度の大きい子音同士の結合（consonant cluster）を避けようとする現象もまた、プロミネンスの衝突を避けようとする一般的な原理に還元できることを主張する。

用語の解説
専門用語や記号、略号については次の定義に基づいて議論を進める。

＜アクセント・ピッチ＞
アクセント（accent）：先行研究ではこの語が (i) 語の韻律特性、(ii) 特定の音節またはモーラに付与された音韻的プロミネンス（際立ち、卓立）、(iii) 個別の語彙のアクセント型など、複数の意味に用いられているが、本書では混乱を避けるために (i) の意味で用いる。(ii) に対しては**アクセント核**、(iii) に対しては**アクセント型**という用語をそれぞれ用いる。

4 | 序　本書の概要

アクセント核（accent kernel）：アクセントの抽象的な分析において用いられ
る概念であり、アクセントの弁別的な特徴を指す。東京方言のようにピッ
チの下降が弁別的な場合にはカギ（˥）の記号を用い、この位置でピッチ
が急激に下がることを示す。この特徴を持たない語は平板式もしくは平板
型、無核（unaccented）と呼ばれる。本書ではアクセント核を持つ語と明
確に区別するために語末に上付きゼロ（⁰）の記号を付ける（表1）。なお、
表1の音声表記にあるカタカナの上の傍線は高く発音される部分を表す。
章によっては、KAbuto, taMAgo のように高い部分をローマ字の大文字で
表すこともある（第3章）。

表1　本書におけるアクセントの表記

語彙	音韻表記	音声表記
兜	カ˥ブト（−3型）	カブト
卵	タマ˥ゴ（−2型）	タマゴ
男	オトコ˥（−1型）	オトコガ
鼠	ネズミ⁰（平板型）	ネズミガ

アクセント型（accent pattern）：東京方言のアクセント型はアクセント核を
有する**起伏式**（accented）とアクセント核を持たない**平板式**（unaccented）
に大別され、起伏式はさらにアクセント核の位置によって「頭高型」「中
高型」「尾高型」に分類されることが一般的であった（秋永1985他）。本
書では平板式を1つのアクセント型と捉え「**平板型**」と呼ぶことにする。
また東京方言のアクセント核は語末から計算されるという前提のもと（窪
薗2021）、「頭高型」「中高型」という用語は可能な限り避け、語末からの
位置によって−1、−2、−3という記号を用いる。たとえば−1は語末モー
ラにアクセント核を持つことを、−3は語末から数えて3つ目のモーラに
アクセント核を持つことを意味する（表1）。なお、東京方言のアクセント
型の判定は著者自身の方言調査と、NHK『日本語発音アクセント（新）辞
典』（1985, 1998, 2016）、三省堂『（新）明解日本語アクセント辞典』（1981,
2001, 2010）をもとに行う。鹿児島方言のアクセント型については適宜、
東京堂出版『全国アクセント辞典』を参照しながら自らの方言調査の結果

用語の解説 | 5

を報告する。甑島方言のデータは独自の調査に基づく。

ピッチ（pitch）：音の4つの物理的特性（強さ、高さ、長さ、音質）のうちの高さを意味する。ピッチは心理的な高さを表すもので、物理的な高さを表す基本周波数（F_0, f0（エフゼロ））と区別されることがあるが、本書では同義に用いる。

イントネーション（intonation）：リズムとならぶ文プロソディーの特性。**文音調**と呼ばれることもある。アクセントが語のピッチ特性を意味するのに対し、文のピッチ特性を意味する。文に観察されるピッチ特性を総称する場合と、そこから語アクセントの特性を除いた文独自のピッチ特性を指す場合がある。後者はアクセントと対峙するピッチ特性を意味するが、本書では主にこの意味で用いる。

プロソディー（prosody）：アクセント、イントネーション、リズムなど、語以上のレベル（語、句、節、文）で生じる音声特徴を指す。伝統的には「韻律」と訳されるが、本書では詩の韻律との混同を避けるために、プロソディーと呼ぶ。しばしば**語のプロソディー**（word prosody）と**文のプロソディー**（sentence prosody）に大別され、本書では前者をアクセント、後者をイントネーションとほぼ同義で用いる。

音調：音が持つ4つの物理的特性（強さ、高さ、長さ、音質）のうちの「高さ」を意味する。**ピッチ**（pitch）とほぼ同義に用いられることも多いが、本書では特に語や文に現れる音韻的な際立ち―たとえば**高音調**（high tone）―、あるいは際立ちのパターンを表す。また言語一般に、音節内でピッチが変動（上昇または下降）する**曲線音調**（contour tone）はピッチが変動しない**水平音調**（level tone）よりも珍しく、前者は後者の存在を前提に生起するとされている（第3章）。

音調形：音調のパターンを意味する。

プロミネンス（prominence）：語や文における音韻的な際立ちを表す。英語では強勢（stress）が、東京方言ではアクセント核が、鹿児島方言や甑島方言では高く発音されるところ（高音調）がプロミネンスを持つ。

トーン（tone）：音節もしくはモーラに付与された高さの特徴。高いピッチ（高音調）をH、低いピッチ（低音調）をLの記号で表す。％の記号が付い

6 ｜ 序　本書の概要

たもの（L%、HL% など）は文レベルの境界音調、つまりイントネーショ
ンを表す（第 5 章）。

中和（neutralization）：音韻的な対立が特定の環境・条件のもとで失われる
現象。本書では主にアクセントの対立が失われる「アクセントの中和」
（accentual neutralization, tonal neutralization）と、音節量（重音節と軽音節）
の区別が失われる「長さの中和」（temporal neutralization）を論じる。

＜音節とモーラ、フット＞

音節：英語の syllable に対応する単位。基本的に母音を中心とする音のまと
まりを指す。たとえば「東京」という語はトーとキョーの 2 音節からな
る。しばしばギリシャ語のシグマ（σ）の文字を用いて表される。

音節境界：国際音声字母（IPA）に従い、ドット（.）の記号を用いる。日本語
は音節の概念があいまいなため、しばしば音節境界もあいまいとなる。本
書ではアクセントや音楽のテキストセッティングなどに観察される音韻現
象（音韻テスト）を根拠に音節境界の有無と位置を特定する（第 2 章、第
4 章など）。

音節構造：音節は母音で終わるか子音で終わるかによって**開音節**（open
syllable）と**閉音節**（closed syllable）に二分される（窪薗他 2025）。これと
は別に、音節の重さ・長さを測る音節量という概念（次項）もある。

音節量（syllable weight, syllable quantity）：音節の重さ・長さを意味する概
念。軽音節（1 モーラ、light syllable）、重音節（2 モーラ、heavy syllable）、
超重音節（3 モーラ、superheavy syllable）の 3 種類に分類される。それ
ぞれ短音節（short syllable）、長音節（long syllable）、超長音節（overlong
syllable）と呼ばれることもある（川上 1977）。伝統的な用語を用いると、
日本語の軽音節は自立拍 1 つから成る音節、重音節は〔自立拍＋特殊拍〕
の 2 モーラから成る音節、超重音節は重音節にさらに 1 モーラ加わった
音節である。たとえば京都（kyoo.to）は〔重音節＋軽音節〕、東京（too.
kyoo）は〔重音節＋重音節〕の構造を持つ。超重音節は多くの言語で忌避
されることが知られている（4.3.2.2 節、4.4 節）。

二重母音（diphthong）：「単一の音節に収まる、音色が異なる母音連続」を指

す。日本語ではどの母音連続が1つの音節に収まるか判定が難しいことが多く、よってどの母音連続が二重母音を形成するかについて論争が続いている（4.3.2.2 節、4.4 節、5.4.2 節）。

モーラ（mora）：もともとギリシャ語の韻文の分析に用いられた語や音節の長さを示す概念であり（Allen 1973）、しばしばギリシャ語のミュー（μ）の文字で表される。日本語では「拍」とも呼ばれ、たとえば「東京」という語は to-o-kyo-o の4モーラ（＝4拍）から成る。日本語研究では、語頭に立ち、またアクセント核を担うモーラは**自立拍**（**自立モーラ**）と呼ばれ、一方、そのような自立性を持たないモーラは**特殊拍**（**特殊モーラ、付属拍**）と呼ばれる。東京方言では、**撥音**（ン）、**促音**（ッ）、**長音**（ー）の3つと二重母音の後半（イ）が特殊拍となる（窪薗 2021）。東京方言におけるモーラと音節の関係を示すと次のようになる。

表2　音節とモーラの関係

語彙	音節構造（音節数）	モーラ構造（モーラ数）
京都	kyoo.to（2）	kyo-o-to（3）
東京	too.kyoo（2）	to-o-kyo-o（4）
トヨタ	to.yo.ta（3）	to-yo-ta（3）
ホンダ	hon.da（2）	ho-n-da（3）
日産	nis.san（2）	ni-s-sa-n（4）
ブッシュ	bus.syu（2）	bu-s-syu（3）
オバマ	o.ba.ma（3）	o-ba-ma（3）
トランプ	to.ran.pu（3）	to-ra-n-pu（4）
バイデン	bai.den（2）	ba-i-de-n（4）

フット（foot）：多くの言語において2つの音節もしくは2つのモーラが音韻的なまとまりを示すことが知られている（Prince and Smolensky 1993/2004, Hayes 1995）。日本語の分析では俳句や短歌などの詩歌において2モーラが1つの音韻単位としてまとまるとされてきたが（別宮 1977）、アクセントや短縮語形成をはじめとする様々な言語現象の分析にもその有用性が示されている（Poser 1990, Ito 1990；詳しくは第2章参照）。

8 | 序　本書の概要

＜方言＞

鹿児島方言：本書では、鹿児島市を中心とする薩摩半島（鹿児島県本土の西部）で広く話されている方言を鹿児島方言と呼ぶ。ただし、薩摩半島の中でも枕崎や頴娃などの一部の地域は独自のアクセント体系を有しているため（木部 1997）、この例外となる。鹿児島方言は長崎県から鹿児島県に広がる「九州西南部二型アクセント体系」に分類される（平山 1951, 1960, 木部 2000）。

甑島方言：鹿児島県の西、およそ 30km の東シナ海に浮かぶ離島で話されている危機方言（窪薗 2021, Kubozono 2022c）。鹿児島方言と同じ二型アクセント体系（two-pattern accent system）であるが、独自の進化を遂げている（上村 1937, 1941、本書第 3 章）。また集落間の違いも大きい。窪薗他（2016）の音声データベースで各集落の実際の発音を聞くことができる。

東京方言：本書では標準語、共通語と同義で用いる。

第1章

一般化と有標性

1.1　一般化

　言語研究においてもっとも重要な概念が**一般化**（generalization）である。これは言語学だけでなく、広く科学と呼ばれている研究領域に不可欠な概念であり、一見すると無関係に思える複数の現象が統一的に捉えられるようになることを意味する。自然科学における一般化を理解するために、物理学者で東京大学総長や文部大臣を務めた有馬朗人氏（1930〜2020）のエッセー「統一への努力」（朝日新聞「しごとの周辺」）を紹介しよう。

　　自然科学の進んできた道程を振り返って見ると、長年別々な現象と思われてきたものの裏にひそんでいる共通性をみつけ、両者を統一して理解することによって、飛躍的な発展がもたらされたことがきわめて多い。

　　よく知られている例は、ニュートンの発見した力学である。1600年代はニュートン力学によって、太陽のまわりを回転する水星や金星などの惑星運動と、地上の物体の落下運動が全く同質のものとして説明できるようになった。そしてリンゴと地球の間にも、惑星のような大きなものの間にも、まったく同じ重量が働いていることが分かった。

　　電気と磁気という一見違った現象も、ファラデーやマクスウェルたちによって電磁気学にまとめられた。前世紀[1]の終わりごろのことである。

　　この電磁気相互作用と、原子核のベータ崩壊や素粒子の崩壊で重要な役割を演じる弱い相互作用が、ワインバーグとサラムにより、電弱統一理論

---

[1] 「前世紀」とは19世紀のこと。

としてまとめられ、大成功を収めて我々を驚かせたのは最近である。物理学者はさらに原子核の内部で働く強い相互作用と電弱相互作用とをまとめて、ついには重量をも統一してアインシュタインの夢を実現しようとしている…

　上記のエッセーで述べられているように、物理学をはじめとする自然科学の歴史は一般化の歴史であり、その中で、一見すると異質で無関係なように思える複数の現象が同じ原理に支配されており、よってその原理で統一的に説明できることを証明してきた。「真理は単純である」(What is true is simple) ことを実証してきた歴史と言ってよい。

　一般化を目指すという点では言語研究も物理学と同じである。現代言語学は、自然言語が共通して持つ特徴—言語の普遍性 (universality)—の解明を 1 つの大きな目標に掲げているが、それは言語間に観察される表層的な違いを超えて、その背後にある一般的な原理を明らかにするという作業に他ならない。1990 年代以降の音韻研究を席巻してきた最適性理論 (Optimality Theory) という音韻理論も同じ方向性を持っており、人間の言語が共通して持っている特性や構造を「制約」(constraint) という概念で捉えようとする (Prince and Smolensky 1993/2004)。「真理は単純である」という信念のもと、言語を支配する原理もまた単純であることを証明しようとしてきたのである。言語の普遍的な特徴や原理が明らかになれば、自ずと言語が持つ個別性—たとえば日本語が持っている言語個別的な特徴—も明らかになる。

　「一般言語学から見た日本語の音声」シリーズが目指しているのも、そのような一般的な分析である。日本語の現象を日本語だけに通用する概念を使って分析するのではなく、音節やモーラ、フット、音節量といった普遍的とされる概念を用いて分析し、他の言語にも観察される一般的な原理で説明することを試みた。それにより、日本語が持つ言語普遍的な特性と言語個別的な特性を解き明かそうというのが、本書を含む「一般言語学から見た日本語の音声」シリーズが目指すところである。

　いくつか具体例をあげると、本書の第 3 章で取り上げた日本語のモーラ方言とシラブル（シラビーム）方言の違いは、言語が一般的に忌避しようと

する（1a, b）の曲線音調（contour tone）を許容するか、それともそれを避けて（1c）のような水平音調（level tone）を選ぶかという違いに還元できる。

(1)　a.　上昇曲線音調　　　　b.　下降曲線音調　　　　c.　水平音調
　　　　　kan̠　　　　　　　　　　　k̄a̠n　　　　　　　　　　k̄an

　また第5章で提案した「プロミネンスの衝突」という概念は、英語が強勢の衝突―（2a）の下線部―を避けようとする現象（5.1節）と、日本語の諸方言が高音調の衝突を避けようとする現象（5.2節）―たとえば近畿方言の（2b）のような現象―の共通性を捉え、さらには赤ちゃん言葉や元号をはじめとする日本語の諸現象に広範囲に観察される、音韻的に強いモーラ（自立拍）の連続を避けようとする現象（5.3節）をも統一的に説明しようというものである。具体的には、（2c）のように大人の語彙から赤ちゃん言葉が作り出される過程が（2a）や（2b）と同じ原理で説明できる。

(2)　a.　Nèw Yórk Cíty → Nèw York Cíty（ニューヨーク市）
　　　　　○　　○　○○　　　○　　　○　　○○
　　　b.　ネズミ ヲ ミタ → ネズミ ヲ ミタ（鼠を見た）
　　　c.　ママ² → マンマ（食べ物）
　　　　　○○　　　○○○

1.2　有標性

　一般化と並んで現在の言語研究にとって重要なのが**有標性**（markedness）という概念である。有標性とは、物事に基本的なものと特殊・複雑なものがあるという考え方で、前者は無標（unmarked）、後者は有標（marked）と呼ばれている。一般化と同じように、有標性という考え方も言語研究に限られるものではない。

　たとえば数字の学習は、足し算や引き算のような基本的な操作から、中学

2　ママ（飯）はご飯を意味する語。

校で習う一次方程式や二次方程式、さらに高校の数学で習う一次関数、二次関数へと、段階的に進展する。また同じ足し算でも1桁の計算もあれば2桁、3桁の計算もある。人間は基本的な計算を先に学び、順次、複雑なものへと進んでいく。このため、2桁の足し算はできるのに1桁の足し算はできないという人はいない。無標なものから有標なものへと学習が進んで行くからである。これに対し、計算ができなくなっていく過程は、学習とは逆の順序を示し、複雑な計算から先にできなくなる。このため、一次関数の問題は解けるが簡単な足し算ができないという人はありえない。人の分布を見ても、足し算・引き算のような基本的な計算ができる人は多いが、一次方程式や一次関数といった複雑な計算ができる人は少ない。その逆の分布はありえないのである。

　有標性の概念を数字の計算を例に説明したが、これとまったく同じことが言語の世界でも観察される。たとえば「男」と「女」、「昼」と「夜」といったペアは概念的に対立しているように見えるが、英語の語彙 (3) を見てみると、「女」より「男」を、「夜」より「昼」を基本的なものと捉えていることが分かる。男 (man) が人間 (man) の基本であり、女 (woman) は特殊な人と捉えているのである[3]。

(3)

　日本語の語彙でも、女性の医者を「女医」というが男性の医者は「男医」とは普通言わない。医者が男性の職業と考えられていた時代を反映したもので、女性の医者を特別 (有標) 扱いしたのである。

　同様の現象が音声の世界にもあり、日本語ではガやデのような濁音に濁点という特別な記号を付ける。これはガやデがカやテなどの清音に比べて有標であることを意味している。文字表記の面で有標であるだけでなく、実際に

3　一説には woman は womb (子宮) +man、すなわち「子宮がついた人間」という意味だという。

濁音は清音より有標な音であり、清音の存在を前提として出現する。

　五十音図に出てくるアイウエオという5つの母音にも有標性の違いがあり、アというもっとも基本的な（つまり無標な）母音から順番に並んでいるとされる（窪薗 1999b, 2019b）。アイウエオの母音は表記上はすべて清音であり、その意味ではいずれも基本的な母音であるが、その中にも有標性の差があるのである。

　無標（基本的）なものと有標な（難しい）ものの違いは、母音や子音などの言語音だけでなく、音節構造やアクセント構造のような言語構造にも存在する。このような違いは言語獲得によく現れており、人間は無標なものから有標なものへと習得が進んでいく。よって、一人の話者を観察した時に、有標な構造は発音できるが無標な構造は発音できないという状況はありえない。また世界の言語における音や構造の分布を見ても、有標な音や構造を持っている言語は、その前提として無標な音や構造を持っている。有標なものは無標なものを前提に存在するのである。

　もっとも、数字の計算とは違い、どのような音・構造が無標かということが最初から分かっているわけではない。カ（ka）とガ（ga）の違いにせよ、ア（a）とオ（o）の違いにせよ、多くの言語の分析を通じて無標な音・構造と有標な音・構造の違いが明らかにされてきたのである。またこの無標・有標という区別は、言語の違い—系統の違いや話されている地域の違い—を超えて、共通性を示すことが知られている。日本語母語話者にとって難しい音・構造は他の言語の母語話者にとっても難しい。これが言語の普遍性につながっていく。

　有標性の例を本書の分析から1例だけ紹介すると、第3章で論じた「モーラを基調とするアクセント体系」と「音節を基調とするアクセント体系」の関係を説明してくれる鍵は、世界の声調言語の分析に用いられている「曲線音調」と「水平音調」の違いである。前者は(1a)のように音節内部でピッチが上がったり（上昇曲線音調、rising contour tone）、あるいは(1b)のようにピッチが下がったり（下降曲線音調、falling contour tone）する音調構造を指し、一方、後者は(1c)のように、音節内でピッチの変動がなく平坦に発音される構造を指す。アフリカなどの声調言語の研究から、曲線音調は

14 | 第1章　一般化と有標性

水平音調より稀（有標）であり、曲線音調を持つ言語は必ず水平音調も持つことが知られている（Hyman 2007, Wee 2019）。また同じ曲線音調でも、上昇曲線音調の方が下降曲線音調よりも稀であることが分かっている。

　曲線音調と水平音調の間に見られるこの有標性の違いが、日本語のアクセント変化の説明にも役立つ。第3章で紹介するように、長崎県から熊本県南部を経て鹿児島県へと広がる九州西南部方言は、二型アクセント体系という均一な体系を持つ一方で、モーラか音節かという点では驚くべき多様性を示す。「モーラで数えてモーラでアクセントを担う体系」（長崎方言）から、「モーラで数えて音節でアクセントを担う体系」（甑島方言）、「音節で数えて音節でアクセントを担う体系」（鹿児島方言）まで多様な体系が併存するのである。なぜ九州西南部という狭い地域にこのような多様な体系が存在するのか。その鍵を握るのが曲線音調と水平音調であり、両者が示す有標性の違いである。

　上昇曲線音調−下降曲線音調−水平音調という有標性の階層に従うと、九州西南部の多様性は (4) に示すように有標な音調構造を順次、無標な音調構造へ変えていく過程と分析することができる（詳しくは3.3 〜 3.4節）。人間の言語には起こりやすい構造（無標な構造）と起こりにくい構造（有標な構造）があるという有標性の考え方に立脚することにより、このような分析が成り立つ。一般言語学から得られる有標性の知見が、日本語のアクセント変化と方言間の違いをうまく説明してくれるのである。

(4)　　有標な構造から無標な構造への変化

長崎方言	バ.ナ.ナ	パン.ツ	バ.レー
甑島平良方言	バ.ナ.ナ	パン.ツ	バ.レー
鹿児島方言	バ.ナ.ナ	パン.ツ	バ.レー

第2章

モーラと音節

この章では、詩の韻律やアクセントなどの音韻現象、短縮語などの形態現象（語形成現象）をはじめとする日本語の様々な現象において、モーラ、音節、フットの3つの単位・概念が果たす役割を考察する。2.1 節ではまず、この3つの概念がこれまでの研究および現代の音韻研究においてどのように捉えられてきた（捉えられている）か検討する。続く 2.2〜2.8 節では東京方言を軸として、日本語の詩の韻律 (2.2 節)、音韻規則 (2.3 節)、形態規則 (2.4 節)、言い間違いと吃音などの非流暢性発話 (2.5 節)、音楽の構造 (2.6 節)、乳幼児による言語獲得 (2.7 節) において、モーラと音節がどのような役割を果たしているか分析し、あわせて日本語においてフットという単位も不可欠なものであることを指摘する (2.8 節)。最後に 2.9 節では、モーラと音節について、大人の文法と子供の言語獲得との間に一見矛盾した関係が観察されることを指摘する。

2.1 これまでの研究
2.1.1 定義と役割

音声現象の分析にモーラ (mora) と音節 (syllable) が用いられることはよく知られている。一般にモーラは重さ・長さを測る単位であり、一方音節は、母音や子音を束ねた単位である。また、アクセントなどの分析では2つのモーラや音節から成るフット (bimoraic foot, disyllabic foot) の有用性や、モーラと音節の概念を合体させた音節量 (syllable weight) の重要性も指摘されている (Árnason 1980, Hayes 1995)。

しかしながら、どの音や音連続がモーラ・音節・フットを形成するかは言語間で微妙に異なっており、言語ごとの検討が必要とされる。日本語で

16 | 第2章　モーラと音節

はモーラと音節が表2.1のように捉えられることが一般的であるが（窪薗
1999b, 2021）、これも最初から決まっていたことではなく、2.2節以降で見
るように、これまでの日本語の分析から得られた結果である（H=heavy, 重音
節；L=light, 軽音節）。以下、ハイフン (-) はモーラ境界を、ドット (.) は音
節境界を表す。

表2.1　日本語のモーラと音節

モーラ	音節	音節量	語彙
to-yo-ta	to.yo.ta	LLL	トヨタ
ho-n-da	hon.da	HL	ホンダ
ni-s-sa-n	nis.san	HH	日産
o-ba-ma	o.ba.ma	LLL	オバマ
bu-s-syu	bus.syu	HL	ブッシュ
to-ra-n-pu	to.ran.pu	LHL	トランプ
ba-i-de-n	bai.den	HH	バイデン
to-o-kyo-o	too.kyoo	HH	東京

　表2.1を見ると、モーラの中には単独で音節を構成できるものとできない
ものの2種類があることが分かる。単独で音節を構成できるモーラは伝統
的に自立拍と呼ばれるもので、(i) 語頭に立つことができ、(ii) アクセント
核を担うことができる。これに対し、単独で音節を形成できないモーラは特
殊拍（あるいはモーラ音素）と呼ばれ、(i) 語頭に立つことができず、(ii) ア
クセント核を担うこともできない（2.3.2節）。後者には二重母音の後半、長
母音の後半（いわゆる長音）、撥音（ン）、促音（ッ）の4つが含まれる（表
2.1で下線を引いた要素がこれにあたる）。これらは、それぞれ J, R, N, Q の
記号で表されることが多い。
　日本語では、自立拍と並んで上記の4つの特殊拍が独立した音韻的な重
さ・長さ―すなわちモーラ―を担うとされているが、これもまた普遍的に定
まっているものではない。日本語を離れてみると、たとえば音節末の阻害音
―日本語の促音（ッ）にあたるもの―が1つのモーラを担うかどうかは、言
語ごとの実証的な研究によって決まる。個別言語の分析から、どの音がモー

ラを担うか分かれば、特定の音節がどのような重さを持つか―軽音節（1
モーラ音節）、重音節（2モーラ音節）、超重音節（3モーラ音節）のいずれを
成すか―も自然に定まるようになる。

　同様に、/au/ という母音連続や /ain/ という音連続が単一の音節に収まる
かどうかも言語や方言ごとの検証が必要である（3.5節、4.3.2.2節、4.4.3
節）。特定の言語や方言で /au/ が /an/ や /aː/ などと同じ振る舞いをするとい
う証拠があれば、その言語／方言では /au/ も1音節に収まっているという
ことになり、二重母音を構成していることになる。また /ain/ が単一音節に
収まっており、かつそれが3モーラを構成しているという証拠があれば、
それはその言語に超重音節（3モーラ音節）が存在するという証拠になる。
このように、どの要素（母音、子音）が1モーラを成し、どの音連続が1つ
の音節を形成するかは基本的に個別言語の特性であり、個々の言語の分析に
よって判断される問題である。フットについても同じことが言える。

　モーラや音節、フットがどのような役割を果たしているか、すなわち言語
現象の説明や一般化にどのように役立つかということも、個別言語ごとの検
討が必要とされる。言語現象をモーラ、音節、フットのいずれで説明するか
は多分に解釈の問題でもある。分析する現象は同じでも、ある研究者はモー
ラを使って一般化しようとし、別の研究者は音節あるいはフットで分析しよ
うとしても不思議なことではない。どちらの分析が妥当であるかは、その分
析がどれだけ簡潔なものか、また一般性のあるものかによって判断されるこ
とになる。

　簡潔性（simplicity）と一般性（generality）は分析の妥当性を判断する2つ
の重要な基準であるが、いくら簡潔な分析であっても、その現象だけに通用
するものであれば一般性に欠けると言わざるを得ない。逆に他の現象や他の
言語にも通用する一般的な規則や制約を用いた分析であれば、多少複雑さが
増したとしても、分析としての妥当性は高いと言えよう。これはモーラや音
節、フットに限らず、一般的に言えることである。

　このようにモーラ・音節・フットの認定や役割は言語ごとの検証が必要と
されるが、すべてが個別言語の問題かというとそういうわけでもない。たと
えば、モーラは重さ・長さを測る単位と定義されており、どの言語を分析す

18 | 第2章 モーラと音節

るにしてもこの定義が共通の認識となっている。モーラの形成しやすさ、換言すると、どの母音・子音が1モーラ分の重さを持ちやすいかということも言語間の共通性が高い。音節構造とモーラの関係に着目すると、言語は表2.2の4タイプに大別できるという（Zec 1995）。ここでCVは短母音（V）で終わる音節、CVOは短母音の後ろに阻害音（閉鎖音や摩擦音）が付いた音節、CVNは同じ位置に鼻音（mやn）や流音（rやl）が付いた音節、そしてCVVは長母音や二重母音で終わる音節を意味する。表2.2の4タイプのうち、A～Cの3つが日本語のように音韻的な重さ・長さの区別がある言語（quantity-sensitive language）である。

表2.2　モーラに基づく言語の類型

音節タイプ ＼ 言語タイプ	A	B	C	D
CV	1モーラ	1モーラ	1モーラ	1モーラ
CVO	2モーラ	1モーラ	1モーラ	1モーラ
CVN	2モーラ	2モーラ	1モーラ	1モーラ
CVV	2モーラ	2モーラ	2モーラ	1モーラ

　この分析によると、長母音や二重母音の後半部分がもっとも1モーラを担いやすく、逆に尾子音位置の阻害音はもっとも担いにくい。尾子音位置の鼻音や流音はその中間に位置付けられている。この違いは、声道（口腔や鼻腔）から流れ出た音がどのくらい遠くまで聞こえるかという、聞こえ度（ソノリティー、sonority）の尺度とうまく対応している。どのくらい遠くまで聞こえるかは、肺から流れ出た空気が声道でどのくらい阻害されずに放出されるかということと密接に関係しているから、阻害度が小さい母音の方が、阻害度が大きい子音よりも聞こえ度が高く、また同じ理由により、同じ子音の中でも鼻音や流音の方が阻害音よりも聞こえ度が大きい。このように、モーラ性は音の聞こえ度と直接的な関係にある。

　表2.2の類型は、モーラ性に階層があることを意味している。つまり、CVNが2モーラになる言語ではCVVも2モーラとなり、CVOが2モーラになる言語ではCVNやCVVも2モーラになる。逆の見方をすると、CVO

が 2 モーラとなるのに CVN や CVV が 1 モーラとなる言語はないということである。Zec の分析は、モーラ性にこのような段階と階層があることを示唆している。ちなみに日本語を Zec の類型に当てはめると、表 2.1 に示した日本語（東京方言）の体系は、表 2.2 の A タイプに属することになる。

　話を言語の普遍性に戻すと、多くの言語のアクセント規則において、1 モーラ音節と 2 モーラ音節が異なる振る舞いを示すことや、2 モーラ音節の方がアクセントを引き付けやすいことも広く知られている（Prince and Smolensky 1993/2004）。音節で数えると同じ 1 単位であっても、モーラ数によってアクセントをはじめとする音韻的な振る舞いが異なるという事実があれば、それは「モーラ」が重要な役割を果たしていることを意味している。

　1 モーラだけから成る語（1 モーラ語）が言語一般に忌避されていることもよく知られている。語の最小性（word minimality）もしくは最小語（minimal word）の概念で説明される現象であるが（2.1.4 節、2.4.2.1 節、2.8 節）、これはモーラとフットの存在を支持する証拠と考えられている。同様に、3 モーラの音節が忌避される傾向があることが日本語を含む多くの言語で報告されており（3.5 節、4.3.2.2 節、4.4.3 節）、これはモーラと音節（およびその両方の概念を合体させた「音節量」という概念）の役割を示す現象と言える。

　このようにモーラ・音節・フットの構成と役割は、個別言語ごとに検証が必要である一方で、対照研究や類型論研究から言語間の共通性が高いことが明らかにされている。

2.1.2　モーラ言語と音節言語

　ここまで、モーラや音節、フットという単位・概念がどの言語にも存在し、どの言語でも何らかの役割を果たすという前提で話を進めてきたが、この考え方は言語研究の中で昔から受け入れられてきたわけではない。むしろ 20 世紀の後半までは、モーラと音節は二者択一の概念として捉える立場が主流であった。また詩のリズム分析に用いられてきたフットという概念が音韻研究に定着したのは比較的近年のことである（Liberman and Prince 1977,

Hayes 1980)[1]。

　20 世紀の言語研究を席巻していたのは Trubetzkoy（1958/69）に代表される言語二分論であった。これは世界の言語を「**モーラ言語**」と「**音節言語**」の 2 つに大別する立場であり、そこでは日本語（東京方言）はモーラ言語の、英語やドイツ語などは音節言語の代表とされた。この背後にあるのは、同一言語（体系）の中ではモーラと音節は共存できないという考え方である。

　たとえば東京方言では、アクセント規則でも音節ではなくモーラを数え、また話し言葉のリズムもモーラが等時的に（つまり同じ長さで）繰り返す**モーラ拍リズム**（mora-timed rhythm, mora-timing）を有するとされている（Bloch 1950, Ladefoged 1975, Han 1994, Otake 2015）。「東京」や「日本」という語は to-o-kyo-o, ni-p-po-n という 4 つの単位（すなわちモーラ）から成り、too-kyoo, nip-pon というように 2 つに分けることは意味のないことであると考えられていたのである。英語の syllable やその訳語である「音節」という用語が「モーラ」と同義に使われていたり（たとえば Hocket 1958, 金田一 1967: 61, 70, 天沼他 1978）、あるいは Pike（1947）などが「音節」（syllable）を、普遍的な基準で定義される「音声（学）的音節」（phonetic syllable）と、言語ごとに定義が異なる「音韻（論）的音節」（phonemic syllable）に分け[2]、too-kyoo のような分け方を音声（学）的音節と呼んでいたのも同様の理由によるものであろう。

　モーラ言語と音節言語に二分する考え方は、ちょうど長さや重さを測る単位が国や文化によって異なるというのに似ている。日本では長さや重さを測るのにメートル／センチメートルやグラム／キログラムを使うのに対し、欧米ではヤード／インチやポンドを使うところが多い。言語においても、音韻的な長さをモーラで測る言語と、音節で測る言語があると考えられていたのである。

　モーラと音節の二分法は日本語の研究にも浸透しており（金田一 1967）、

1　音声研究では、英語をはじめとする話し言葉のリズム（強勢拍リズム）の分析に 'stress foot' という概念が用いられていた（たとえば Dauer 1980）。

2　日本語のモーラは後者に相当する。金田一（1967）によると、有坂（1940）は日本語のモーラを後者の「音韻論的音節」と呼んでいたという。

同じ日本語でも東京方言が「モーラ方言」であるのに対し、鹿児島方言のように音節で定義されるアクセント規則を有する方言は「シラビーム方言」（柴田 1962）と呼ばれていた[3]。たとえば外来語の大半は、東京方言では「語末から 3 つ目のモーラ」に、鹿児島方言では「語末から 2 つ目の音節」にアクセントが置かれる。具体的には、東京方言では当該モーラまでが高く発音され、鹿児島方言では当該音節だけが高く発音される（より正確な記述は3.1〜3.4 節、5.2.4〜5.2.5 節を参照）。(1) 以下では、文字の上の傍線は高く発音される部分（高音調）を、⌐は東京方言のアクセント核の位置、すなわち急激なピッチ下降が起こる位置を表す。

(1) a. 東京方言の外来語
　　　カ - ナ - ダ、ド - イ - ツ、ハ - ワ - イ、イ - ン - ド、イ - エ - メ - ン
　　　（カ⌐ - ナ - ダ、ド⌐ - イ - ツ、ハ⌐ - ワ - イ、イ⌐ - ン - ド、イ - エ⌐ - メ - ン）
　　b. 鹿児島方言の外来語
　　　カ.ナ.ダ、ドイ.ツ、ハ.ワイ、イン.ド、イ.エ.メン

　同じ日本語の中でこのような違いが観察されるのは興味深いことであり（第 3 章）、モーラを使うか音節を使うかが、このように体系ごとに異なると考えられていた。これもまた、長さを測るのにメートルを使う文化とヤードを使う文化があるという考え方に似ている。
　この考え方をもう少し精緻化したのが McCawley (1978) のアクセント体系類型仮説である。McCawley は音韻的な卓立であるアクセントの位置を決める際に、「長さを測る単位」と「アクセントを担う単位」を区別する必要があると考えた。たとえば東京方言では、語末から 3 つ目のモーラが特殊拍の場合には、アクセント核（ピッチの下がり目）が 1 つ前のモーラに移動する。(2) に示すように、外来語だけでなく和語や漢語でも同じ移動現象が起こる。

3　シラビーム（syllabeme）はシラブル（音節、syllable）とフォニーム（音素、phoneme）の混成語である。

22 | 第2章 モーラと音節

(2) a. ロ⌐-ン-ド-ン、サ⌐-ッ-カ-ー、ス-ウェ⌐-ー-デ-ン、ブ-
　　　ラ⌐-イ-ト-ン

　　b. オ⌐-ー-イ-タ（大分）、サ⌐-イ-タ-マ（埼玉）

　　c. カ⌐-ン-コ-ク（韓国）、カ⌐-ッ-コ-ク（各国）、チュ⌐-ー-ゴ-
　　　ク（中国）、ホ⌐-ッ-カ⌐-イ-ド-ー（北海道）

　（1a）と（2）の事実を一般化したのが（3）のアクセント規則である（McCawley 1968）。

(3)　　語末から3つ目のモーラを含む音節にアクセント核を置く。

　アクセント（核）を担う単位がモーラではなく音節であると解釈することによって、アクセント核が前のモーラに移動する（2）の事実がうまく説明されることになる。音節という概念を用いなければ、「特殊拍はアクセント核を担えない」と説明するしかないが、この説明ではなぜ特殊拍に置かれたアクセント核が後ろの自立拍ではなく前の自立拍に移動するのか、移動の方向性が説明できない（窪薗 1994）。加えて、自立拍／特殊拍という日本語だけに通用する概念に依存することになってしまう。記述の一般性という観点から見ても、「自立拍／特殊拍」という個別言語に特有の概念に依存するよりも、モーラと音節という言語一般的な概念を使った分析の方が優れている[4]。

　（3）の規則は、東京方言がモーラで長さを測り、音節でアクセント（核）を担う体系であることを意味している。アクセント（核）の基本的な位置はモーラで測り、最後の調整は音節を単位に行うという意味である。McCawley（1978）は、このように音韻的な距離を測る／数える単位と、実際にアクセントを担う単位を区別することにより、世界のアクセント言語を次の4つのタイプに大別できると考えた。

――――――――――――――――――
4　東京方言の記述に音節という概念を導入することには、依然として懐疑的な立場もある。Labrune（2012）と Kawahara（2016）の論争を参照。

(4)　McCawley（1978）のアクセント体系類型

数える単位＼担う単位	モーラ	音節
モーラ	リトアニア語	ラテン語 日本語（東京方言）
音節	ベジャ語（スーダン）	ポーランド語

　アクセントに特化した分析とは言え、同一の言語体系においてモーラと音節が共存できると考える点において、この類型仮説は Trubetzkoy（1958/69）をはじめとする旧来の分析とは大きく異なる。この類型仮説は第 3 章で詳しく論じることにする。

2.1.3　音韻階層
　前節で見たように、20 世紀後半まで、モーラと音節は言語類型論と関連して議論されることが多かった。これに対し、現代の音韻理論では、モーラも音節もフットも、すべての言語に共通する音韻単位であると考えられている（Selkirk 1978, Ito and Mester 2012, 2015）。すなわち、名称は研究者によって若干異なるものの、すべての言語が（5）のような階層構造を持っていると考えられている。この中で韻律語（prosodic word）と呼ばれているものが、形態的な「語」に対応する音韻レベルの「語」であり、「韻律語」以下が語の音韻論（word phonology）あるいは語の韻律論（word prosody）と呼ばれているものに相当する。韻律語から上が文や句の音韻論（phrasal phonology, sentence phonology/prosody）と呼ばれている部分である。
　現代の音韻理論では、（5）はすべての言語に共通している音韻構造で、人間が生得的に持っているものと考えられている。どの言語の話者もモーラ、音節、フットという単位を脳内に持っているというこの考え方は、Trubetzkoy（1958/69）のようにモーラと音節を二者択一的なものと捉える見方と対照的であり、より柔軟な考え方と言える。

(5) 音韻構造の階層

　その一方で、(5) の分析に対しては、これまで明らかにされてきた言語間の違いがどのように説明されるのかという疑問が生じる。たとえばアクセント規則を例にとると、(4)に示したように、モーラで一般化できる言語(方言)と、音節で一般化できる言語(方言)が存在する。アクセント規則という点では同じであっても、たとえば音韻的な距離を測る単位としてモーラを使うか音節を使うかという違いが言語間(あるいは同一言語の方言間)に存在するのである。(5)を普遍的な構造だと捉えると、言語(方言)間の違いをどのように説明するかという問題は避けて通れないものとなる。一般言語学の視点から見た個別言語ごとの分析が必要となるのである(詳しくは第3章参照)。
　これと関連して、Trubetzkoy (1958/69) の分類で「音節言語」とされた言語／方言(たとえば英語や朝鮮語、日本語の鹿児島方言)にモーラという概念が本当に必要なのか、また日本語(東京方言)のように「モーラ言語」とされた言語／方言において音節という概念がどのような役割を果たすのかという素朴な疑問が生じる。後者については、たとえば(3)にあげた東京方言のアクセント規則が音節の役割を示す1つの証拠となるし、また次節(2.2

節）以降で論じる現象がその証拠となる。「音節言語」におけるモーラの役割については 2.1.4 節と 3.5 節で考察する。

2.1.4 「音節言語」におけるモーラの役割

　モーラ言語とされてきた東京方言の体系を詳細に分析する前に、音節言語と言われてきた英語や鹿児島方言においてモーラが果たしている役割を確認しておきたい。モーラが果たす役割として多くの言語で指摘されるのが (i) 語の最小性、(ii) 代償延長（compensatory lengthening）、(iii) アクセント規則である。

　このうち「語の最小性」は、文字通り「語が最低でもこれだけの長さを持たなくてはいけない」という条件である。たとえば英語は単音節を好むとされる言語で、身体語彙や数詞などのいわゆる基礎語彙の大半は 1 音節語である（表 2.3）。

表 2.3　英語の基礎語彙

種類	1 音節語	2 音節語	3 音節以上の語
身体語彙	head, face, nose, mouth, ear, arm, leg, foot, toe	shoulder, finger	
数詞（1〜10）	one, two, three, four, five, six, eight, nine, ten	seven	
親族語彙	son, aunt, niece	father, mother, brother, sister, daughter, uncle, nephew	
自然を表す語彙	sun, moon, star, tree, wind, cloud	flower	

　では 1 音節であれば何でもいいかというと、そういうわけではない。母音が長い場合や二重母音の場合には、two [tuː], tree [triː], ear [iə], toe [tou] のように後ろに子音が付かなくてもいいが、head や leg のように母音が短い場合には必ず子音が付かなくてはいけない。つまり短母音は尾子音を必要とする。英語に fit [fit] や fee [fiː] という語形はあるのに、fi [fi] という語形がな

26 | 第2章　モーラと音節

いのも、同じ理由による。短母音が尾子音を必要とするというのは1音節
語に課された条件であり、その証拠に2音節語には短母音で終わる構造が
許容される（たとえば father [fɑːðə]）。ではなぜ1音節語は短母音で終わる構
造が許されないのか。これを説明してくれるのが「語の最小性」という考え
方であり、そこで用いられるのがモーラという概念である。

　日本語の場合と同じように、英語でも長母音や二重母音は2つ分の長さ（つ
まり2モーラ）を持ち、短母音は1つ分の長さ（1モーラ）を持つと考えられて
いる[5]。長母音や二重母音で終わる語は2モーラの長さを持つが、短母音で終わ
る1音節語は1モーラの長さしか持たない。この1モーラという長さが「語の
最小性」に抵触するというわけである。この条件に抵触しないためには、短
母音を持つ1音節語は尾子音を持たなくてはならない。日本語の撥音（ン）や
促音（ッ）が1モーラに数えられるように、英語の尾子音も1モーラの長さを
持っているため、head や leg などは母音が短くても2モーラの長さを持ってい
ることになる[6]。つまり英語は、「2モーラ以上」という最小性条件（minimality
condition）が課されているのである。英語ではこの条件が既存の語だけでなく、
語形成によって新たに生成される語（広義の派生語、derived word）にも適用
され、たとえば短さを求めて作られる短縮語でも、最小2モーラの長さを持た
なくてはいけない。英語の1音節短縮語が、（6a）のように長母音や二重母音
で終わるか、そうでなければ尾子音で終わる構造を持つのはこのためである[7]。

(6)　　英語の1音節短縮語

　　　a.　professional → pro [prou]

　　　　　brassier → bra [brɑː]

5　これは長母音・二重母音が音声的（物理的）に短母音の2倍の長さを持っているという
　意味ではなく、あくまでも音韻的な重さ・長さの問題である。

6　これに対し、日本語の絵 (e) と手 (te) が同じ1モーラに数えられることから分かるよう
　に、母音の前の子音（頭子音）は音韻的な重さ・長さを持たない。英語でも頭子音の有無
　は音節の重さ・長さ（音節量）に関与せず、たとえば egg [ɛg] と leg [lɛg] は音韻的に同じ
　重さ・長さを持つ。

7　英語の短縮語には exam (< examination) や hippo (< hippopotamus) のような2音節形も
　ある。どのような時に2音節になるかを予測するのは難しい。

b. professor → prof [prɔf]
advertisement → ad [æd]
mathematics → math [mæθ]

「2モーラ以上」という語の最小性条件は、英語だけでなく多くの言語に観察される条件であり、Hayes (1995: 88) ではラテン語、ドイツ語、ハワイ語、トンガ語、アラビア語など、言語の系統に関わらず数多くの言語が同じ条件を持つと報告されている。では日本語はどうかというと、日本語には (7) のように2モーラの1音節語 (7a) だけでなく1モーラの1音節語 (7b) も存在する。

(7)　日本語の1音節語
　　a.　2モーラ語
　　　　蝶・腸・兆 (tyoo)、例・礼・霊・零 (rei)、貝・階・会・回 (kai)、缶・巻・勘 (kan)
　　b.　1モーラ語
　　　　絵・柄 (e)、手 (te)、目・芽 (me)、毛 (ke)、背 (se)、野 (no)、屁 (he)、二 (ni)、五 (go)、火 (ka)、土 (do)

では日本語には「2モーラ以上」という最小性条件が働かないかというと、そういうわけではない。(7b) の語の多くは (8a) のように母音を伸ばして2モーラになったり (詳しくは2.8節)、(8b) のように前後に他の要素が付加されたり、(8c) のように別の語に言い換えられる (窪薗 2017a)。辞書的には1モーラ語であっても、実際の言語使用時には複数の手段を使って1モーラという長さを避けようとするのである。

(8) a.　長母音化
　　　　2.55 (ニーテンゴーゴー)、火土 (カードー)
　　b.　要素の付加
　　　　毛 → 髪の毛、子 → 子供、酢 → お酢、背 → 背中、田 → 田んぼ、

名 → 名前、荷 → 荷物、根 → 根っこ、野 → 野原、葉 → 葉っぱ、
日 → お日様、湯 → お湯、世 → 世の中

c. 語の言い換え
尾 → しっぽ、屁 → おなら、身 → からだ（体、身体）

　日本語において「2 モーラ以上」という最小性条件がより明確に現れるのが、語形成によって新しい語が作り出される時である。短縮語形成は「語を短くする」ことを目指すプロセスであるから、究極の短縮語は 1 モーラ語ということになるのであるが、実際には (6) にあげた英語の短縮語と同じように、1 モーラの短縮形は生成されない。ストライキやチョコレートはスト、チョコとはなってもス、チョとはならないのである（詳しくは 2.4.2.1 節および 5.3.3.1 節参照）。既存の語には (7b) のような 1 モーラ語が残っていても、新たに生成される語には「2 モーラ以上」という一般的な最小性条件が強く働いていることが分かる。

　語の最小性条件と並んで、モーラという概念が重要な役割を果たすのが代償延長と呼ばれる現象である。これは、何らかの現象によってモーラを担っている要素（母音、尾子音）が消えてしまう時に、それを補う形で母音が伸びる現象であり、日本語では母音融合 (9a) によって 2 つの母音が 1 つの音色に融合してしまう場合や、母音のわたり音化 (9b) によって連続する母音の 1 つがわたり音（ここでは半母音の [j]）になってしまう場合に長母音化が起こる。(9a) では [ai] が [e] に母音融合するのに伴い、語のモーラ数を保つために [e] が [eː] となっている。(9b) では [i] が半母音の /y/ [j] になることによって失われる 1 モーラ分の長さを、[u] が伸びるという手段で補っている。

(9)　　日本語の代償延長

a. 母音融合
daikon → deekon（大根）
taigai → teegee（大概）

b. 母音のわたり音化
iu → yuu（言う）

karusi̲u̲mu → karusyu̲u̲mu（カルシウム）

bariu̲mu → baryu̲u̲mu（バリウム）

　この種の代償延長は、かつて「音節言語」と呼ばれていた英語でも起こる。たとえば（10a）では日本語と同じ母音融合によって [ai] が [e] と単母音化したことに伴い、母音が長くなって、失われた1モーラを補った。（10b）では尾子音位置にあった [l] や [ç] の子音（後者は日本語のヒの音節に現れる子音）が脱落したことに伴い、残された母音が長音化している。（9）にあげた日本語の例と同じく、長母音化によって入力のモーラ数が保持される現象である。この代償延長という現象もまた、モーラという概念でうまく説明できる。

（10）　英語の代償延長

　　a.　母音融合

　　　　sail [sa̲i̲l] → [se̲:l]（→ [seil]）

　　　　aim [a̲i̲m] → [e̲:m]（→ [eim]）

　　b.　子音脱落

　　　　calm [kɑ̲lm] → [kɑ̲:m]

　　　　night [niçt] → [ni̲:t]（→ [nait]）

　上記の例は、モーラ言語と言われる日本語（東京方言）だけでなく、音節言語とされていた英語でも、基底のモーラ構造（モーラ数）を保持しようとする力が強く働いていることを示しているが、すべての言語や方言がこのようなモーラ性を示すかというと、そういうわけでもない。たとえば鹿児島方言では東京方言や英語と同じように母音融合が起こるが、母音の代償延長は通常起こらない。（11f）の「西郷」がセゴとなってセーゴーとはならないことからも分かるように、鹿児島方言は長母音と短母音の区別に無頓着な方言である[8]。このような音量対立を持たない（あるいは弱い）体系では、代償延

8　対立がまったくないわけではない。ビルとビール、ルビとルビー、統語と統合、昇太とショーター（人名）、茎と空気などのペアは母音の長さで区別される。

30 ｜ 第2章　モーラと音節

長も起こらない（起こりにくい）ということであろう[9]。

(11)　鹿児島方言の母音融合

    a.　hae → he（蠅）[10]

    b.　hai → he（灰）

    c.　daikon → dekon（大根）

    d.　taigai → tege（大概）

    e.　kaimono → kemon（買い物）

    f.　saigoo → sego（西郷（隆盛））

    g.　nioi → nie（匂い）

　最小性条件や代償延長とならんで、モーラという概念を必要とするのがアクセント規則である。英語は語が単純語か複合語かによってアクセント規則が異なり、また動詞と名詞でも規則が異なる。このうち単純名詞は (12) のアクセント規則に従う（Hayes 1995, 窪薗 2021）。これは英語が大量の語彙とともにラテン語から借用した規則である。(13) に英語の語例をあげる[11]。

(12)　英語・ラテン語の単純名詞のアクセント規則

    a.　語末から2つ目の音節が重音節であればその音節にアクセントを置く。

    b.　その音節が軽音節であれば1つ前の音節（すなわち語末から3つ目の音節）にアクセントを置く。

(13) a.　ho.rí.zon, A.ri.zó.na, Cal.i.fór.nia, O.hí.o, Van.cóu.ver

---

9　朝鮮語（ソウル方言）でも母音長の対立は弱く、代償延長は起こらない。漢語の「大概」が鹿児島方言と同じく tege（テゲ）となるのはこのためであろう。

10　「蠅」と「灰」の he はアクセントも同じ同音異義語であり、「屁」の he とはアクセントで区別される（前2者がピッチ下降を伴う型（A型）で後者がB型）。

11　英語の音節区切り（syllabification）は、〔子音＋母音〕を基本とする方法（たとえば cho.co.late, A.me.ri.ca）に加え、「アクセントを持つ音節は重音節となる」という原則に従った区切り方（chóc.o.late, A.mér.i.ca）がある。本書では多くの辞書で採用されている後者の区切り方を採用する。

a´.　ve.rán.da, A.lás.ka, Fran.cís.co, Man.hát.tan, Mis.sis.síp.pi

　　　b.　rá.di.o, bún.ga.low, chóc.o.late, Cán.a.da, Í.da.ho, A.mér.i.ca

　ここで「重音節」「軽音節」と呼んでいるのはそれぞれ 2 モーラと 1 モーラの重さ・長さを持つ音節である。具体的には上述のように、長母音や二重母音（ともに VV）や〔短母音＋尾子音〕（VC）が 2 モーラの音節を、短母音（V）だけであれば 1 モーラの音節を構成する。このように、モーラの数え方は基本的に日本語と変わらない。（13a）の語は語末から 2 つ目の音節が VV という 2 モーラ分の長さを持ち、（13a´）の語では同じ音節が VC という構造を持っているため、（12a）の規則によってこの音節にアクセント（強勢）が置かれる。一方（13b）の語は問題の音節が 1 モーラの長さ（V）しか持たないために、1 つ前の音節にアクセントが置かれることになる。

　ここで重要なのは、（12）の規則が音節のモーラ数に依存している点である。音節のモーラ数は音節量と呼ばれるが、これは「モーラ」と「音節」という 2 つの概念を合体させたもので、両方の概念によって定義される。たとえば（12）の規則には重音節と軽音節の区別が不可欠であるが、この区別は音節という概念だけでは捉えることができない（重音節も軽音節もともに 1 音節である）。音節に 2 モーラ／ 1 モーラという重さ（長さ）の区別を導入して初めて説明できる区別である。このように英語のアクセント規則にはモーラという概念が不可欠となる。

　一方、日本語の中にはアクセント規則を音節だけで捉えることができる方言がある。上で触れた鹿児島方言がまさにこのタイプの方言である。この方言には A 型、B 型と呼ばれる 2 つのアクセント型があり、（12）にあげた英語のアクセント規則とは異なり、どの語がどのアクセント型となるかは（複合語や派生語を除いて）予測できない。この 2 つのアクセント型は（14）のように純粋に音節だけを用いて定義できる[12]。（15）に具体例をあげる。

12　ピッチ下降が弁別的であるという立場に立つと、A 型は「語末から 2 つ目の音節の直後でピッチが下がる型」、B 型は「ピッチ下降が起こらない型」ということになる（窪薗2021, 2022a）。

32 | 第2章 モーラと音節

(14) 鹿児島方言のアクセント規則

    a. A型：語末から2つ目の音節が高い。

    b. B型：語末音節が高い。

(15) a. A型

      ナ.ツ（夏）、ナ.ツ.ヤ.ス.ミ（夏休み）

      ア.カ（赤）、ア.カ.シン.ゴウ（赤信号）

    b. B型

      ハ.ル（春）、ハ.ル.ヤ.ス.ミ（春休み）

      ア.オ（青）、ア.オ.シン.ゴウ（青信号）

　このように、自然言語の中には「音節」という概念だけで定義できるアクセント規則も存在する。すべての言語のアクセント規則が「モーラ」という概念を必要とするわけではないのである。もっとも、音節のみに依存する鹿児島方言のアクセントがモーラと無関係かというと、そういうわけではない。この方言のアクセント体系は歴史をたどると、モーラを使った体系から発生していると考えられる（第3章）。また、鹿児島方言の共時的な音韻体系においてモーラがまったく機能していないかというと、そういうわけでもない。アクセント以外の現象にモーラの役割が観察される。この方言のモーラ性については、3.5節で詳しく論じることにする。

2.2　詩の韻律

　2.1節では「モーラ」と「音節」が決して二者択一的なものではなく、1つの言語体系の中で共存できることを見た。ここから自然に出てくるのが、この2つの音韻単位が実際にどのような役割を果たしているのかという疑問である。この疑問は一般言語学あるいは対照言語学を念頭に置いて、個々の言語ごとに考察しなくてはいけない問題である。この節以下では、東京方言においてモーラと音節がどのように役割分担をしているかを音韻規則、形態規則、音楽と言葉の関係など、様々視点から考察する。この節ではまず、詩の韻律を題材にしてこの問題を分析してみる。

　日本語の伝統的な詩と言えば、まず思いつくのが短歌や俳句であり、そし

2.2 詩の韻律 | 33

て俳句と同じリズムを持つ川柳である。短歌は五七五七七のリズムを、俳句と川柳は五七五のリズムを持つとされるが、この節ではこのリズムにモーラと音節の両方が関係していることを見る。

2.2.1 五七五のリズム

　短歌や俳句・川柳のリズムがモーラという音韻単位をもとに作り出されていることは周知の事実である。短歌はモーラで数えて〔5+7+5+7+7〕の構造を、俳句と川柳は〔5+7+5〕の構造を有している。日本語におけるモーラの証拠として短歌や俳句の構造があげられることが多いのは、このためである。

　(16) と (17) に俳句と川柳の例をあげるが、モーラは仮名文字と概ね対応するために、五七五 (七七) というモーラ数は仮名文字の数とほぼ一致する[13]。短歌が三十一文字と呼ばれるのはこのためである。

(16) a.　ふるいけや　かわずとびこむ　みずのおと (松尾芭蕉)

　　　 b.　やせがえる　まけるないっさ　これにあり (小林一茶)

(17) a.　にほんじゅう　あっちこっちで　たまごっち (小学生の作)
　　　　 (日本中、あっちこっちでたまごっち)

　　　 b.　りょこうずき　いってないのは　めいどだけ (シルバー川柳[14])
　　　　 (旅行好き、行ってないのは冥土だけ)

　　　 c.　でじかめの　えさはなんだと　まごにきく (サラリーマン川柳)
　　　　 (デジカメの餌は何だと孫に聞く)

　　　 d.　かべどんを　つまにやったら　ひらてうち (同上)
　　　　 (壁ドンを妻にやったら平手打ち)

　これらの詩が音節数ではなくモーラ数に基づいていることは明らかであ

13　ジュやリョのように拗音と呼ばれるものは仮名 2 文字で表記されるが、長さとしては 1 モーラである。ファイトのファやフィットのフィなども同様である。

14　(17b) は全国有料老人ホーム協会 (有老協) のシルバー川柳より、(17c–d) は第一生命保険のサラリーマン川柳よりそれぞれ引用。

34 | 第2章　モーラと音節

る。モーラ数と音節数のずれが生じるのは特殊拍が含まれる場合であるが、(16)–(17) の詩では特殊拍—下線を引いたモーラ—を1つに数えないと五七五という定型にはならない。実際、(18) に示すように音節で数えたのでは規則性が見えてこない。

(18)　俳句・川柳のモーラ数と音節数

俳句・川柳	モーラ数	音節数
(16a)	5-7-5	5-7-5
(16b)	5-7-5	5-6-5
(17a)	5-7-5	3-5-4
(17b)	5-7-5	4-5-4
(17c)	5-7-5	5-6-5
(17d)	5-7-5	4-6-5

　このように日本語の短歌や俳句・川柳は語句のモーラ数を数える形で作られるが、五七五（七七）そのものがリズムかというとそういうわけではない。ポーズ（間）まで含めると、五七五（七七）は八八八（八八）の構造、すなわち8モーラが3つないしは5つ連なった構造を持つと考えられている（別宮 1977）。1モーラを八分音符で、1モーラ分のポーズを八分休符で表すと、たとえば (16a) の俳句は (19a) のように解釈できる。また2つのモーラが1つのまとまり（フット）を作ると想定すると、同じ句は (19b) のように表すことができる[15]。

(19) a.　| ♪♪♪♪♪ 𝄾 𝄾 𝄾 | ♪♪♪ 𝄾 ♪♪♪♪ | ♪♪♪ 𝄾 ♪♪ 𝄾 𝄾 |

　　 b.　| ♫♫♪ 𝄾 𝄾 𝄾 | ♫♪ 𝄾 ♫♫ | ♫♪ 𝄾 ♫ 𝄾 𝄾 |

2.2.2　字余り現象

　ここまで、短歌や俳句がモーラを基調に作られていることを示す証拠を見たが、では音節が何も役割を果たしていないかというと、そういうわけでは

15　休符の前の母音が伸びて1フットを構成すると分析することも可能である。この場合、(16a) の「ふるいけや」は（ふる）（いけ）（やー）（𝄾）となる。

2.2 詩の韻律 | 35

ない。五七五が六七五や五七六になるような、いわゆる字余り現象を見てみると、そこに音節が絡んでいることが見て取れる[16]。

　現代の川柳を分析した田中 (2008) によると、五・七・五の3つの句のいずれにおいても字余りは起こるが、五の句と七の句では起こる事情が異なるという。七の句では (20) の下線部のように〔4モーラ+4モーラ〕という構造により字余りが生じる傾向があるのに対し、その前後の五の句では、(21) の下線部のように重音節で終わっている句に字余りが生じやすいという (いずれも田中 2008 からの引用)。

(20) a.　待ちに待ち 選びに選んだ ただの人
　　 b.　「オレオレ」に 夫と知りつつ 電話切る
　　 c.　ストレスを 他人に押しつけ マイペース
(21) a.　サラリーマン 家でもこなす 苦情処理
　　 b.　タクシー代 俺は出さんと 後に乗り
　　 c.　プロポーズ あの日に帰って 断りたい
　　 d.　ブランド品 あんたが着れば バーゲン品

　五七五の五の句において、字余りが句末の重音節と密接に関係しているという田中 (2008) の報告は、五の句末にある特殊拍が五七五のリズム計算においてカウントされなくなることを意味している。換言すると、五の句の最終音節はその重さ(長さ)が見えなく—音韻論でいう 'invisible' に—なり、重音節と軽音節の対立が中和されるということである。音韻的な構成素の最初や最後の部分が音韻規則に見えなくなってしまうというのは、韻律外性 (extrametricality) や不可視 (invisibility) という概念で説明されてきた一般的な現象であるが (Hayes 1979, Poser 1990)、ここでは語句末において音節の重さが見えなくなっている。後述するように、同じ現象が日本語の言語発達過程でも観察される (2.7.2節)[17]。

16　万葉集の分析では、字余りを起こす句の大半が母音連続 (hiatus) を含むものであるという (毛利 2005)。

17　語のアクセントについても語末音節の音節量が不可視となる現象が見られる (Kubozono

36 | 第2章 モーラと音節

音節の重さが見えなくなってしまうということは、語句末において〔自立拍＋特殊拍〕の2モーラが〔自立拍＋自立拍〕の2モーラ連続とは異なる振る舞いをし、〔自立拍〕という1モーラ音節と同じ振る舞いを見せることを意味している。ここで重要な役割を果たしているのはモーラの数ではなく音節の数である。このことはとりもなおさず、音節という概念が字余り現象に重要な役割を果たしていることを意味している。

2.3　音韻規則

連濁やアクセントなどの音韻規則においてもモーラと音節が重要な役割を果たしている。この節ではまずモーラという概念なしでは一般化できない音韻規則を分析し、その後で、音節という概念も必要となってくる現象を考察する。

2.3.1　モーラのみに言及する規則
2.3.1.1　エロ本とエッチ本

東京方言ではモーラだけで定式化できる音韻規則は少なくない。まず、現代日本語でも生産性の高い音韻規則である連濁を見てみよう。これは (22) のように、複合語の後部要素の初頭モーラを清音から濁音に変える音韻規則であるが、この規則そのものがモーラと直接関係するわけではない。長い複合語ほど連濁しやすく、とりわけ前部か後部かいずれかが3モーラ以上の長さになると連濁しやすくなるという傾向はあるものの（Rosen 2003）、構成要素が何モーラ以上であれば必ず連濁するとか、何モーラ以下であれば連濁しないといった一般化はできない。

(22) a.　オモチャ＋ハコ → オモチャ-_バコ_（おもちゃ箱）

　　 b.　ウミ＋カメ → ウミ-_ガメ_（海亀）

2004b)。具体的には、語末に特殊拍が付いて語末音節が重音節になっても、基本的にアクセント核の位置は変わらない（ピﾞザ／ピﾞザー／ピﾞザン、カﾞメラ／カﾞメラー／カﾞメラン、スパﾞイク／スパﾞイクー／スパﾞイクン）。これは、アクセント規則にも語末音節の重さ（重音節／軽音節の違い）が見えないということ、言い換えると、語末音節の長さが中和していることを意味する。

2.3 音韻規則 | 37

    c.   ホン＋タナ → ホン - _ダナ_（本棚）

    d.   ヤキ＋サカナ → ヤキ - _ザカナ_（焼き魚）

ところが book を意味する「本」という形態素を後部要素とする複合語では、連濁するかしないかの境界が前部要素のモーラ数によって決まってくる。

(23) a.   連濁しない複合語

      絵本、見本、手本、貸本、古本、赤本、豆本、エロ本

    b.   連濁する複合語

      漫画本、文庫本、単行本、ビニール本、エッチ本

Ohno（2000）によると、前部要素が 1〜2 モーラの長さであれば (23a) のように連濁せず、3 モーラ以上の長さであれば (23b) のように連濁するという。窪薗（2004a）はこれを複合語全体の長さによるものと捉え、4 モーラ以内の場合には (23a) のように連濁せず、5 モーラ以上になると (23b) のように連濁するという解釈をとっている。いずれの解釈であっても連濁の有無がモーラ数によって決まるという立場は同じである[18]。

2 モーラが 1 フットを作るという考え方に立つと、Ohno（2000）の一般化は「前部要素が 1 フット以内か 1 フットを超えるか」により (23a, b) の違いが作り出されるということになる。一方、窪薗（2004a）の一般化では、「語全体が 2 フット以内か、2 フットを超えるか」という形に再解釈できる。

ところで、(23a, b) の違いを構成要素の音節数や語種など、他の要因と関

18　Salingre の最近の報告（Salingre 2024）によると、類似の現象が一部の複合語に見られる /s/ の挿入過程にも観察されるという。「春雨」や「氷雨」では ame が same と発音される。母音連続を避けようとする現象であるが (5.4.1 節)、この現象は前部要素が 1〜2 モーラの場合に起こりやすく、3 モーラ以上では起こらない（あるいは起こりにくい）という。辞書の検索で確認できるだけでなく、新造語を使った産出実験でも同じ結果が得られるという（たとえば「藤雨」はフジ - サメとなりやすいが、「椿雨」はツバキ - サメとはならずツバキ - アメとなる）。ここでも前部要素が 2 モーラ以内か 3 モーラ以上か（あるいは語全体が 4 モーラまでか 5 モーラ以上か）が音韻規則の適用／不適用の境界となっている。

38 | 第2章　モーラと音節

連付けることはできない。このことは「エロ本」と「エッチ本」を比較して
みると分かる。「エロ」と「エッチ」はともに単一形態素からなるカタカナ
語であり[19]、意味的な違いもない。さらに音節で数えると、ともに2音節語
である。両者が示す連濁の違いは、2モーラか3モーラかというモーラ数の
違いでしか説明できない。

　モーラに基づく一般化が妥当であることは、「黒本」「白本」や「緑本」
「紫本」のような新造の複合語で検証することができる。初めて見る／聞く
という場合でも、日本語話者（東京方言話者）の大半は「黒本」と「白本」
の「本」はホン、「緑本」と「紫本」の「本」はボンと発音するようである。
これはモーラ数に基づく規則が心理的な実在性（psychological reality）を持
つことを意味している。

　ちなみにビニールで包装した本はビニボン（ビニ本）と発音されるが、こ
れはビニール本の短縮形であることによる。元の複合語である「ビニール
本」は前部要素が4モーラであるために連濁し、その短縮形である「ビニ
本」は、原語の濁音を受け継いだということに過ぎない。

　また「洒落本」「カフェ本」などは前部要素が2モーラであるにも関わら
ず連濁を起こす（シャレボン、カフェボン）。これは「○本」が(23)の諸例
のように「○を書いた本」や「○という特徴を持つ本」という意味ではな
く、「○に関する本」という意味を持つ場合に起こる連濁現象である。意味
的な要因が（モーラ数に基づく）音韻的な要因より優先されたことにより生
じる結果であり、長さに基づく一般化への反証となるものではない[20]。

2.3.1.2　「＿次郎」のアクセント

　東京方言は多くのアクセント規則を持つが、その中にはモーラによって

19　「エロ」は英語の erotic から入った「エロチック」という外来語の短縮形であり（erotic
　→ エロチック → エロ）、一方「エッチ」は日本語の「変態」という語をローマ字書き
　（hentai）して、そこから頭文字（h、エッチ）をとって作られた頭文字語である（窪薗
　2002a）。

20　同じ理由により、「豆に関する本」を意味する「豆本」と「小さな本」を意味する「豆
　本」では、連濁が生じる可能性に違いが生じてもおかしくない。「城本」（＝お城に関する
　本）と「白本」（＝表紙が白い本）も同様の可能性がある。

一般化できる規則が少なくない。その1つが、「小次郎」や「金次郎」などの「__次郎」という複合語のアクセント規則である。東京方言の一般的な複合語アクセント規則は後部要素によって決まり、この要素が同じであれば、出力のアクセントは同じになる。「春休み」と「夏休み」が同じアクセント型となるのはこのためである。ところが「__次郎」のアクセントを決める規則は、後部要素が同じであるにも関わらず、前部要素 (N1) によって異なるアクセント型を産出する。いわば、例外的な複合語アクセント規則である。具体的には前部要素が1モーラか、2モーラか、3モーラ以上かによって (24a–c) に示す3つのアクセント型が作り出される[21]。

(24) 「__次郎」のアクセント

    a. N1 = 1モーラ → 平板アクセント
        小次郎 (コジロー)、蛾次郎、与次郎

    b. N1 = 2モーラ → N1 の末尾音節にアクセント核
        金次郎 (キンジロー)、紋次郎、幸次郎
        寅次郎 (トラジロー)、島次郎、幹次郎

    c. N1 = 3モーラ以上 → N2 の初頭音節にアクセント核
        力次郎 (チカラジロー)、鳶次郎、ウルトラマン次郎

　(24a) は語が平坦なピッチで発音され、急激なピッチ下降が起こることはない。(24b) では N1 の末尾音節でピッチ下降が起こり、(24c) では N2 の第1モーラと第2モーラの間でピッチが落ちる。音韻論的な解釈では、(24a) が平板型アクセント、(24b) が N1 の末尾音節にアクセント核を有する型、(24c) が N2 の初頭音節にアクセント核を持つ型である。このうち、(24c) が東京方言の複合語が持つ一般的なアクセント型である。「__次郎」と同じように、後部要素が3モーラ以上の複合語は後部要素の初頭音節に

21　このように自然数の連続を1の場合、2の場合、3以上の場合という3段階（ホップ、ステップ、ジャンプ）に区切る言語現象は珍しくない。たとえば文法の人称では、話者側（自分）を一人称、聞き手側（相手）を二人称、その他の人・物を三人称に分ける。「ここ、そこ、あそこ」「これ、それ、あれ」「この、その、あの」のような指示詞は空間を同じように3つに区切る（窪薗 2011）。

40 ｜ 第2章　モーラと音節

アクセント核が置かれる（たとえば「青山通り」「ママさんバレー」はアオ
ヤマ‐ドーリ、ママサン‐バレーとなる）。

　ここで（24b）の「金次郎、紋次郎、幸次郎」と「寅次郎、島次郎、幹次
郎」ではアクセント型が異なるのではないかという疑問が生じるかもしれ
ないが、「N1 の末尾音節」にアクセント核が生じるという点では同じ型と
言える（2.3.2.1 節）。つまり「音節」という概念を用いると、「金次郎、紋
次郎、幸次郎」のように N1 の第 1 モーラと第 2 モーラの間でピッチが下
がる型と、「寅次郎、島次郎」のように第 2 モーラの後でピッチが下がる型
は「N1 の末尾音節にアクセント核を持つ型」と一般化できる。この点では
（24b）は音節という概念を援用しているが、この点を除くと（24a–c）は純粋
に N1 のモーラ数に基づく一般化である。

　（24）の規則が心理的実在性を持つことは、同じ漢字でも読み方を変えて
みるとよく分かる。N1 ＝ 1 モーラであれば（24a）の型を、N1 ＝ 2 モーラで
あれば（24b）の型を、N1 ≧ 3 モーラであれば（24c）の型をとる。初めて目
にする名前であっても、（24）の規則が当てはまるのである。

(25) a.　小次郎：コ‐ジロー、ショウ‐ジロー
　　 b.　力次郎：リキ‐ジロー、チカラ‐ジロー
　　 c.　幸次郎：コー‐ジロー、シアワセ‐ジロー
　　 d.　鳶次郎：トビ‐ジロー、トンビ‐ジロー
　　 e.　冠次郎：カン‐ジロー、カンムリ‐ジロー

　ここで、（24）–（25）に示した一般化がモーラに基づくものであって、音
節に基づくものではないことを確認しておきたい。（24b）の N1 には「金、
紋、幸」のような 1 音節のものと、「寅、島、幹」のような 2 音節のものが
ある。両者が同じアクセント型を作り出すということは、音節数ではなく
モーラ数（ここでは 2 モーラ）が共通したアクセント型を生成していること
を示している。（24b）と（24c）の境界にしても、（25d）に示した「鳶次郎」
と「鳶次郎」でアクセント型が異なってくるという事実から、2 モーラ／ 3
モーラというモーラ数の違いによってアクセント型が決まることが分かる。

カレーやリンゴのような 2 音節 3 モーラの名詞が「カレー次郎」「リンゴ次郎」となった時に、「力次郎」のチカラ（3 音節 3 モーラ）と同じ (24c) のアクセント型を作り出すのも同じ理由による。

2.3.1.3 「＿屋」のアクセント

「＿屋」のアクセント規則も基本的にモーラを使って一般化できる。「屋」は東京方言において平板化形態素 (deaccenting morpheme) として機能し、前に何か付くと (26) のように平板型の複合語を作り出す。この点では (27) に示した他の平板化形態素と音韻的な振る舞いが同じである[22]。

(26) a. ウドン - ヤ（うどん屋）、呉服屋、豆腐屋、居酒屋、たばこ屋[23]
　　 b. チンドン - ヤ（チンドン屋）、ラーメン屋、果物屋、パチンコ屋
　　 c. ブンボーグ - ヤ（文房具屋）、ソーセージ屋、アイスクリーム屋
(27) a. 玉：シャボン - ダマ（シャボン玉）、鉄砲玉、こんにゃく玉
　　 b. 島：サクラ - ジマ（桜島）、喜界島、ひょうたん島[24]
　　 c. 山：アサマ - ヤマ（浅間山）、愛宕山、函館山
　　 d. 者：ナマケ - モノ（怠け者）、働き者、ならず者
　　 e. 党：ジユー - トウ（自由党）、労働党、共和党
　　 f. 語：フランス - ゴ（フランス語）、ドイツ語、外国語

「屋」という形態素が他の平板化形態素と異なるのは、前部要素が 2 モーラの時に平板化効果を失うという点である（窪薗 2021）。実際には (28b) のように平板型となる例もあるにはあるが、(28a) のように前部要素の末尾を高く発音する型―前部要素の末尾音節にアクセント核を置く型―の方が圧倒的に数が多く、また生産性も高い。

22　「チンドン屋」や「ラーメン屋」のように重音節で始まる語は語頭から高く発音されることが多いが、ここではピッチ上昇が起こる丁寧な発音を基底形と想定して表示する (3.3 節の (25) 参照)。

23　リョーリ - ヤ（料理屋）は数少ない例外である。

24　「鬼ヶ島」や「佐渡島」などは平板型とはならない（オニガ - シマ、サドガ - シマ）。これは、ガがもともと属格の助詞であったことによる（「鬼ヶ島」は「鬼の島」）。

42 | 第2章　モーラと音節

(28) a.　ソバ‐ヤ（蕎麦屋）、ダフ屋、豆屋、花屋、肉屋、味噌屋、服屋、
　　　　寿司屋、飲み屋、靴屋、米屋、菓子屋、質屋、風呂屋、家具屋、本
　　　　屋、パン屋
　　 b.　ヤオ‐ヤ（八百屋）、酒屋、鍛冶屋、餅屋、問屋

　以上の議論から、「＿屋」は（26）と（28a）の2つのアクセント型を示す
ことが分かるが、この2つの型を分けているのは前部要素のモーラ数であ
る。（26a–c）は前部要素がそれぞれ3モーラ、4モーラ、5モーラ以上の場
合であり[25]、（28a）は2モーラの場合である。つまり、前部要素が2モーラの
時だけは、例外的に「屋」が持つ平板化効果が失われる。
　この一般化は、音節という単位を使っては捉えることができない。たとえ
ば（26a）は前部要素が3モーラの場合であるが、同じ3モーラの中に「う
どん、豆腐」のような2音節のものもあれば、「呉服、たばこ」のような3
音節のものもある。これらに共通しているのは音節数ではなくモーラ数であ
る。同様に、（26b）の前部要素には「チンドン、ラーメン」のような2音節
のものから、「パチンコ」のような3音節のもの、「果物」のような4音節
のものまで含まれる。これらの前部要素に共通しているのは4モーラとい
う長さであり、音節で測った長さではない。
　例外的に平板型とならない（28a）の例を見ても、「蕎麦、ダフ、豆、花」
のような2音節のものと「本、パン」のような1音節のものが混在してい
る。これらに共通するのは2モーラという長さである。（28b）はいわば「例
外の例外」であるが、ここでも「酒、餅」のような2音節のものと、「問」
のような1音節のものが混在している。音節数がアクセント型を決める条
件となっていないことは明らかである。
　ちなみに、（26）と（28a）の違いが前部要素のモーラ数によるものである
ことは次のような語ペアからも確認できる。前部要素が1モーラ長くなる
だけで、（28a）から（26）へとアクセント型が変わる。

────────────

25　前部要素が1モーラの例は少ないが、「茶屋、麩屋、酢屋」のように平板型となるよう
　　である。

2.3 音韻規則 | 43

(29) (28a) と (26) の比較

(28a) のアクセント型	(26) のアクセント型
服屋	呉服屋、洋服屋
豆屋	煮豆屋、黒豆屋
本屋	絵本屋、貸本屋
菓子屋	お菓子屋、和菓子屋
寿司屋	お寿司屋、巻き寿司屋
蕎麦屋	お蕎麦屋

　このように「__屋」は前部要素のモーラ数によって異なるアクセント型を示す。前部要素のモーラ数が関与している点では、前節で見た「__次郎」と共通している。

2.3.1.4 「__町」のアクセント

　「__町」という複合語も、前部要素のモーラ数によってアクセントが変わってくる。「町」をマチと訓読みする場合には、前部要素の長さに関係なく前部要素と後部要素の間でピッチが下がる。すなわち、前部要素の末尾音節にアクセント核が生じる。(30) に例を示す。

(30) 「__町(まち)」のアクセント

　　a.　N1 = 2 モーラ

　　　　サト - マチ (里町)、西町、北町、岡町、浜町

　　b.　N1 = 3 モーラ

　　　　ヒガシ - マチ (東町)、南町、山手町、昭和町、山田町

　　c.　N1 ≧ 4 モーラ

　　　　ヤマザト - マチ (山里町)、南京町、富岡町、猪苗代町

　(30) は「__町」だけのアクセント規則ではなく、後部要素が 2 モーラの複合名詞に現れる一般的なアクセント型である。これに対し、「町」をチョウと音読みすると、前部要素の長さによって (31) – (32) に示した 2 つのアクセント型が出現する。このうち (31) は (30) と同じアクセント型であり、(32) は平板型である。

44 ｜ 第 2 章　モーラと音節

(31) 「＿町」のアクセント（N1 ≠ 3 モーラ）

    a.　N1 = 2 モーラ

      サト‐チョウ（里町）、西町、北町、岡町、浜町

    b.　N1 ≧ 4 モーラ

      ヤマザト‐チョウ（山里町）、神保町、浜松町、小伝馬町、甚五郎町

(32) 「＿町」のアクセント（N1 = 3 モーラ）

      ヒガシ‐チョウ（東町）、南町、山手町、昭和町、永田町、神谷町、馬喰町

　東京方言話者の中にも若干の個人差は認められるものの、「＿町」は基本的に「＿町」と同じアクセント型を示す一方で、(32) のように前部要素が3 モーラの場合には例外的に平板型となる。この場合も、基本的なアクセント型と例外的な型を区別する要因は前部要素のモーラ数であり、音節数ではない。その証拠に、(31) の前部要素は 2 音節のもの（たとえば里、西、神保）から 3 音節（小伝馬、甚五郎）、4 音節（山里、浜松）のものまで多様である。同じように (32) にも、2 音節の前部要素（昭和）や 3 音節の要素（東、永田、馬喰）が含まれる。音節数では 2 つのアクセント型は説明できないのである。

　モーラに基づくこの一般化が妥当であることは、次のようなペアを比べてみるとよく分かる。前部要素のモーラ数の違いによって、2 つのアクセント型が出てくる。

(33)　(31) と (32) の比較

(31) のアクセント型	(32) のアクセント型
永田町（えいでん）	永田町（ながた）
神保町（じんぼう）	神保町（じんぽ）
山町、山里町（やま、やまざと）	山手町（やまて）
神谷町（かみたに）	神谷町（かみや）
博労町（ばくろう）	馬喰町（ばくろ）

2.3 音韻規則 | 45

前節で見た「＿屋」の場合と「＿町」は、基本的なアクセント型と例外的なアクセント型が逆の形で現れる。つまり前者では平板型が基本で、アクセント核を持つ型が例外的に現れるが、後者はその逆である。また例外的なアクセント型が現れる条件が、前者では N1 = 2 モーラであり、後者では N1 = 3 モーラである。このような違いはあるものの、前部要素のモーラ長によって異なるアクセント型が生じるという根本的な点は共通している。

2.3.1.5　平板化形態素

前節までは、前部要素の長さによって複合語のアクセント型が決まる例を見たが、既に述べたように、これは東京方言ではむしろ例外的な複合語アクセント規則である。この方言は基本的に後部要素によって複合語全体のアクセント型が決まる右側優位な言語（right-dominant language）であり（窪薗 2021）、後部要素が同じであれば基本的に同じアクセント型が生じる。ハル（春）、アキ（秋）とナツ（夏）、フユ（冬）のアクセント型が異なるにも関わらず、「春休み、夏休み、秋休み、冬休み」がすべて同じアクセント型（○○ヤスミ）となるのはこのためである。

（27）で見たように、後部要素の中には複合語全体を平板化させる効果を持つものがある。平板化形態素と呼ばれる形態素であるが、これらは次のような特徴を持つことが知られている（窪薗 2023a: 補遺・条件 3）[26]。

（34）　平板化形態素の特徴
　　　a.　和語か漢語である。外来語にはない。
　　　b.　単独発音では最終音節にアクセント核を持つ[27]。
　　　c.　1〜2 モーラの長さを持つ。

いずれも不思議な制限であるが、ここで問題となるのが（34c）の長さの

26　外来語に特徴的に見られる疑似平板化形態素（-in, -ia, ing）—ロキソニン、カレドニア、ボルダリング—については儀利古（2009）または窪薗（2023a）の補遺を参照。

27　「表」や「票」のような例外もある。これらは単独では平板型で発音されるが、複合語の中では平板化形態素として機能する。

46 | 第2章　モーラと音節

制限である。面白いことに、3モーラ以上の形態素で平板化効果を発揮する
ものはない。漢語の形態素は1〜2モーラという長さの制限を持つから[28]、漢
語の平板化形態素が3モーラ以上にならないのは当然のことであるが、和
語の平板化形態素にも3モーラ以上の長さを持つものはない。アタマ˥（頭）
やオトコ˥（男）、イモート˥（妹）のように、最終音節にアクセント核を持つ
3モーラ以上の和語がないわけではないのに、複合語の後部要素になった時
に平板化効果を発揮するものは皆無である。たとえば「頭」も「男」も、複
合語では「後部要素の第1モーラ／音節にアクセント核を有する」一般的
な複合語アクセントを示す。

(35) a.　イシ - ア˥タマ（石頭）、ボーズ - ア˥タマ（坊主頭）

　　　b.　ヤマ - オ˥トコ（山男）、ユキ - オ˥トコ（雪男）

　(36) と (37) に、秋永 (1985) にあげられている平板化形態素を示す（括
弧内は複合語の例）。ちなみに秋永 (1985) のリストには1モーラの和語の
例はないが、2.3.1.3 節で見た「屋」は基本的に平板化効果を持つ。

(36)　漢語の平板化形態素
　　　a.　1モーラ
　　　　　語（フランス語）、科（小児科）、課（総務課）、家（芸術家）、画（日
　　　　　本画）、座（歌舞伎座）、派（狩野派）
　　　b.　2モーラ
　　　　　党（労働党）、線（東海道線）、鏡（万華鏡）、教（ゾロアスター教）、
　　　　　場（競馬場）、隊（探検隊）、中（勉強中）、亭（末廣亭）、製（日本
　　　　　製）、堂（二月堂）、版（かわら版）、盤（LP盤）、病（腎臓病）、用
　　　　　（子供用）、流（北辰一刀流）

28　すなわち、漢字の音読みはすべて1〜2モーラである。たとえば2字漢語の「風車」
　　は音読みだとフウ - シャ〔2モーラ+1モーラ〕となり、訓読み（カザ - グルマ）のように
　　〔2モーラ+3モーラ〕の長さになることはない。

2.3 音韻規則 | 47

(37) 和語の平板化形態素

    a. 1モーラ

        屋（うどん屋、ラーメン屋、アイスクリーム屋）

    b. 2モーラ

        色（オレンジ色）、型（血液型）、髪（日本髪）、側（日本側）、際（瀬
        戸際）、組（隣組）、縞（格子縞）、玉（シャボン玉）、面（仏頂面）、
        寺（縁切寺）、沼（印旛沼）、村（隣村）、者（怠け者）、山（浅間山）

  2モーラの和語に平板化形態素は多いのに、3モーラ以上の和語に同じタイプの形態素がないのは不思議である。これだけだと偶然の可能性も出てくるが、以下のような動詞から転じた名詞（転成名詞）にも同じ制限が見られる（窪薗 2023a: 補遺・条件3）。

  動詞から派生した名詞（動詞の連用形）を後部要素とする複合語は、アクセントの点では平板化する場合とそうでない場合に大別できる。このうち平板化するのは後部要素が2モーラの転成名詞の場合であり、後部要素が3モーラの場合には原則として平板化しない[29]。たとえば同じ「試し＿」でもタメシ-ズリ⁰（試し刷り）、タメシ-ボリ⁰（試し彫り）などは平板型となるが、タメシ-ス﹃ベリ（試し滑り）やタメシ-ズ﹃ワリ（試し座り）は平板型とはならない。ヒトリ-ダチ⁰（一人立ち）やヒトリ-ガチ⁰（一人勝ち）、ウワテ-ナゲ⁰（上手投げ）が平板型となるのに、ヒトリ-ア﹃ルキ（一人歩き）、ヒトリ-ズ﹃マイ（一人住まい）、ウワテ-ヒ﹃ネリ（上手ひねり）が平板型とならずに、通常の複合語アクセント型を示すのも同じ理由による。普通名詞と比較しても、ゴニン-マチ⁰（五人待ち）とゴニ﹃ン-マチ（五人町）、カゾク-モチ⁰（家族持ち）とカガミ﹃-モチ（鏡餅）などの例から、動詞から転じた2モーラ名詞が平板化形態素として働いていることが分かる[30]。具体的な

29　いくつか例外はある。後部要素が2モーラの長さでも、たとえばヨミ﹃-カキ（読み書き）やノミ﹃-クイ（飲み食い）のような並列構造の複合語や、コーリ﹃-ガシ（高利貸し）やカバ﹃ン-モチ（鞄持ち）、セン﹃-ヌ﹃キ（栓抜き）のように動作から人や道具へと意味が変わってしまう場合には平板型になりにくい。これとは逆に、後部が3モーラの場合でも、「人-殺し⁰、風-通し⁰、取り-調べ⁰、横-並び⁰」などは例外的に平板型となる。

30　ちなみに2モーラの転成名詞は (34b) の条件を満たすとは限らない。最終音節にアク

48 ｜ 第2章　モーラと音節

例を (38) に示す。

(38)　〔X＋動詞からの転成名詞〕のアクセント
　　　a.　後部要素＝1〜2モーラ → 平板型
　　　　　似（父親似、おじさん似）、煮（筑前煮、関東煮）、寝（一人寝、雑
　　　　　魚寝）、見（ちょっと見、盗み見）、明け（休み明け、正月明け）、行
　　　　　き（ドイツ行き、刑務所行き）、植え（船底植え、鉢植え）、借り（当
　　　　　座借り、連番借り）、刈り（青田刈り、大外刈り）、狩り（紅葉狩り、
　　　　　魔女狩り）、枯れ(初霜枯れ、冬枯れ)、切り(使い切り、千人切り)、
　　　　　捨て（使い捨て、呼び捨て）、刷り（試し刷り、ガリ版刷り）、染め
　　　　　（友禅染め、ろうけつ染め）、漬け（一夜漬け、千枚漬け）、跳び（二
　　　　　段跳び、三段跳び）、投げ（円盤投げ、巴投げ）、飲み（試し飲み、
　　　　　一気飲み）、晴れ（日本晴れ、五月晴れ）、引き（百円引き、千円引
　　　　　き）、干し（甲羅干し、天日干し）、待ち（五人待ち、キャンセル待
　　　　　ち）、焼き（お好み焼き、どんと焼き）
　　　b.　後部要素＝3モーラ以上 → 起伏式
　　　　　歩き（カニ歩き、一人歩き）、祝い（入学祝い、成人祝い）、起こし
　　　　　（村起こし、町起こし）、落とし（逆落とし、こけら落とし）、思い
　　　　　（片思い、親思い）、帰り（里帰り、アメリカ帰り）、調べ（下調べ、
　　　　　証拠調べ）、絞り（有松絞り、博多絞り）、滑り（試し滑り、地滑
　　　　　り）、叩き（モグラ叩き、布団叩き）、頼み（親頼み、神頼み）、作り
　　　　　（手作り、塩作り）、通し（千枚通し、鎧通し）、並べ（五目並べ、七
　　　　　並べ）、始め（事始め、稽古始め）、走り（使い走り、小走り）、巡り
　　　　　（地獄巡り、名所巡り）

　このように、(36) – (37) に示したいわゆる平板化形態素だけでなく、動
詞から転じた名詞の場合にも、複合語の中で平板化効果を発揮するのは2

――――――――――――――――――――――――――――――――――――
セント核を持つ尾高型アクセントの語（「投げ、晴れ」など）と並んで、平板型の語（「行
き、借り、焼き」など）も多い。転成名詞のアクセントは元となった動詞のアクセントに
よって決まる傾向がある（窪薗 2023a）。

モーラ以下の要素であり、3モーラ以上の要素はそのような性格を持たない。構成要素のモーラ長によって、複合語のアクセント型が決まってくるのである。

　面白いことに、2モーラと3モーラの間に音韻的な境界が現れるのは日本語では珍しいことではない。たとえば2.3.1.1節で見た「＿本」という複合語では、前部要素が2モーラ以内か3モーラ以上か—たとえば「エロ本」と「エッチ本」—で連濁の有無が決まった。2.3.1.2節で見た「＿次郎」のアクセントでも、前部要素が2モーラか3モーラ以上かによって異なるアクセント型が観察された。2.4.1節で見る「ポケモン」タイプの複合語短縮形でも〔2モーラ＋2モーラ〕という形が基本であり、3モーラを単位とすることは珍しい。他の方言に目を転じても、長崎方言のアクセント規則（外来語、複合語）は2モーラと3モーラの間が音韻的な境界となる（松浦2014,窪薗2021）。このように日本語では2モーラと3モーラの間—フットで数えると、1フットと2フットの間（2.8節）—には音韻的な境界が生じやすい。この節で見た複合語における平板化現象も、これらの現象と同じ特徴を示している。

2.3.1.6　南アメリカと南カリフォルニア

　音韻的な境界が4モーラと5モーラの間に現れる現象も多い（窪薗2023a）。たとえば東京方言や近畿方言では、電話番号などの数字列を発音する際に、4モーラを1単位としてアクセントを付与しようとする（福居1990）。075や801、5555などの数字列が2文字ずつに—モーラで数えると4モーラずつに—区切られ、そのまとまりに（39）のような音調パターンが付与される。東京方言と近畿方言ではピッチが上がる位置が異なる（後者の方が1モーラ後ろになる）が、4モーラずつまとめようとする力や、ピッチが下がる位置は両方言に共通している（{ }は4モーラのまとまりを表す）。ちなみに、3桁の数字では3つ目の数字がこのまとまりに入らなくなり、いずれの方言でもその数字がもともと持っているアクセント型で発音される。

50 | 第2章 モーラと音節

(39) 数字列のアクセント

数字列	音韻表示	音調パターン（東京）	音調パターン（近畿）
075	{レイ￣ナ￣ナ} ゴー	{レイ￣ナナ} ゴー	{レイ￣ナナ} ゴー
801	{ハチレ￣イ} イチ	{ハチレイ} イチ	{ハチレイ} イチ
5555	{ゴー￣ゴー} {ゴー￣ー}	{ゴーゴー} {ゴーゴー}	{ゴーゴー} {ゴーゴー}

　4モーラを上限とするアクセント現象はオノマトペにも見られる。オノマトペには「ゆらゆら」や「ゆらりゆらり」のような重複形のものが多いが、2モーラが繰り返されるものは (40a) のように1つのアクセント単位にまとまるのに対し、3モーラが繰り返されるものは (40b) のように1つにまとまらない[31]。「一夫多妻」や「チェコスロバキア」のような並列複合語と同じように、それぞれの要素が自らのアクセントを保つ形で2つのアクセント単位として実現する（{イ￣ップ} {タサイ⁰}、{チェ￣コ} {スロバ￣キア}）。(40a) と (40b) の間に、(40c) のような5モーラの不完全重複形もあるが、これらも (40b) と同じく2つのアクセント単位に分かれやすい。(39) の電話番号と同じように、アクセント単位の上限を4モーラとするような力が働いている。ここでも、4モーラと5モーラの間に大きな違いが生じる。

(40) 重複形オノマトペのアクセント

　　a.　4モーラ
　　　{ユ￣ラユラ}、{ブ￣ラブラ}、{キ￣ラキラ}、{ノ￣ロノロ}

　　b.　6モーラ
　　　{ユラ￣リ} {ユラ￣リ}、{ブラ￣リ} {ブラ￣リ}、{ノロ￣リ} {ノロ￣リ}

　　c.　5モーラ
　　　{ユ￣ラ} {ユラ￣リ}、{ブ￣ラ} {ブラ￣リ}、{キ￣ラ} (キラ￣リ)

31　同じ重複形でも、オノマトペでなければ {ヒトリ - ヒト￣リ}（一人一人）や {トコロ - ド￣コロ}（所々）のように1つにまとまる。連濁についても、オノマトペかどうかで同様の違いが見られる（窪薗 2023a: 11）。

2.3 音韻規則 | 51

　日本語の複数の現象が 4 モーラと 5 モーラの間で異なる振る舞いを示すことを見たが、東京方言の複合語アクセントにも同様の境界が観察される。東京方言の複合語は、(41a) のように前部要素のアクセント核を無視（削除）し、後部要素のアクセント核を可能な限り複合語に保存しようとする。一方、(41b) のように後部要素のアクセント核が語末に近い位置にある場合には、語末付近のアクセント（核）を禁じる一般的な制約（Nonfinality 制約、非語末原理）によってそのアクセント核は保存されない。この場合、後部要素がもともと平板型の場合 (41c) と同じように、後部要素の頭に複合語アクセントを置こうとする（秋永 1985, Kubozono 1995b）。

(41)　東京方言の複合語アクセント（後部要素＝3〜4 モーラ）

　　a.　ヤ￢マト＋ナデ￢シコ → ヤマト - ナデ￢シコ（大和撫子）

　　　　ミ￢ニ＋サッカー → ミニ - サ￢ッカー

　　b.　ヤマ￢＋オトコ￢ → ヤマ - オ￢トコ（山男）

　　　　ナ￢マ＋タマ￢ゴ → ナマ - タ￢マゴ（生卵）

　　c.　ミナミ^0＋アメリカ^0 → ミナミ - ア￢メリカ（南アメリカ）

　　　　チューオ￢ー＋アメリカ^0 → チューオー - ア￢メリカ（中央アメリカ）

　　　　ニュー￢ー＋メキシコ^0 → ニュー - メ￢キシコ

　　　　ナンキョク^0＋タンケン^0 → ナンキョク - タ￢ンケン（南極探検）

　　　　ダ￢イ＋サッカ^0 → ダイ - サ￢ッカ（大作家）

　　　　クロミツ^0＋カンテン^0 → クロミツ - カ￢ンテン（黒蜜寒天）

　後部要素が 1〜2 モーラの場合にも基本的に同じ原理が働く（Kubozono 1997）。まずこの要素が語末以外の音節（非語末音節）にアクセント核を持つ場合には、(42a) のようにその要素のアクセント核を複合語に保存しようとする（ただし後部要素が前節で述べた平板化形態素である場合を除く）。また、後部要素のアクセント核が語末音節にある場合には、(41b) の場合と同じく Nonfinality の制約によって、そのアクセント核は保存されない。(41b) と異なるのは、後部要素の頭ではなく前部要素の末尾に新たなアクセント核が生じる点である。後部要素がアクセント核を持たない場合 (42c) も

52 | 第2章　モーラと音節

同じアクセント型となる。

(42)　東京方言の複合語アクセント（後部要素＝1〜2モーラ）

　　　a.　ニ⌐ワカ＋ア⌐メ → ニワカ - ア⌐メ（にわか雨）
　　　　　コーソク⁰ ＋バ⌐ス → コーソク - バ⌐ス（高速バス）

　　　b.　アバレ⁰＋ウマ⌐ → アバレ - ウマ（暴れ馬）
　　　　　テ⌐ムズ＋カワ⌐ → テムズ⌐ - ガワ（テムズ川）
　　　　　ウグ⌐イス＋パ⌐ン → ウグイス⌐ - パン（鶯パン）
　　　　　キョ⌐ート＋シ⌐ → キョート⌐ - シ（京都市）

　　　c.　ベ⌐ンガル＋トラ⁰ → ベンガル⌐ - トラ（ベンガル虎）
　　　　　ヒト⌐リ＋コ⁰ → ヒトリ⌐ - ッコ（一人っ子）

　秋永（1985）やMcCawley（1968）などの先行研究では、（42b, c）のアクセント型は最初から「前部要素の末尾」を目標位置としてアクセント核が置かれたもの、よって「後部要素の頭」にアクセント核が置かれる（41b, c）の場合とは異なる複合語アクセント規則が働くと考えられてきた。しかし、語末付近のアクセント（核）を禁じるNonfinalityという一般的な制約を考えると、この分析が妥当でないことが分かる。（42b）は最終フット（語末の2モーラ）に新たなアクセント核を禁じるNonfinalityの制約に抵触してしまうため、結果的に最終フットの直前、すなわち「前部要素の末尾」に複合語アクセントが置かれるようになったと考える方が合理的である（Kubozono 1995b）。単にNonfinalityという一般的な制約で説明できるだけでなく、後部要素が長い複合語—（41）—との共通性が明確に捉えられるようになり、ひいては単純語のアクセントや動詞・形容詞のアクセントとの共通性も捉えられるようになる。具体的には東京方言の様々なアクセント規則を「語末に接しない最右端のフット（rightmost, non-final foot）にアクセント核を置く」という形に一般化できるようになる（Kubozono 2008a, 窪薗 2023a）。

　このように見てくると、複合語アクセントには従来の分析で想定されてきた2モーラと3モーラの境界が存在しないことが分かる。その一方で、従来の分析では問題にされなかった4モーラと5モーラの間に大きな境界が

あることが指摘されている（窪薗他 1997）。

秋永（1985）他の研究では、(41) は 3 モーラ以上の後部要素を持つ複合語のアクセント規則と定式化されてきた。しかし後部要素が 5 モーラ以上の複合語では (41b, c) の規則に合わない例が数多い。たとえば後部要素が平板型の場合には、(43) のように複合語全体が平板型となるのが一般的である。中には (44) のように (41c) と同じパターンをとる例もあるが、数は少ない。

(43) 後部要素が 5 モーラ以上で平板型の複合語

 a. ミナミ⁰＋カリフォルニア⁰ → ミナミ-カリフォルニア⁰（南カリフォルニア）

 b. チューオ⌐ー＋カリフォルニア⁰ → チューオー-カリフォルニア⁰（中央カリフォルニア）

 c. ニュ⌐ー＋カレドニア⁰ → ニュー-カレドニア⁰

 d. ナンキョク⁰＋タンケンタイ⁰ → ナンキョク-タンケンタイ⁰（南極探検隊）

 e. ダ⌐イ＋サッキョクカ⁰ → ダイ-サッキョクカ⁰（大作曲家）

 f. クロミツ⁰＋トコロテン⁰ → クロミツ-トコロテン⁰（黒蜜ところてん）

 g. チホ⌐ー＋サイバンショ⁰ → チホー-サイバンショ⁰（地方裁判所）

(44) 後部要素が 5 モーラ以上で平板型の複合語（例外）

 a. メ⌐チル＋アルコール⁰ → メチル-ア⌐ルコール

 b. グ⌐ラス＋ハーモニカ⁰ → グラス-ハ⌐ーモニカ

(43) の複合語では前部要素（チューオ⌐ー、ニュ⌐ー、ダ⌐イ、チホ⌐ー）が持っていたアクセント核が失われているが、(41c) とは違い後部要素（「カリフォルニア」や「作曲家」）に新たなアクセント核は生じていない。前部要素が後部要素に融合しようとするにも関わらず、(41c) の複合語アクセント規則には従わず、後部要素が自らのアクセント型を保とうとするのである。

日本語には (45) の並列複合語のように、前部要素と後部要素がともに自らのアクセント型を保とうとする複合語——複数のアクセント単位に分かれる非融合型の複合語——が存在するが（Kubozono 1988, 窪薗 1995a, 2023a/b）、

54 | 第2章　モーラと音節

(43) の複合語はこれらとも違い、前部要素だけ融合しようとする複合語である。(41) と (45) の間の「中間的な複合語」、あるいは「中途半端な複合語」と言えるものである（窪薗他 1997, 窪薗 2023a）。(45) ではアクセント単位を { } で表す。

(45)　非融合型の複合語

    a.　イ⌐ップ＋タサイ⁰ → {イ⌐ップ} {タサイ⁰} (一夫多妻)

    b.　チェ⌐コ＋スロバ⌐キア → {チェ⌐コ} {スロバ⌐キア}[32]

    c.　ジュ⌐ー＋ジザイ⁰ → {ジュ⌐ー} {ジザイ⁰} (自由自在)

　(43) – (44) の複合語は後部要素が平板型のものであるが、(43) のような中間的なアクセント型は平板型に限って観察されるものではない。(46) の後部要素のように、5 モーラ以上の長さを持ち、もともと語中にアクセント核を有する語は、複合語の中で自らのアクセント核を残す。従来の分析では、これらは (41a) の例と同じように「後部要素のアクセント核を残す」複合語と見なされてきたが、「後部要素のアクセント型を残す」とも分析でき、その意味では (43) の複合語と同じ性格を持っている。このように解釈すると、5 モーラ以上の長さを持つ語は、もともとのアクセント型に関わらず、複合語の中に「自らのアクセント型を残す」と一般化できる。

(46)　後部要素が 5 モーラ以上で起伏式の複合語

    a.　ミナミ⁰ ＋スウェ⌐ーデン → ミナミ - スウェ⌐ーデン (南スウェーデン)

    b.　チューオ⌐ー＋オーストラ⌐リア → チューオー - オーストラ⌐リア (中央オーストラリア)

    c.　ナンキョク⁰ ＋タンケ⌐ンシャ → ナンキョク - タンケ⌐ンシャ (南極探検者)

    d.　ゲンジ⁰ ＋モノガ⌐タリ → ゲンジ - モノガ⌐タリ (源氏物語)

32　最近では「スロバキア」は平板型で発音されることも多い。

2.3 音韻規則 | 55

e. クロミツ⁰＋アイスクリ⌐ーム → クロミツ - アイスクリ⌐ーム（黒
蜜アイスクリーム）

f. チホ⌐ー＋ユービ⌐ンキョク → チホー - ユービ⌐ンキョク（地方郵
便局）

　以上の議論をまとめると、(41) のように複合語が完全に 1 つのアクセン
ト単位に融合するか、(43) や (46) のように中途半端な融合を示すかの境界
が（後部要素の）4 モーラと 5 モーラの間にあることが分かる。

　ところで、ここまで見た例は、後部要素が 5 モーラ以上になると複合語ア
クセント規則が中途半端にしか働かなくなることを示しているが、これとは
逆に複合語全体が短くなる場合にも、複合語アクセント規則がうまく機能し
なくなる。この場合にも、4 モーラと 5 モーラの間に音韻的な境界が存在す
る（窪薗 2023a）。

　(41) – (42) に示した複合語アクセント規則は、4 モーラ以下の長さの複合
語では機能しないことが多い。(42a–c) と (47a–c) を比較するとよく分かるよ
うに、複合語全体が 5 モーラ以上の長さにならないと、安定したアクセント
型は出てきにくいのである。このことは、4 モーラ以下の複合語は形態的に
は複合語でも、音韻的には複合語と認識されていないことを示唆している。

(47)　東京方言の複合語アクセント（後部要素＝1〜2 モーラ）

a. コ - サメ⁰（小雨）、ハル - サメ⁰（春雨）vs. オオ - ア⌐メ（大雨）
ミニ - バス⁰、ネコ - バス⁰（猫バス）、シ - バス⁰（市バス）

b. シマ - ウマ⁰、アカ - ウマ⁰（赤馬）、メ - ウマ⁰（雌馬）
ヨド - ガワ⁰（淀川）、クマ - ガワ⁰（球磨川）、vs. タマ⌐ - ガワ（多摩川）
ショク - パン⁰（食パン）、ジャム - パン⁰、カシ - パン⁰（菓子パン）

c. オオ - トラ⁰（大虎）、メス - ドラ⁰（メス虎）
ママ - ゴ⁰（継子）、サト - ゴ⁰（里子）、フタ - ゴ⁰（双子）

アクセント現象以外でも、4 モーラと 5 モーラの間に大きな音韻的境界が

56 | 第2章　モーラと音節

生じる現象は少なくない（窪薗 2023a: 5.4.2 節）[33]。これらは、「モーラ」という単位が音韻現象の一般化に重要な役割を果たしていることを示す強固な証拠である（2.8 節で論じるように、これらはフットという概念への証拠でもある）。

2.3.2　音節にも言及する規則

　前節では音韻現象の一般化に「モーラ」が重要な役割を果たしていることを見たが、「音節」という単位に言及しないと一般化できない現象も少なくない。この節ではそのような規則をいくつか紹介する。

2.3.2.1　アクセント核移動現象

　2.3.1.2 節において、「金次郎」と「寅次郎」のアクセント型が同じであると述べた。モーラで数えると、前者は (48a) のように語頭モーラが高く、その直後にピッチが下がる。一方、後者は (48b) のように第2モーラが高く、第2モーラと第3モーラの間でピッチが下がる。(48) のように表層の音調を比較しても、(49) のようにアクセント核を用いた抽象的な表示を比較しても、両者は異なるアクセント型のように見える。

(48) a.　キン - ジロー

　　 b.　トラ - ジロー

(49) a.　キ⌐ン - ジロー

　　 b.　トラ⌐ - ジロー

　これに対し、音節がアクセント核を担うという立場に立つと、両者は「前部要素の末尾音節にアクセント核を有する」という型として一般化することができる。「前部要素の末尾音節」は (49a) ではキンであり、(49b) ではラである。このように、モーラだけを使うと異なるアクセント型にしか見えな

33　たとえば「筆（ヒツ）」という漢語形態素は、撥音（ン）の後ろで規則的にパ行音に変わるが、これも語全体が4モーラまでという条件下で起こる。「鉛筆」がエンピツとなるのに、「万年＋筆」がマンネン - ピツとならないのはこのためである（cf. Ito and Mester 1996）。

2.3 音韻規則 | 57

い2つの型が、同じ型として統一的に説明できるようになる。

ここで生じるのが、（49a）がどうして（50a）の型にならないのかという疑問、換言すると、どうしてキンのンがアクセント核を担わないのかという疑問である。東京方言の場合、これは「特殊拍はアクセント核を担えない」という一般的な要因に還元される。この方言では撥音（ン）に限らず、二重母音の第2要素（イ）も、長音も、促音（ッ）も一般にアクセント核を担うことができない。これらの特殊拍に置かれたアクセント核は、「直前のモーラ」に移動するのである。

(50) a.　キン⌐ - ジ.ロー

　　 b.　ト.ラ⌐ - ジ.ロー

ではなぜ、「直後のモーラ」ではなく「直前のモーラ」に移動するのか。2.1.2 節で述べたように、その方向性を説明してくれるのが「音節」という単位である。単に特殊拍がアクセント核を担えないのであれば、特殊拍に置かれたアクセント核は後ろのモーラに移動してもいいはずである。実際にはそうならず、常に前のモーラに移動するのは、特殊拍が直前のモーラと同じ構成素—すなわち音節—を構成しているからに他ならない。つまり音節がアクセント核の担い手（あるいは受け皿）となっているのである。McCawley（1978）が東京方言を「モーラで数えて、音節でアクセント（核）を担う言語」（mora-counting, syllable language）と類型化した根拠はここにある（詳しくは第3章参照）。

この体系では、規則によって特殊拍に付与されたアクセント核を、その特殊拍が属する音節が担うことになる。この調整規則によって、（51a）と（51b）のアクセント型も「語末から3つ目のモーラを含む音節にアクセント核を有する型」（McCawley 1968）として一般化できるようになる（2.1.2 節）。

(51) a.　イ⌐ン.ド、カ⌐.ナ.ダ、ハ⌐.ワイ、イ.エ⌐.メン、

　　　　 ア.オ⌐.モ.リ（青森）、イ.ワ⌐.テ（岩手）、フ.ク⌐.シ.マ（福島）

　　 b.　ロ⌐ン.ドン、ワ.シ⌐ン.トン、ス.ウェ⌐ー.デン、オ⌐ー.イ.タ（大分）、

58 | 第2章 モーラと音節

サ˥イ.タ.マ（埼玉）、ホッ.カ˥イ.ドー（北海道）

　同様のアクセント核移動規則は複合語でも働く。後部要素が1〜2モーラの複合語では（52）のように前部要素の末尾にアクセント核が付与されるのが基本パターンである。前部要素が自立拍で終わっている場合には、自立拍自身が音節を構成するから（52a）のようにそのまま前部要素の末尾にアクセント核が置かれるが、（52b, c）のように前部要素が特殊拍で終わる場合には、1つ前の自立拍—すなわち特殊拍と同じ音節の中核モーラ—にアクセント核が移動する。ただし、（51b）のロンドンなどとは異なり、複合語内におけるアクセントの調整は必ずしも義務的なものではなく、アクセント核が特殊拍に留まる発音もしばしば容認される。重要なことは、アクセント核が移動しても移動しなくても、前部要素の末尾音節がアクセント核を担うという一般化である[34]。

(52)　複合語アクセント
　　a.　テ˥ムズ＋カワ˥ → テムズ‐ガワ˥、*テム˥ズ‐ガワ（テムズ川）
　　b.　ア˥マゾン＋カワ˥ → アマゾン˥‐ガワ〜アマゾ˥ン‐ガワ、*アマ˥ゾン‐ガワ（アマゾン川）
　　c.　テ˥ンリュー＋カワ˥ → テンリュー˥‐ガワ〜テンリュ˥ー‐ガワ、*テ˥ンリュー‐ガワ（天竜川）

2.3.2.2 「＿太郎」のアクセント規則

　「音節」という概念なしでは一般化できないアクセント現象はアクセント核の移動現象だけでない。「金太郎」や「桃太郎」のような「＿太郎」という複合語を支配するアクセント規則も「音節」に言及する規則の1つである（窪薗 1998b, 2021）。2.3.1.2節で紹介した「＿次郎」の規則と同じように、「＿太郎」の規則も前部要素（N1）の長さによって3つの異なるアクセント型を示す。

34　フットの概念を導入すると、「語末に接しない最右端のフットにアクセント核を置く」と一般化される（2.8節）。

2.3 音韻規則 | 59

(53) 「__太郎」のアクセント

    a. N1 = 1 音節 → 平板アクセント

        小太郎 (コタロー)、(ゲゲゲの) 鬼太郎、(潮来の) 伊太郎

        金太郎 (キンタロー)、慎太郎、Q 太郎、プー太郎

    b. N1 = 2 音節、2 モーラ → N1 の末尾音節にアクセント核

        桃太郎 (モモタロー)、一太郎、幹太郎

    c. N1 = 3 モーラ以上 → N2 の初頭音節にアクセント核

        力太郎 (チカラタロー)、鳶太郎、ウルトラマン太郎

    (53a–c) の 3 つのアクセント型は「__次郎」のアクセント型―(24)―と同じであるが、(53a, b) のアクセント型を決める条件が異なる。「__次郎」の場合には「N1 = 1 モーラ」が平板型を作り出していたが、(53a) では「N1 = 1 音節」が同じアクセント型を作り出している。つまり、「__太郎」では「小、鬼、伊」のような 1 モーラの要素だけでなく、「金、慎、Q、プー」のような 2 モーラの要素も平板型を作り出す。「小太郎」と「小太郎」が同じアクセント型となるのである。両者に共通しているのはモーラ数ではなく、「1 音節」という音節数である。

    (53a) が音節数によって条件づけられていることに伴い、(53b) の条件も変わってくる。「金、慎、Q、プー」のような「1 音節、2 モーラ」を除くためには、「2 モーラ」という条件だけでは不十分で、「2 音節、2 モーラ」という指定が必要となる。

    その一方で、(53c) の条件は「__次郎」の場合と変わらず、「3 モーラ以上」というモーラ数に基づく。「鳶太郎」が (53b)、「鳶太郎」が (53c) のアクセント型をとるのは、N1 のモーラ数が異なるからに他ならない。また「カレー太郎」や「リンゴ太郎」が (53b) ではなく (53c) のアクセント型をとるのも、N1 が 3 モーラだからである。このように、(53c) を条件づけているのは明らかに N1 のモーラ数である。(53) の一般化が正しいことは、次のようなペアからも実感できる。N1 の読み方によってそのモーラ数や音節数が変わり、その違いにより「__太郎」のアクセントも違ってくる。

60 | 第2章　モーラと音節

(54) a.　力太郎：リキ‐タロー、チカラ‐タロー
　　 b.　幸太郎：コー‐タロー、シアワセ‐タロー
　　 c.　冠太郎：カン‐タロー、カンムリ‐タロー
　　 d.　幹太郎：カン‐タロー、ミキ‐タロー

　まとめると、「＿次郎」と「＿太郎」は (55) のような N1 = 1 音節 2 モーラの場合に決定的な違いを示す。全体として「＿次郎」のアクセント規則はモーラのみに依存し、「＿太郎」のアクセント規則はモーラと音節の両方に依存している[35]。

(55) 「＿次郎」と「＿太郎」のアクセントの違い

N1 = 1 音節 2 モーラ	「＿次郎」	「＿太郎」
金（キン）	キン‐ジロー	キン‐タロー
慎（シン）	シン‐ジロー	シン‐タロー
Q（キュー）	キュー‐ジロー	キュー‐タロー
プー	プー‐ジロー	プー‐タロー

2.3.2.3　平板型アクセントの生起条件

　次に外来語のアクセントを見てみよう。和語や漢語では、ピッチが下がる起伏式とピッチが下がらない平板型のアクセントが拮抗しているのに対し、外来語のアクセントは起伏式に大きく偏っている。柴田 (1994) の統計では、外来語のうち平板型を示すのはわずか 1 割に過ぎない。これは東京方言だけの偏りではなく、鹿児島方言においても同じである。和語や漢語ではピッチが下がるアクセント型（A 型）と下がらない型（B 型）が拮抗しているのに対し、外来語はその 95 ％が A 型で、B 型はわずか 5 ％である（木部・橋本 2003）。

35　このような違いが生じる理由は定かではない「＿太郎」は「＿九郎」と、「＿次郎」は「＿五郎」とそれぞれ同じパターンを示すことから、後部要素の清音／濁音が関わっているようであるが、なぜ清濁とアクセントの間にそのような相関関係が出てくるのかは分からない（窪薗 1998b）。

2.3 音韻規則 | 61

　外来語がピッチの下がる型（起伏式、A型）に偏る理由として、原語の影響が考えられる（Kubozono 2006a）。外来語の84%を占めるのは英語からの借用語であるが（柴田 1994）、英語では単語の単独発音（1語文）で通常ピッチが下がる（たとえば banana は banana というピッチパターンで発音される）。これは語に備わった特徴（つまり語アクセント）というより、平叙文の特徴（つまりイントネーション）なのであるが[36]、日本語話者はこの「ピッチが下がる」という特徴を原語に備わった特徴と解釈し、日本語に借用する際に保存（模倣）したと考えられる。

　では、なぜ外来語の一部がこの借用パターンに従わず、ピッチ下降を有しないアクセント型で発音されるのか。これが新たな疑問であった。東京方言の場合には、どのような外来語が平板型で発音されるのかという疑問である。この疑問に対して、当初の研究は「語の馴染み度が外来語の平板化を促進する」と考えた（秋永 1985）。たとえば（56）のような語が平板型を許容するのは、言語構造とは関係なく、その語をよく使う人たちが平板型で発音し始め、それが広がったという解釈である。

(56) a.　ピアノ、ドラム、ドラマー、マイク、ギター〔音楽関係〕
　　 b.　メドレー、ラップ、トレーナー（人）、ドライブ〔スポーツ関係〕
　　 c.　ファイル、ネット、ワード、モニター（画面）、ブログ〔IT関係〕
　　 d.　ドラマ、モニター（人）、アニメ、キャラクター〔放送関係〕

　外来語の平板化に馴染み度が関与しているという可能性は否定できない。しかしながら、この要因では無意味語や新造語の一部が平板化されるという事実が説明できない。たとえば（57a）の語は（57b）を一部変形して作った新造語であるが、東京方言話者の多くは平板型で発音する。初めて見る語、つまり馴染み度ゼロの語であっても平板型を好むのである。このことは、（57a）の語が持つ何らかの構造が平板化に関与していることを示唆している。

36　その証拠に、英語では Is this a banana? のような疑問文になるとこのピッチ下降が消えてしまう。

62 | 第2章　モーラと音節

(57) a.　マラドナ⁰、エジバラ⁰、ハンガリ⁰、エレベタ⁰
　　　b.　マラド￢ーナ、エジ￢ンバラ、ハ￢ンガリー、エレベ￢ーター

　Kubozono (1996) は外来語の平板化条件として次の2つの条件をあげている（東京方言の平板化条件については窪薗2023aの巻末補遺を参照）。このうち (58b) は伝統的な言い方をすると、語末の2モーラが〔自立拍＋自立拍〕の構造を持つことを意味する[37]。

(58)　外来語の平板化条件
　　　a.　4モーラ語である。
　　　b.　語末が〔軽音節＋軽音節〕で終わる。

　(58) の2つの条件は、NHK『日本語発音アクセント辞典』に所収の外来語を分析した表2.4と表2.5の結果から裏付けられる（Kubozono 2006a, 窪薗 2006b）。表2.4は同辞書の1985年版に収められた3〜5モーラの外来語1,863語を分析したもの、表2.5は同辞書1998年版に所収の4モーラ外来語963語を分析したものである。

表2.4　東京方言の外来語アクセント：語長ごとの平板率

語長	3モーラ	4モーラ	5モーラ	平均 （3〜5モーラ）
平板率	5%	19%	8%	13%
語例	カレー⁰	モナリザ⁰	タンザニア⁰	

表2.5　東京方言の4モーラ外来語のアクセント：韻律構造ごとの平板率

韻律構造	LLLL	HLL	LHL	LLH	HH
平板率	54%	45%	24%	19%	7%
語例	モナリザ⁰	マイナス⁰	グランド⁰	ベルリン⁰	ペンギン⁰

37　Kubozono (1996) は加えて「語末母音が挿入母音ではない」という条件をあげている。この条件の詳細については窪薗（2023a: 66）を参照。

（58）の２つの条件が外来語の平板化に働いていることは、（59）のような新造語の発音からも実感できる。「マラドナ」や「マードナ」「マンラド」のように（58）の２つの条件をともに満たすものだけが平板型で発音されやすいことが分かる。

（59）　新造外来語のアクセント

語	（58）への違反
マラド￣ナカ	（58a）
マ￣ドナ	（58a）
マ￣ラドー	（58b）
マ￣ラドン	（58b）
マド￣ーナ	（58b）
マラドナ^0	違反なし
マードナ^0	違反なし
マンラド^0	違反なし

　外来語の平板化に（58）の２つの条件が寄与していることは、BS や ATM などのアルファベット頭文字語のアクセントからも裏付けられる（Kubozono 2003, 2010, 2015b）。日本語で使われているアルファベット頭文字語は、SF や PTA のように英語から借用されたものと、JA や NHK のように日本語の中で作り出されたものに大別されるが、アクセントについては両者に違いはない。アクセントの違いを作り出すのはモーラで数えた語長と、語末の音節構造（韻律構造）の２つである。

　Kubozono (2003) はまずアルファベット頭文字語を（60）の４種類に分けた。（60a–c）はアルファベット２文字からなる語で、このうち（60a）は JA のように語全体が４モーラで、語末２モーラが重音節のもの、（60b）は同じく４モーラながら、SF のように語末２音節が〔軽音節＋軽音節〕のもの、（60c）は HB のように４モーラを超える長さのものである。また（60d）は NHK のようにアルファベット３文字から成る語で、必然的に５モーラ以上の長さを持つものである。これらアルファベット頭文字語（計 80 語）を東京方言話者 12 人（2002 年の調査時に 22〜62 歳の男女各 6 名）に発音しても

64 | 第2章　モーラと音節

らった結果が表2.6である。

(60)　アルファベット頭文字語（Kubozono 2003）

分類	語例	文字数	モーラ数	語末要素	調査語彙数	
(a)	JA, PC, MD		4	1音節2モーラ	19	42
(b)	SF, OL, BS	2		2音節2モーラ	17	
(c)	HB, JR, PR		5〜6	----	6	
(d)	NHK, JCB	3	6〜	----	38	

表2.6　アルファベット頭文字語のアクセント（Kubozono 2003）

音韻構造 ＼ アクセント型	起伏式	平板型	計
(60a) JA タイプ	228 (100%)	0 (0%)	228 (100%)
(60b) SF タイプ	41 (20%)	163 (80%)	204 (100%)
(60c) HB タイプ	72 (100%)	0 (0%)	72 (100%)
(60d) NHK タイプ	456 (100%)	0 (0%)	456 (100%)

　表2.6から分かるように、平板型のアクセントは（60b）の構造だけから出てくる。この構造は（58）に記した2つの条件と一致する。これに対し、（60c, d）のように4モーラではないもの—つまり（58a）の条件を満たさないもの—や、（60a）のように（58b）の条件を満たさないものはまったく平板化しない。ちなみに平板化しないアルファベット頭文字語は、（61）のように、語末要素の初頭にアクセント核を持つ。換言すると、複合語のように語末要素が持っていたアクセント核を保存する。

(61) a.　ジェー - エ ⌐ー （JA）

　　 b.　エイチ - ビ ⌐ー （HB）

　　 c.　エヌ - エイチ - ケ ⌐ー （NHK）

　Kubozono（2003）はさらに（60b）のタイプを、SLやFM, SFのように語頭2モーラが〔軽音節＋軽音節〕の構造を持つグループと、OLやBSのように語頭2モーラが重音節のグループに分けて分析した。前者は語全体が軽

音節だけからなる 4 モーラ語で、後者は語末 2 モーラだけが〔軽音節＋軽音節〕の構造を持つものである。この分析の結果をまとめたのが表 2.7 である。

表 2.7 (60b) タイプのアルファベット頭文字語のアクセント

韻律構造 ＼ アクセント型	起伏式	平板型	計
SL タイプ	2 (3%)	70 (97%)	72 (100%)
OL タイプ	39 (30%)	93 (70%)	132 (100%)

　この表から分かるように、語末 2 モーラだけでなく語頭 2 モーラも〔軽音節＋軽音節〕という構造を持つ頭文字語は、ほぼ 100％ に近い確率で平板化する。これに対し、OL のように語末 2 モーラだけが〔軽音節＋軽音節〕という構造を持つ頭文字語は 70% という平板率である。(58) の 2 条件がアルファベット頭文字語が平板化する必要条件であるのに対し、「語頭の 2 モーラも〔軽音節＋軽音節〕という構造」という第 3 の条件は平板化の促進要因であることが分かる。

　以上の議論をまとめると、外来語やアルファベット頭文字語は特定の条件下で平板化し、その条件には語のモーラ長と、語末の音節構造が関わっている。このことは、外来語などのアクセントにモーラと音節の両方が関わっていることを意味している。外来語やアルファベット頭文字語の平板化現象を説明するのに、モーラと音節がともに不可欠なのである。

2.3.3　音節のみに言及する規則

　ここまで東京方言の音韻規則の中で、「モーラ」のみに依存する規則 (2.3.1 節) と「モーラ」と「音節」の両方に依存する規則 (2.3.2 節) を見てきた。この流れでいくと、「音節」のみに依存する音韻規則もいくつかあってよさそうなものであるが、東京方言にそのような規則を見いだすのは難しい。鹿児島方言のアクセント規則 (第 3 章) などとは違い、この方言には、まったくモーラに依存しない音韻規則は少ないようである。

　その少ない規則の 1 つが、属格を表す助詞「の」が先行する名詞のアクセント核を奪う規則—「の」の前の平板化規則 (pre-*no* deaccenting rule) —で

66 | 第2章 モーラと音節

あろうか (Poser 1984)[38]。「の」は先行する名詞の語末音節に置かれたアクセント核を奪う力を発揮することが知られている。(62a) のように先行名詞の語末モーラ (下線部) に置かれたアクセント核だけでなく、(62b) のように語末の重音節 (下線部) に置かれたアクセント核も消去する。つまり、語末モーラではなく語末音節をターゲットとしている。ここに、音節の最初の役割が見て取れる。

(62) 「の」の平板化効果

    a.　ハナ￣ + ノ ニオ￣イ → ハナノ⁰ニオ￣イ (花の匂い)

       オトコ￣ + ノイ￣ショウ → オトコノ⁰イ￣ショウ (男の衣装)

       アイテ￣ + ノ ナマエ⁰ → アイテノ⁰ナマエ⁰ (相手の名前)

       イモート￣ + ノトモダチ⁰ → イモートノ⁰トモダチ⁰ (妹の友達)

    b.　キノ￣ー + ノ シンブン⁰ → キノーノ⁰シンブン⁰ (昨日の新聞)

       オト￣イ + ノ シンブン⁰ → オットイノ⁰シンブン⁰ (一昨日の新聞)

       ニオ￣イ + ノ モト￣ → ニオイノ⁰モト￣ (臭いの元)

　この規則は語末音節のアクセント核だけを対象とし、(63) のようにそれ以外の位置のアクセント核を消すことはない。この位置制限に加えて語種の制限もあり、(62) のような和語には適用されるが、漢語や外来語には適用されない (されにくい)。(64) の例で語末音節のアクセント核が消えないのはこのためである。

(63) a.　ア￣サ + ノ シンブン⁰ → *アサノ⁰ シンブン⁰ (朝の新聞)

    b.　ニ￣イサン + ノトモダチ⁰ → *ニイサンノ⁰ トモダチ⁰ (兄さんの友達)

    c.　イ￣キ + ノ モト￣ → *イキノ⁰モト￣ (息の元)

       アオゾ￣ラ + ノ シタ⁰ → *アオゾラノ⁰シタ⁰ (青空の下)

38　この規則は「近代的、日本的」の「的」や「公文式、ヘボン式」の「式」などの平板化形態素が持つ平板化効果 (2.3.1.5 節) とよく似ている。ただし、助詞の「の」とは違い、これらの平板化形態素にはアクセント核の位置制限や先行名詞の語種制限 (後述) はない。

2.3 音韻規則 | 67

(64) a. 漢語

テンノ￣ー＋ノ ナマエ⁰ → *テンノーノ⁰ナマエ⁰（天皇の名前）

タイフ￣ー＋ノ エイキョ⁰ー → *タイフーノ⁰エイキョー⁰(台風の影響)

ハンブ￣ン＋ノ リョ￣ー → *ハンブンノ⁰リョ￣ー（半分の量）

b. 外来語

コーヒ￣ー＋ノ カオリ⁰ → *コーヒーノ⁰カオリ⁰（コーヒーの香り）

ブル￣ー＋ノ フク￣ → *ブルーノ⁰フク￣（ブルーの服）

グレ￣ー＋ノ シャ￣ツ → *グレーノ⁰シャ￣ツ（グレーのシャツ）

ツイ￣ン＋ノ ヘヤ￣ → *ツインノ⁰ヘヤ￣（ツインの部屋）

　このように「の」が引き起こす平板化規則にはアクセント核の位置や先行名詞の語種に関する制限があるが、もう1つ、音韻的な長さに関する制限もある。すなわち、この規則は (62) のような2音節以上の長さの先行名詞には適用されるが、1音節の先行名詞には適用されない。明らかに、「2音節以上」という音節数を問題にしているのである。ここでも、「の」の平板化規則は音節に依存していることが分かる。

(65) a. 1音節1モーラの名詞

ス￣＋ノ ニオ￣イ → *スノ⁰ニオ￣イ（酢の匂い）

テ￣＋ノ オーキサ⁰ → *テノ⁰オーキサ⁰（手の大きさ）

ヒ⁰＋ノ イキオ￣イ → *ヒノ⁰イキオ￣イ（火の勢い）

メ￣＋ノ ビョーキ⁰ → *メノ⁰ビョーキ⁰（目の病気）

ユ￣＋ノ オンド￣ → *ユノ⁰オンド￣（湯の温度）

b. 1音節2モーラの名詞[39]

カ￣イ＋ノ アジ⁰ → *カイノ⁰アジ⁰（貝の味）

キョ￣ー＋ノ シンブン⁰ → *キョーノ⁰シンブン⁰（今日の新聞）

ク￣イ＋ノ フカ￣サ → *クイノ⁰フカ￣サ（悔いの深さ）

コ￣イ＋ノ アイテ￣ → *コイノ⁰アイテ￣（恋の相手）

39　撥音で終わる1音節名詞に和語はない。「缶、乱」のような漢語か、「パン、ペン」のような外来語である。

68 | 第2章　モーラと音節

コ˥イ＋ノ アジ⁰ → *コイノ⁰アジ⁰（鯉の味）

シ˥イ＋ノ ハヤシ⁰ → *シイノ⁰ハヤシ⁰（椎の林）

メ˥イ＋ノ イエ˥ → *メイノ⁰イエ˥（メイ（人名）の家）

　東京方言では、「の」の前の平板化規則（アクセント核消去規則）以外に「音節のみに依拠した音韻規則」が存在するのか、今後の研究課題である。

2.4　形態規則
2.4.1　モーラのみに言及する規則
2.4.1.1　複合語短縮規則

　音韻規則にはモーラに依存するものが多かったが、形態規則にも同類のものが少なくない。たとえば (66) のような「ポケモン」タイプの複合語短縮では、複合語を構成する2つの要素の頭から2モーラずつをとって、4モーラの短縮形が作り出されるのが一般的である（例外的なパターンについては注41を参照）。

(66)　「ポケモン」タイプの複合語短縮

　　　a.　ポケット＃モンスター

　　　　　ゴボー＃テンプラ〔牛蒡天ぷら〕

　　　b.　キョート＃アニメーション〔京都アニメーション〕

　　　　　ワーキング＃ホリデー

　　　c.　ゴードー＃コンパ〔合同コンパ〕

　　　　　ビーチ＃サンダル

　　　d.　キムラ＃タクヤ〔木村拓哉〕

　　　　　ファミリー＃レストラン

　この語形成規則において重要なのはモーラ数であり、音節数ではない。(67) に示すようにモーラで数えると規則性が見えてくるが、音節で数えると規則性が捉えられないのである。

2.4 形態規則 | 69

(67) 短縮形のモーラ数と音節数

語例	モーラ数	音節数
(66a) ポケ・モン	2+2	2+1
(66b) 京・アニ	2+2	1+2
(66c) 合・コン	2+2	1+1
(66d) キム・タク	2+2	2+2

　出力構造が音節（数）で一般化できないだけではない。入力と出力の対応
関係を見てみると、(68) のように入力の音節境界が無視されていることが
分かる（ドット＝音節境界）[40]。ポケットの「ケッ」やマザーの「ザー」のよ
うな音節内のモーラ境界で語の分節が行われているのである。音節という単
位が役割を果たしていないことが分かる。

(68) a.　ポ.ケ｜ッ.ト＃モン.ス.ター
　　 b.　ラ.ジ.オ＃カ.セ｜ッ.ト
　　 c.　マ.ザ｜ー＃コン.プ.レッ.ク.ス
　　 d.　ス.タ｜ー.ティン.グ＃メン.バー
　　 e.　プ.リ｜ン.ト＃ク.ラ.ブ
　　 f.　リ.モ｜ー.ト＃コン.ト.ロー.ル

　このように、「ポケモン」タイプの短縮形では出力に〔2モーラ＋2モー
ラ〕という鋳型（テンプレート、template）が定められており、音節数や音節
境界は直接関与してこない。2モーラが1つのフットを構成するという考え
方に立脚すると、出力に〔1フット＋1フット〕という鋳型が存在すること
になる。その鋳型に向かって、入力から2モーラずつ流し込めば〔1フット
＋1フット〕という短縮形が作り出されるという仕組みである。
　音節は直接関与してこないと述べたが、例外的なパターンに関与している

40　入力の音節構造だけでなく形態構造も無視されることが多い。たとえば (66d) の例で
はキ（木）とムラ（村）の間に形態素境界があるが、この境界とは無関係に出力が決まって
いる。同じ「ポケモン」タイプの複合語短縮でも、ゴクミ、*ゴトクミ（＜後藤久美子）
のように形態素境界が尊重される変則的な例もある。形態素境界との関係についてはズー
ジャ語などの現象（2.4.2.2 節、4.3.2.1 節）も参照されたい。

70 | 第2章　モーラと音節

ように見える例もある。たとえば促音（ッ）が入力要素の 2 モーラ目に来る場合、促音をツに変えて〔2 モーラ + 2 モーラ〕という定型に合わせる（69a）のパターンに加え、（69b）のように促音を脱落させて〔2 モーラ + 1 モーラ〕もしくは〔1 モーラ + 2 モーラ〕という変則的なパターンを作り出す例や、（69c）のように促音の代わりに次のモーラを入れて〔2 モーラ + 2 モーラ〕の定型に合わせようとする例が観察される（窪薗 2002a）。「断トツ」や「ポテチ」「アメフト」などは、促音で語を終わらせることができないという日本語の制約も関係しているのであろうが、どの語が（69a–c）のどの方策をとるかを予測することは難しい。

(69) 促音が関与する短縮形

 a. ダン.~~ゼン~~ # トッ.~~プ~~〔断然トップ、断トツ〕

 b. ポ.テ.~~ト~~ # チッ.~~プ~~.ス、ス.ター # バッ.~~タ~~.ス、ネッ.~~ト~~ # ス.ケー.~~プ~~

 c. ハ.リー # ポッ.ター、ア.メ.~~リ~~.~~カン~~ # フッ.ト.ボー.ル、バッ.ク # テン.~~カイ~~〔バック転回、バク転〕

　不安定という意味では、長音も例外的なパターンを見せる（窪薗 2002a）。（70a）のように各要素の語頭 2 モーラを組み合わせる定型に加え、（70b）のように 4 モーラ目の長音を落とすパターンや、（70c）のように長音の代わりに次のモーラを入れて〔2 モーラ + 2 モーラ〕という定型を作り出すパターンがある。（69a–c）に対応するパターンであるが、このうち（70b）は短縮形に特有のパターンではない。ホント＝（本当）、アイソ＝（愛想）、カッコ＝（格好）、チョーチョ＝（蝶々）などのように、語末の長母音が短くなる現象は短縮語以外の語彙でも起こる。（70b）の例が出力の語末長音を落としているのは、この一般的な語末短母音化規則によるものであろう。

(70) 長音が関与する短縮形

 a. ワー.~~キン~~.~~グ~~ # ホ.リ.~~デー~~、ビー.~~チ~~ # サン.~~ダル~~、ワー.~~ド~~ # プ.ロ.~~セッ~~.~~サー~~、ジー.~~ンズ~~ # パン.ツ、パ.ト.~~ロール~~ # カー、ア.ル.~~コール~~ # チュー.~~ド~~.ク〔アルコール中毒〕、シ.バ # リョー.

2.4 形態規則 | 71

　　　　タ.ロー〔司馬遼太郎〕
　　b.　テ.レ.ホン#カー.ド、ク.レ.ジッ.ト#カー.ド、ダン.ス#パー.
　　　　ティー、ミ.ス.ター#ドー.ナツ、フ.リー#マー.ケッ.ト、
　　　　ファ.ミ.リー#マー.ト、カン.ニン.グ#ペー.パー
　　c.　パー.ソ.ナル#コン.ピュー.ター、メー.ル#ト.モ.ダ.チ〔メール友
　　　　達〕、カ.ラ#オー.ケ.ス.ト.ラ〔空オーケストラ〕、ミ.ニ#モー.ニ
　　　　ン.グ.ム.ス.メ〔ミニモーニング娘〕

　特殊拍の中でも、促音と長音がしばしばこのように例外的な振る舞いを見
せるのに対し、撥音（ン）や二重母音（ai, oi, ui, ei）は類似の振る舞いは見せ
ないようである。(71) の例のように、各要素の語頭から 2 モーラずつを残
すという定型に従う。

(71) a.　撥音
　　　　ハン.ブン#ドン.タ.ク〔半分ドンタク、半ドン〕、ハン.ガー#ス.ト.ラ
　　　　イ.キ、リ.モー.ト#コン.ト.ロー.ル、ス.ター.ティン.グ#メン.バー
　　b.　二重母音
　　　　ドン.ト#マ.イン.ド、ジョ.イン.ト#ベン.チャー

　特殊拍の中でも促音と長音だけが特殊な振る舞いを見せるというだけで、
重音節（自立拍＋特殊拍）が軽音節（自立拍）と異なる振る舞いを見せるとい
うように一般化することはできない。音節もしくは音節量に依存する現象と
捉えることはできないのである。促音と長音は撥音などとは違い、独自の音
色を持たず、直前のモーラとの境界が明瞭ではないため、例外的なパターン
が生じると見た方が良さそうである[41]。

――――――――――――――――
41　「ポケモン」タイプの短縮語形成規則には、他にもパシフィック#リーグやベース
　#アップのように、〔2 モーラ＋2 モーラ〕の定型に合わない例外がある。またワンダー
　#フォーゲルやワタナベ#サダオ〔渡辺貞夫〕のように、語頭以外の部分を残す形の例外
　もある（窪薗 2002a）。

72 | 第2章　モーラと音節

2.4.1.2　混成語規則

　モーラに完全に依存するのは複合語の短縮規則だけではない。2語を組み合わせて作り出される混成語形成規則も同じ性格を示す。混成語とは、同義語や類義語のような意味的に関連のある2語を掛け合わせて作られる語である。(72) と (73) に日本語と英語の典型的な例をあげる（窪薗 1995a, 2002a, 2023a; Pound 1914, Wentworth 1934）[42]。日本語の他の例は章末の補遺を参照されたい。

(72) a.　ゴリラ／クジラ → ゴジラ

　　 b.　ビニール／ナイロン → ビニロン〔化学繊維〕

　　 c.　ピアノ／ハモニカ → ピアニカ〔楽器名（商品名）〕

　　 d.　リンス／シャンプー → リンプー〔頭髪洗剤〕

　　 e.　ヤブル（破る）／サク（裂く）→ ヤブク（破く）

　　 f.　マジック／トリック → マリック〔Mr.マリック（マジシャン）〕

　　 g.　ママ／ドラゴン → ママゴン

　　 h.　オ（尾）／シッポ → オッポ

　　 i.　ダスト（＝埃）／ゾーキン（雑巾）→ ダスキン〔会社名〕

　　 j.　ロッテ／カフェテリア → ロッテリア〔会社名〕

　　 k.　バトミントン／ピンポン → バトポン〔玩具（商品名）〕

　　 l.　カルシウム／サルピス → カルピス〔飲み物（商品名）〕

　　 m.　オバサン／バタリアン → オバタリアン〔堀田かつひこの漫画〕

　　 n.　チバ（千葉）／イバラキ（茨城）→ チバラキ〔千葉県北部と茨城県南部の地域〕

　　 o.　フジモト（藤本）／アビコ（我孫子）→ フジコ〔藤子（不二雄）（漫画家コンビ）〕

　　 p.　破裂音／摩擦音 → 破擦音

　　 q.　千葉県民／東京都民 → 千葉都民〔東京都に通勤通学している千葉県民〕

42　サルピス＝サンスクリット語で熟酥（牛乳を精製したもの）。バタリアン＝ホラー映画のタイトル。

2.4 形態規則 | 73

(73) a. smoke/fog → smog〔スモッグ〕

b. breakfast/lunch → brunch〔朝食兼昼食〕

c. spoon/fork → spork〔先割れスプーン〕

d. Oxford/Cambridge → Oxbridge〔イギリスのエリート大学〕

e. tea/supper → tupper〔午後の軽食（tea）兼夕食〕

f. Obama/Biden → Obiden〔アメリカの2大統領〕

g. Baker Street/Waterloo → Bakerloo〔ロンドンの地下鉄路線〕

h. cinema/panorama → cinerama〔パノラマ風のワイドスクリーン映画〕

i. Trout/Ohtani → Troutani〔アメリカ大リーグ Mike Trout/Shohei Ohtani〕

j. education/entertainment → edutainment〔教育娯楽番組〕

k. flu/corona → flurona〔インフルエンザと新型コロナの同時感染〕

　混成語は「ポケモン」タイプの複合語短縮形と混同されやすい。2語を1語にする点は共通しているものの、両者にはいくつか根本的な違いがある。まず、混成語は意味的に関連する2語を入力とする。ゴリラとクジラ（鯨）がともに動物、ビニールとナイロンがともに化学繊維、breakfast と lunch がともに食事であるように、混成語の入力は同じ意味範疇に入る2語（A, B）であり、両者を掛け合わせて「AのようなBのような」という意味を作り出す。次に、複合語短縮は (74) のように複合語化と短縮という2つの操作（過程）によって作り出されるが、混成語はゴリラクジラやビニールナイロンのような複合語化という途中段階を経ず、1つの操作で作り出される。

(74)　複合語短縮

a.　複合語化　ポケット＋モンスター → ポケット＃モンスター

b.　短縮　　　ポケット＃モンスター → ポケ - モン

　形態的に見ても、複合語短縮形は (74b) のように2要素の前半同士を結合して作り出されるのが一般的であるが、混成語は (75) のように1語目の前半と2語目の後半を組み合わせる形で産出される。2語を上下に並べて、1語の頭ともう1語のお尻を足す形で作り出されるのである。

74 | 第2章　モーラと音節

(75)　混成語

　　　ゴリラ　　　　　　**br**eakfast
　　　ク**ジラ**　　　　　l**unch**

　単に2語の前半と後半を組み合わせるのであれば、ゴリラとクジラから
ゴリジラ、ビニールとナイロンからビロンという混成語が作り出されてもお
かしくない。これらの出力が作り出されない理由は、混成語形成に音韻的
な制約（長さの法則）が働くからである。具体的には、1語目の頭からXだ
けとると、それと同じだけの長さを2語目の頭から落として新語を作り出
そうとする（Kubozono 1989, 1990, 窪薗 1995a）。(75) の例では、ゴリラか
ら「ゴ」をとると、クジラから「ク」を落として残りの部分（ジラ）に接続
する。英語の brunch でも、breakfast の1音節目から頭子音部分（br）をとる
と、lunch の頭子音 (l) を削除して残りの部分（unch）と結合しようとする。
　1語目から残す部分と2語目から切り落とす部分が同じ長さであるから、
結果として出力となる混成語は2語目と同じ音韻的な長さを持つことになる。
問題は、この長さの法則 (76) を定義する単位が何なのかということである。

(76)　混成語の長さの法則
　　　混成語は2つ目の入力語と同じ長さを持つ。

　ゴジラの「ゴ」やクジラの「ク」は1音節なのか1モーラなのかあいま
いであるが、多くの例を見てみると、モーラで捉えた分析（表2.8）の方が
音節による分析（表2.9）よりも説明力が高いことが分かる。具体的にはモー
ラで数えると 17 例中の 14 例が (76) の法則に合致するが、音節で数えると
11 例しか合致しない[43]。音節で数えると「ビニロン、ダスキン、ロッテリア、
バトポン」が新たに (76) の規則に合致しなくなる。

―――――――――――――――
43　ちなみにモーラで数えても、混成語の長さと1語目の長さが一致する例は17例中5例
だけである。混成語は2つ目の入力語と同じ長さを持つという (76) の法則の妥当性を示
している。

2.4　形態規則　| 75

表 2.8　モーラで測った長さの法則

1 語目の長さ	2 語目の長さ	混成語の長さ
ゴリラ (3)	クジラ (3)	ゴジラ (3)
ビニール (4)	ナイロン (4)	ビニロン (4)
ピアノ (3)	ハモニカ (4)	ピアニカ (4)
リンス (3)	シャンプー (4)	リンプー (4)
ヤブル (3)	サク (2)	ヤブク (3)
マジック (4)	トリック (4)	マリック (4)
ママ (2)	ドラゴン (4)	ママゴン (4)
オ (1)	シッポ (3)	オッポ (3)
ダスト (3)	ゾーキン (4)	ダスキン (4)
ロッテ (3)	カフェテリア (5)	ロッテリア (5)
バトミントン (6)	ピンポン (4)	バトポン (4)
カルシウム (5)	サルピス (4)	カルピス (4)
オバサン (4)	バタリアン (5)	オバタリアン (6)
チバ (2)	イバラキ (4)	チバラキ (4)
フジモト (4)	アビコ (3)	フジコ (3)
ハレツオン (5)	マサツオン (5)	ハサツオン (5)
チバケンミン (6)	トーキョートミン (7)	チバトミン (5)

表 2.9　音節で測った長さの法則

1 語目の長さ	2 語目の長さ	混成語の長さ
ゴ.リ.ラ (3)	ク.ジ.ラ (3)	ゴ.ジ.ラ (3)
ビ.ニー.ル (3)	ナイ.ロン (2)	ビ.ニ.ロン (3)
ピ.ア.ノ (3)	ハ.モ.ニ.カ (4)	ピ.ア.ニ.カ (4)
リン.ス (2)	シャン.プー (2)	リン.プー (2)
ヤ.ブ.ル (3)	サ.ク (2)	ヤ.ブ.ク (3)
マ.ジッ.ク (3)	ト.リッ.ク (3)	マ.リッ.ク (3)
マ.マ (2)	ド.ラ.ゴン (3)	マ.マ.ゴン (3)
オ (1)	シッ.ポ (2)	オッ.ポ (2)
ダ.ス.ト (3)	ゾー.キン (2)	ダ.ス.キン (3)
ロッ.テ (2)	カ.フェ.テ.リ.ア (5)	ロッ.テ.リ.ア (4)
バ.ト.ミン.トン (4)	ピン.ポン (2)	バ.ト.ポン (3)
カ.ル.シ.ウ.ム (5)	サ.ル.ピ.ス (4)	カ.ル.ピ.ス (4)
オ.バ.サン (3)	バ.タ.リ.アン (4)	オ.バ.タ.リ.アン (5)
チ.バ (2)	イ.バ.ラ.キ (4)	チ.バ.ラ.キ (4)
フ.ジ.モ.ト (4)	ア.ビ.コ (3)	フ.ジ.コ (3)
ハ.レ.ツ.オン (4)	マ.サ.ツ.オン (4)	ハ.サ.ツ.オン (4)
チ.バ.ケン.ミン (4)	トー.キョー.ト.ミン (4)	チ.バ.ト.ミン (4)

76 | 第2章　モーラと音節

　逆にモーラで数えた時に説明できなくなるのが「破く、オバタリアン、千葉都民」の3語であるが、これらはすべて独立した原理で説明できる。「破く」と「千葉都民」は入力が複数の形態素から成っており、(77a)のように形態素（あるいは語）の境界で2要素が結合している[44]。一方、「オバタリアン」は(77b)のように入力の2語に共通するモーラ（下線部）があり、そこを結合点として混成語が作られている[45]。いずれも、例外的なパターンを作り出す一般的な原理である（Kubozono 1990, 窪薗 2023a）。これに対し、音節で分析した時の例外（ビニロン、ダスキン、ロッテリア、バトポン）は一般的な原理で説明できない。

(77) a.　形態素境界での接続

　　　　破 - る／裂 - く → 破 - く[46]

　　　　千葉 - 県民／東京 - 都民 → 千葉 - 都民

　　b.　共通するモーラでの接続

　　　　オバサン／バタリアン → オバタリアン

　このように、(76)に示した長さの法則は、モーラで定義した時の方が音節で定義した場合より説明力が高く、また例外も一般的な原理で説明できる。日本語の混成語形成では、モーラが重要な役割を果たしていることが分かる。

　ちなみに、英語の混成語にも(76)の長さの法則が働くが、こちらは音節で捉えた方が一般化しやすい（表2.10）。(73)に示した11例のうち、10例が(76)の法則に合致する。合致しないのは、2語が共通する子音で結合するObiden（< Obama/Biden）だけである。英語は単音節語が多いために、単純に音節境界で2語を結合してしまうとsmokefog（< smoke/fog）のような2音節語ができてしまうが、これでは(76)の法則に合わなくなる。このよう

44　形態素境界を音韻条件より重視するのはズージャ語などにも見られる（Ito et al. 1996, 本書2.4.2節）。

45　日本語では他にテレビデオ（＜テレビ／ビデオ）、ゴテンクス（＜ゴテン（悟天）／トランクス）、英語でもObiden（< Obama/Biden）、animule（< animal/mule）などの例がある。

46　厳密に言うと、「破る」と「裂く」の形態素境界は最後の母音の直前にある（yabur-u, sak-u）。

な場合には、（75）の brunch（< breakfast/lunch）のように、頭子音と母音の間で語の分節が起こり、そこを接点として2語が結合する（Kubozono 1990, 窪薗 1995a, 2023a）。

表2.10　音節で測った長さの法則（英語）

1語目の長さ	2語目の長さ	混成語の長さ
smoke（1）	fog（1）	smog（1）
break.fast（2）	lunch（1）	brunch（1）
spoon（1）	fork（1）	spork（1）
Ox.ford（2）	Cam.bridge（2）	Ox.bridge（2）
tea（1）	sup.per（2）	tup.per（2）
O.ba.ma（3）	Bi.den（2）	O.bi.den（3）
Ba.ker Street（3）	Wa.ter.loo（3）	Ba.ker.loo（3）
cin.e.ma（3）	pan.o.ra.ma（4）	cin.e.ra.ma（4）
Trout（1）	Oh.ta.ni（3）	Trou.ta.ni（3）
ed.u.ca.tion（4）	en.ter.tain.ment（4）	ed.u.tain.ment（4）
flu（1）	co.ro.na（3）	flu.ro.na（3）

　日本語の混成語に話を戻すと、出力の長さがモーラで定義される点は「ポケモン」タイプの複合語短縮（2.4.1.1 節）と共通している。後者でも、〔2モーラ＋2モーラ〕という出力の鋳型が音節ではなくモーラで定義されていた。混成語は出力に鋳型があるわけではないが、出力のモーラ数が予測できる。混成語と複合語短縮にもう1つ共通している特徴は、入力の音節構造が完全に無視される点である。混成語形成において2語が結合するのはモーラ境界であり、音節境界の情報は役に立たない。（78）に示すように、音節を分断する形で混成が起こっている。これもまた「ポケモン」タイプの複合語短縮—（68）—と共通する特徴である。

（78）a.　ビ.ニ|ー.ル／ナイ.ロン→ビニ.ロン
　　　b.　オ（尾）／シ|ッ.ポ → オッ.ポ

　ここまでは意識的に作られた混成語を見てきたが、まったく同じメカ

78 | 第2章　モーラと音節

ニズムが無意識に産出される言い間違い（混成語エラー）にも観察される
（Kubozono 1990, 窪薗 1995a, 2023a）。たとえば (79) の混成語エラーは (76)
の長さの法則に忠実に従う（詳しくは 2.5.1.2 節参照）。入力の 2 語目と出
力（混成語）が同じモーラ長を持つのである。ここでも、音節で捉えようと
すると長さの法則が見えてこない。たとえば (79f) は、モーラで数えると
(76) の法則に合致するが、音節で数えると合致しない（イッ.サイは 2 音節、
ヒ.ト.サイは 3 音節である）。また (79a–e) のように、音節境界を無視して
音節内のモーラ境界で 2 語の結合が起こることも珍しくない。この点でも、
混成語エラーは意識的に作られた混成語と性格を一にしている。

(79)　混成語エラー
　　　a.　ネコ（猫）／ニャンコ → ネンコ
　　　b.　ドーシテ／ナンデ（何で）→ ドンデ
　　　c.　タクシー／ハイヤー → タイヤー
　　　d.　トマレ（止まれ）／ストップ → トマップ
　　　e.　ムード／フンイキ（雰囲気）→ ムンイキ
　　　f.　ヒトツ（1 つ）／イッサイ（1 歳）→ ヒトサイ
　　　g.　タクト／シキボー（指揮棒）→ タクボー
　　　h.　パンフレット／プログラム → パングラム
　　　i.　カクテイシンコク（確定申告）／ネンマッチョーセイ（年末調整）
　　　　　→ カクテイチョーセイ（確定調整）
　　　j.　チンゲンサイ（青梗菜）／チンザンソー（椿山荘）
　　　　　→ チンゲンソー
　　　k.　アワナイ（合わない）／イッチシナイ（一致しない）
　　　　　→ アッチシナイ

2.4.2　音節にも言及する規則

　音韻規則にモーラと音節の両方に言及するものがあったように、形態規則
にもモーラだけでなく音節の情報を必要とするものがある。ここでは単純語
の短縮規則（2.4.2.1 節）、ズージャ語の形成規則（2.4.2.2 節）、「グレージュ」

タイプの混成語規則（2.4.2.3 節）の 3 つを考察する。

2.4.2.1　単純語短縮規則

　どの言語でも短縮の対象となるのは長い語である。短縮は言葉（語彙）における省エネ現象であるから、日本語でも英語でも、長くて使用頻度が高い語が短縮の対象となる。「長い語」の代表が、複数の語が結合してできた複合語と、長い形態素 1 つから成る単純語である。

　日本語では「長い単純語」が「外来語」とほぼ同義になる。和語、漢語、外来語という 3 つの語種の中で、漢語の形態素は 1〜2 モーラの長さしか持たず、複数の形態素から成る語—たとえば「学校」や「言語」—は、少なくとも形態的には単純語とは言えない。「小学校」や「言語学」となると立派な複合語である。和語の形態素も比較的短く、3 モーラ語や 4 モーラ語の多くは語源的には複合語である。たとえば 3 モーラ語の「盥」「嘆き」「獣」は語源的には「手洗い」「長息」「毛物」という複数の形態素からできている。4 モーラ語の「湖」「蛤」「雷」も語源的には「水海」「浜栗」「神鳴り」という複合語である。

　これに対し、カタカナで表記される外来語には長い語が多い。借用元の言語では 1〜2 音節であっても、日本語に入る時には厳しい音節構造の制約に従って母音が挿入される（(80) の下線部）。このため外来語はモーラで数えても音節で数えても長い語になりやすい。

(80)　外来語の借用過程

　　　a.　原語＝1 音節

　　　　　bag → バッ.グ /bag.gu/（2 音節 3 モーラ）

　　　　　spray → ス.プ.レー /su.pu.ree/（3 音節 4 モーラ）

　　　　　street → ス.ト.リー.ト /su.to.rii.to/（4 音節 5 モーラ）

　　　b.　原語＝2 音節

　　　　　pamph.let → パン.フ.レッ.ト /pan.hu.ret.to/（4 音節 6 モーラ）

　　　　　Eng.lish → イン.グ.リッ.シュ /in.gu.ris.syu/（4 音節 6 モーラ）

　　　　　stu.dent → ス.チュー.デン.ト /su.tyuu.den.to/（4 音節 6 モーラ）

80 ｜ 第 2 章　モーラと音節

　このように日本語では「長い単純語＝外来語」という等式が成り立つため、短縮の対象となる単純語は必然的に外来語ということになる。実際、外来語には（81）のような短縮形が多数観察される。

(81)　日本語の単純語短縮形
　　a.　2 モーラ語
　　　　ストラ~~イキ~~、チョコ~~レート~~、デモン~~ストレーション~~、テロ~~リズム~~、フェス~~ティバル~~、ロ~~ケーション~~
　　b.　3 モーラ語
　　　　アプリ~~ケーション~~、シンポ~~ジウム~~、ダイヤ~~グラム~~、ダイヤ~~モンド~~、テレビ~~ジョン~~、パンフ~~レット~~、ローテ~~ーション~~
　　c.　4 モーラ語
　　　　インスタ~~グラム~~、イラスト~~レーション~~、イントロ~~ダクション~~、インフレ~~ーション~~、サブスク~~リプション~~、プレゼン~~テーション~~、リハビリ~~テーション~~

　この短縮過程には次のような条件が課されることが知られている（窪薗 2023a, 本書 4.4.4 節）。

(82)　単純語短縮にかかる制約
　　a.　短縮語の入力は 5 モーラ以上の長さを持つ。
　　　　（例）アメリカ → *アメ
　　　　　　　イタリア → *イタ[47]
　　b.　短縮形（出力）は 4 モーラ以下の長さを持つ。
　　　　（例）サブスクリプション → サブスク、*サブスクリ
　　　　　　　リハビリテーション → リハビリ、*リハビリテ
　　c.　1 モーラの短縮形は許容されない。

---

47 「アメリカ」や「イタリア」は複合語の構成要素となると短縮の対象となる（アメリカ車 → アメ車、イタリア飯 → イタ飯）。いずれも「ポケモン」タイプの複合語短縮である（2.4.1.1 節）。

（例）ストライキ→ スト、*ス

チョコレート→ チョコ、*チョ

d.　1音節の短縮形は許容されない。

（例）ローテーション → ローテ、*ロー

パンフレット → パンフ、*パン

e.　〔軽音節＋重音節〕で終わる短縮形は許容されない。

（例）デモンストレーション → デモ、*デモン

ロケーション → ロケ、*ロケー

ギャランティー → ギャラ、*ギャラン

　（82）に示された5つの条件のうち、（82a–c）はモーラによって規定され、（82d, e）は音節によって規定されている。このうち（82a）は短縮にかかる入力条件を定めたものである。（83）のようにいくつか例外を許すが、3モーラや4モーラの外来語が数多いことを考えると、4モーラ以下の外来語は短縮しにくいと言って差し支えない。「バスケット＃ボール、バレー＃ボール、ハンド＃ボール」が複合語短縮によってそれぞれ「バスケット、バレー、ハンド」となる一方で、このうちバスケット~~ト~~だけが単純語短縮規則の適用を受けるのも、（82a）の制約の存在を示唆している。

（83）a.　ネガティブ → ネガ

b.　アマチュア → アマ

c.　ブラジャー → ブラ[48]

　（82b–e）は短縮の出力形を規定する条件（出力条件）である。このうち（82b）は（82a）とは違い、例外を許さない。4モーラの短縮形は（81c）の例を含め数多く観察されるのに、5モーラの短縮形は皆無である。

　短縮の入力に（82a）の「5モーラ以上」という条件が課され、出力に（82b）の「4モーラ以内」という条件が課されるということは、4モーラと5モー

48　これは日本語の短縮語というより、英語の短縮語 bra (< brassier) が日本語に入ってきたものであろう。

82 | 第2章　モーラと音節

ラの間に大きな溝があることを示唆している。この溝は短縮形だけでなく日本語の広範囲な現象に観察されるが（2.3.1.6 節、2.8 節）、ここでは短縮過程に課される長さの下限と上限が「音節」ではなく「モーラ」で定義されている点が重要である。

　（82c）もまたモーラによって定義される制約であるが、この制約は最小の出力形を定めたもので、語の最小性条件と深く関係している。2.1.4 節で述べたように、語の最小の長さとして「2 モーラ以上」という条件が英語をはじめとする多くの言語に観察される。最小語（minimal word）を規定する制約である。英語などと違い日本語では「目、手、毛、血」のような 1 モーラ語が許容されるため、「2 モーラ以上」という最小性条件が見えにくくなっているが、それでも語形成によって作り出される語—広義の派生語（derived word）—には広く観察される。語形成の 1 つである単純語の短縮に（82c）の「2 モーラ以上」という出力条件が課されるのはこのためである。

　（82d）は（82c）と同じように短縮形の最小性を規定しているが、（82c）とは違い、語の音節数を問題とする。ローテーションの「ロー」や、パンフレットの「パン」が（82c）の「2 モーラ以上」という条件を満たすにも関わらず不適格となるのは、「スト」や「チョコ」とは違い、1 音節の長さしかないためである。「2 音節以上」という制約のために、入力が重音節で始まる場合には、最低でも 3 モーラ目までは残すことになる。

　ここで（82c）と（82d）は重複するのではないかという疑問が生じるかもしれない。確かに 1 モーラの語は同時に 1 音節であるから、（82d）の条件は（82c）をも含意する。しかし（82）の中でこの 2 つを分けたのは、普遍性の高い（82c）と、そうではない（82d）を区別するためである。

　最後に（82e）の条件は出力の韻律構造を規定する。同じ 3 モーラの短縮形でも、テレビのような〔軽音節＋軽音節＋軽音節〕の韻律構造と、パンフのような〔重音節＋軽音節〕の構造は出力形として実際に出てくるが、〔軽音節＋重音節〕という出力形は産出されない[49]。パンフレットがパンフと略され

49　外来語ではないが「おばあさん」の短縮語であるオバー（o.baa）は〔軽音節＋重音節〕という構造を持つ。ロケーションなどの外来語とは異なり、複数の形態素から成るために（お＝ばあ＝さん）、形態素境界が重視された結果と解釈できる。「ポケモン」タイプの複

2.4 形態規則 | 83

ても、デモンストレーションはデモンとは略されないのである。この制約も
モーラだけでは定義できない。重音節や軽音節という音節量の概念は、モー
ラと音節を組み合わせたものであるから、モーラと音節の両方の単位を前
提とするのである。ちなみに〔軽音節＋重音節〕という出力形を避ける力は
後述するズージャ語（2.4.2.2 節、5.3.3.2 節）や赤ちゃん言葉（2.7.1 節、5.3.1
節）など、他の語形成過程にも観察される一般的な原理である。

　以上の議論をまとめると、ストライキやパンフレットのような単純語の短
縮形にはモーラに基づく制約―（82a–c）―に加え、音節に基づく制約（82d）
と、モーラ／音節の両方に基づく制約（82e）の 3 種類の制約が働く。これら
の制約がうまく働くことによって、1 つの基底形から正しい出力形が導き出
される[50]。

2.4.2.2　ズージャ語

　ジャズ音楽家の言葉遊びであるズージャ語も、モーラと音節の両方の概
念を必要とする。これは入力の最初と最後を入れ代える言葉遊びで、（84）
のように、〔2 モーラ＋2 モーラ〕―フットで数えると〔1 フット＋1 フッ
ト〕―という出力形を作り出すのが基本である。この出力形は「ポケモン」
タイプの複合語短縮（2.4.1.1 節）と共通する鋳型であり、モーラによって定
められる。音節で捉えると統一性が見えてこない。

（84）　典型的なズージャ語

　　　a.　バ.ツ.グン（抜群）→ グン.バ.ツ
　　　b.　オッ.パイ → パイ.オ.ツ
　　　c.　マ.ネー.ジャー → ジャー.マ.ネ
　　　d.　ロン.ドン → ドン.ロン
　　　e.　イ.ケ.バ.ナ（生け花）→ バ.ナ.イ.ケ

　合語短縮でも、時折同様の現象が見られる（2.4.1 節の注 40 参照）。

50　それでもなお、ストライキやイラストレーションからストラやイラなどが産出されな
　　い理由は説明できない。この問題については窪薗（2023a）の第 5 章に紹介した 3 つの仮説
　　（本書の 4.4 節）を参照されたい。

84 | 第2章 モーラと音節

　ではモーラだけでズージャ語の出力がすべて予測できるかというと、そういうわけではない。たとえば入力が3モーラ語の場合、入力の音節構造によって出力が変わってくる。(85a) のように入力が3つの軽音節から成る場合には、語末の2モーラと語頭の1モーラをひっくり返す形で出力が作り出される。語頭の2モーラが後ろに行くのではなく、語末の2モーラが前に動くという形である。同じ操作により、〔軽音節＋重音節〕の入力から〔重音節＋軽音節〕という出力が作り出される。これが (85b) である。

(85)　ズージャ語：入力＝3モーラ
　　　a.　入力＝〔軽音節＋軽音節＋軽音節〕
　　　　　ピ.ア.ノ → ヤ.ノ.ピ 〜 ヤ.ノ.ピー[51]
　　　　　ク.ス.リ（薬）→ ス.リ.ク
　　　b.　入力＝〔軽音節＋重音節〕
　　　　　ハ.ワイ → ワイ.ハ
　　　　　ウ.マイ（旨い）→ マイ.ウ
　　　　　ゴ.メン（ご免）→ メン.ゴ
　　　　　ヤ.サイ（野菜）→ サイ.ヤ〔漫画ドラゴンボール〕
　　　c.　入力＝〔重音節＋軽音節〕
　　　　　パン.ツ → ツン.パ、*ンツパ、*ッ.パン
　　　　　ドイ.ツ → ツイ.ド、*イッド、*ッ.ドイ

　ところが、(85c) のように入力が〔重音節＋軽音節〕の場合には、同じ操作は行われず、変則的に語末からモーラを逆読みして出力が産出される。この変則的な操作により、出力も入力と同じ〔重音節＋軽音節〕という構造を持つことになる。
　では (85c) において語末の2モーラを先に切り取らなかった理由は何か。それは、語頭の音節（パンツのパン、ドイツのドイ）を途中で分断してしまうからである。つまり、音節境界を守る形で語の分節が行われ、その結果、

――――――――――――――――
51　ピアノ（pi.a.no）は実際にはピヤノ（pi.ya.no）と発音されることが多い。

2.4 形態規則 | 85

語末の 1 モーラが先に切り取られている。ここに音節の最初の役割が見て取れる。

　音節のもう 1 つの役割は、(85c) が「語の前半と後半を入れ代える」というズージャ語の基本操作から外れた点に現れる。単純に語の前後を入れ代えるのであれば、音節境界を守った上で (86) のような入れ代え操作を行えばよかったはずである[52]。

(86)　パン.ツ → *ツ.パン　ドイ.ツ → *ツ.ドイ

　実際にはこのような入れ代え操作は行われず、(85c) のようなモーラ単位の逆読みが行われる。なぜそのような変則的な操作が行われたかというと、(86) の操作では出力に〔軽音節＋重音節〕という構造を作り出してしまうからである。この〔軽音節＋重音節〕という構造を避ける力は、前節で見た単純語の短縮過程―(82e)―にも観察されていた。同じ制約がズージャ語にも働いているわけであるが、この制約はモーラという概念だけでは定義できない。同じ 3 モーラの出力でも〔重音節＋軽音節〕という構造は適格で、〔軽音節＋重音節〕という構造は不適格というわけであるから、この違いはモーラと音節の両方の概念を用いなくては捉えることができない。

　〔軽音節＋重音節〕という出力形を排除する制約は、(87a, b) のように入力が短い場合により明確に現れる。いずれの場合も、出力の第 1 音節の母音を伸ばすことにより、〔軽音節＋軽音節〕や〔軽音節＋重音節〕という構造の出力形を避けようとしている。(82e) の制約が強く働いていることが分かる。

(87) a.　〔軽音節＋軽音節〕→〔重音節＋軽音節〕
　　　　ジャ.ズ → ズー.ジャ、*ズ.ジャー

52　入力が複数の形態素から成る場合には、このパターンが用いられることがある。たとえばギン.ザ（銀座）は形態素を入れ代えてザ.ギン（座銀）となる。ここでは例外的に〔軽音節＋重音節〕という有標な音韻構造が作り出されている。これは形態構造が優先されたケースであるが、常にこのパターンが出てくるわけではない。ゲイ.シャ（芸者）→シャー.ゲイのように、形態素境界を尊重しながらも、入力の 2 音節目を伸ばして〔重音節＋重音節〕という出力を作り出す例もある。

86 | 第2章 モーラと音節

メ.シ（飯）→ シー.メ、＊シ.メー

b. 〔重音節〕→〔重音節＋軽音節〕

キー（key）→ イー.キ、＊イ.キー

（魔人）ブウ → ウー.ブ、＊ウ.ブー〔漫画ドラゴンボール〕

このように、ズージャ語には〔重音節＋軽音節〕の2音節形を好み、逆に〔軽音節＋重音節〕という2音節形を避けようとする原理が働いている。これは前節で見た単純語の短縮過程や、赤ちゃん言葉（2.7.1節）、元号（5.3.2節）をはじめとする広範囲な現象に見られる一般的な原理である。〔重音節＋軽音節〕と〔軽音節＋重音節〕の間で大きな不均衡が生じる理由については5.3節で詳しく論じることにする。

2.4.2.3 「グレージュ」タイプの混成語

モーラと音節の両方に言及する形態規則の例として、もう1つ、髪の毛の色などを表す際に作られる「グレージュ」タイプの混成語を見てみよう（鈴木2022、窪薗2023a: 244）。先に、混成語形成に音節は直接関与しないと述べたが（2.4.1.2節）、（88）のように「ベージュ」と別の色を混成して作られるタイプの語形成では、モーラに加えて音節も重要な役割を果たしている。

(88) 「グレージュ」タイプの混成語

a. グレー／ベージュ → グレージュ

b. ブルー／ベージュ → ブルージュ

c. オリーブ／ベージュ → オリージュ

d. ラベンダー／ベージュ → ラベージュ

e. シルバー／ベージュ → シルージュ、シルベージュ

f. ホワイト／ベージュ → ホワージュ、ホワイジュ

g. オレンジ／ベージュ → オレージュ、オレンジュ

h. ブロンド／ベージュ → ブロージュ、ブロンジュ

i. ネイビー／ベージュ → ネビージュ

j. カーキ／ベージュ → カキージュ

2.4　形態規則　| 87

k.　ブラウン／ベージュ → ブランジュ

　（88）では、ある色（X）の前半と「ベージュ」という語の後半が結合して混成語が作り出されている。具体的には、多くの例でXの語頭から2モーラを取り、それを「ベージュ」の長音以下（－ジュ）と結合する方策がとられている。この結果、（89）のように〔軽音節＋重音節＋軽音節〕という4モーラの出力が産出される。

（89）　グレー／ベージュ → グ.レー.ジュ

　（89）は1語の前半ともう1つの語の後半を結合するという混成語の基本的なパターンであるが（2.4.1.2節）、その一方で、混成語のもう1つの特徴である長さの法則（76）には従わない。この法則に従っていたら、（90）のように、2つ目の入力語（ベージュ）に合わせて3モーラの混成語が作り出されたはずであるが、実際には4モーラの出力となる。

（90）a.　グレー／ベージュ → グージュ
　　　b.　グレー／ベージュ → グレジュ

　（89）の例では、入力の2語に共通する長音（グレー、ベージュ）を結合点として混成が起こっている[53]。これは2.4.1.2節で長さの法則の例外としてあげたオバタリアン（＜オバサン／バタリアン）と同じパターンである。2語に共通するモーラを結合点としているために長さの法則に合わず、また3モーラ目に長音が来るために、結果的に〔軽音節＋重音節＋軽音節〕という4モーラ形が作り出されている。実際に（88）の例では、この〔軽音節＋重音節＋軽音節〕という構造が出力の鋳型（テンプレート）となっている。
　（88）にあげた11例のうち、（88a–h）の8例が（89）の生成パターンに従っている。また（88f–h）の2つ目の出力形—ホワイジュ、オレンジュ、ブロン

53　（88e）の2つ目の出力形（シルベージュ）も同じように説明できる。シルバー（sirubaa）とベージュ（beezyu）が共通する /b/ の部分で結合するとシルベージュという混成語ができる。

88 | 第2章　モーラと音節

ジューは、1語目から3モーラを残し、2語目の最終モーラ（ジュ）につなげる (91) のパターンをとっている。(89) の規則の変異形であるが、〔軽音節＋重音節＋軽音節〕という鋳型にはうまく合致している。

(91) f.　ホワイト／ベージュ → ホワイジュ
　　 g.　オレンジ／ベージュ → オレンジュ
　　 h.　ブロンド／ベージュ → ブロンジュ

　一方、(88i–k) の3例は (89) と (91) のいずれのパターンにも合致しない。同じパターンであれば (92) のようになったはずである。

(92) i.　ネイビー／ベージュ → *ネイージュ、*ネイビジュ、ネビージュ
　　 j.　カーキ／ベージュ → *カーージュ、*カーキジュ、カキージュ
　　 k.　ブラウン／ベージュ → *ブラージュ、*ブラウジュ、ブランジュ

　このうち (92i, j) の最初の出力候補（ネイージュ、カージュ）は、3モーラの音節（超重音節）を避けるという原理で説明できる。超重音節を避けるのは日本語を含む多くの言語に共通して見られる現象であるが (3.5 節、4.3.2.2 節、4.4.3 節)、(92i, j) では最初の入力語が2モーラ目に特殊拍（ネイビー、カーキ）を有しているため、単純に (89) のパターンに従うと、〔自立拍＋特殊拍＋特殊拍〕という3モーラの音節―(92i, j) の下線部―が生成されてしまう。この構造を避け、かつ〔軽音節＋重音節＋軽音節〕の鋳型に合わせるために、最初の入力語の2モーラ目を飛ばして3モーラ目を採ったと解釈できる。ちなみに、2モーラ目の特殊拍を無視して次のモーラを残す方策は、2.4.1.1 節で見た複合語の短縮（パーソナル＃コンピューター、カラ＃オーケストラ）にも観察される。
　最後に (92k) は、出力の3モーラ目に長音ではなく撥音が入るという変則的なパターンである。(89) の規則から予想される「ブラージュ」という形が日本語の音韻構造に合わないというわけではなく、その点において (92i, j) とは質的に異なる。一方 (91) の規則に従ったと考えると、合理的な

説明が可能となる。ブラウンに含まれる /aun/ はもともと外来語に特徴的に現れる音連続であり、日本語では /an/ という2モーラ形に短縮されやすい。たとえば「ポケモン」タイプの複合語短縮では (93) に示すように /aun/ の /u/ を飛ばして /an/ が残る。まるで /aun/ の /u/ が存在しないかのような現象である（窪薗 2002a）。

(93) ブルー・マ<u>ウン</u>テン → ブルマン、*ブルマウ〔コーヒー豆〕
サ<u>ウン</u>ド・トラック → サントラ、*サウトラ〔音楽用語〕
ブリティッシュ・カ<u>ウン</u>シル → ブリカン、*ブリカウ〔イギリスの国際文化交流機関〕
ノー・カ<u>ウン</u>ト → ノーカン、*ノーカウ〔野球用語〕
ワン・バ<u>ウン</u>ド → ワンバン、*ワンバウ〔同上〕
ツー・ダ<u>ウン</u> → ツーダン、*ツーダウ〔同上〕

/aun/ → /an/ という脱落が混成語形成の(92k)でも起こったとすると、(91) の規則は正しく「ブランジュ」という出力形を予測する。

(94) ブラ（ウ）ン／ベージュ → ブランジュ

この分析とは別に、(92k) の例を (89) の規則で説明することも可能であろう。

(95) ブラウン／ベージュ → ブラージュ

この場合、(95) のように「ブラージュ」という出力形が予測されるが、特殊拍同士が入れ代わるということは日本語では珍しくない。たとえば言い間違いでは特殊拍同士の交代が起こり、特に長音は撥音に置換されやすい (Kubozono 1985)[54]。(96) のように、長音が同じ文の前後に存在する撥音に

54　言い間違いではないが、オーキイ〜オッキイ（大きい）やソーカ〜ソッカ（そうか）のように、長音が促音と交替することもある。

90 | 第2章　モーラと音節

よって置き換えられる現象である。(95) でも、出力に出てくるはずの長音がブラウンの「ン」と入れ代わったと見れば、「ブランジュ」という出力形を説明することが可能となる。

(96)　ショ—ベン（小便）→ ションベン
　　　パ—セント（%）→ パンセント
　　　サイシュ—ダンカイ（最終段階）→ サイシュンダンカイ

　まとめると、「グレージュ」タイプの混成語形成は基本的にモーラを使って規則化できるが、例外的なパターンを説明する際に音節という概念—ここでは超重音節を避けようとする原理—が必要となる。

2.4.3　音節のみに言及する規則

　ここまで取り上げた形態現象は、現象の一般化（規則の定式化）にモーラのみが必要となるケースと、モーラと音節の両方が必要となるケースである。いずれのケースでもモーラという概念が何らかの役割を果たしていたが、その一方で、音節のみで一般化できる現象—言い換えると、モーラという概念を必要としない現象—は管見では見当たらない。これは、2.3 節で分析した音韻現象とほぼ同じ状況である。語形成をはじめとする形態現象でも、音節なしで一般化できる現象はあっても、モーラなしで一般化できる現象は見当たらない。これは音節よりモーラの方が日本語では不可欠な役割を果たしていることを示唆しているが、その一方で、日本語の乳幼児がモーラより音節を先に獲得しているという言語獲得・言語発達の事実と矛盾しているように見える。このパラドックスについては 2.7 節で詳述する。

2.5　言い間違いと吃音

　モーラと音節の役割は、音韻論や形態論だけでなく心理言語学の観点からも検証できる。ここでは、無意識のうちに作り出される言い間違い（speech error, slip of the tongue）と、「どもり」という名前で知られている吃音（stuttering）を分析し、これらの非流暢性現象において日本語が英語とど

2.5　言い間違いと吃音 | 91

のような異同を示すか、そこにモーラや音節がどのように関係しているか考察する。

2.5.1　言い間違い
2.5.1.1　言い間違いの種類
　言い間違いは人間が無意識のうちに作り出す言葉のエラーであり、(97) – (100) のようなタイプに大別される。(97) は、同じ文脈に現れるある要素 (A) が別の要素 (B) に置き換わる置換エラー (substitution error)、(98) は A と B が入れ代わる交換エラー (transposition error)、(99) は脳内辞書 (mental lexicon) にある 2 つの同義語・類義語が発話の中で混ざってしまう混成エラー (blend error)、(100) は脳内辞書にある 2 つの語が取り違えられる選択エラー (selection error) である。

(97)　置換エラー
　　a.　駆け込み乗車はお止めください。次の電車をお待ちください。
　　　　→ 駆け込み乗車はお止めください。次の電車はお止めください。
　　b.　じんけんもんだいで こまっている（人権問題で困っている）
　　　　→ じんけんもんだいで こまんている
　　c.　パルテノン シンデン（神殿）→ パルテノン シンノン
　　d.　ゲンバクドーム（原爆ドーム）→ ゲンドクドーム
　　　　15 パーセント → 15 パンセント
(98)　交換エラー
　　a.　ゴミが目に入った → 目がゴミに入った
　　　　あんた、人間は顔じゃないよ → あんた、顔は人間じゃないよ
　　b.　サムイ フユ（寒い冬）→ フユイ サム
　　　　タマガ ハヤイ（球が速い）→ ハヤガ タマイ
　　c.　先日セイキョサレタ（逝去された）→ 先日キョセイサレタ
　　d.　インヲ フマセル（韻を踏ませる）→ フンヲ イマセル
　　　　フンイキ（雰囲気）→ フインキ
　　　　テッキン コンクリート（鉄筋コンクリート）

92 ｜ 第2章　モーラと音節

　　　　　→ コッキンテンクリート

　　　　カンケイカイゼン（関係改善）→ カイケンカイゼン

　　e.　オタマジャクシ（otamazyakusi）→ オジャマタクシ（ozyamatakusi）

　　　　エレベーター（erebeetaa）→ エベレーター（ebereetaa）

　　f.　ポケット（poketto）→ コペット（kopetto）

　　g.　スパゲッティー（supagettii）→ スカベッティー（sukabettii）

(99)　混成エラー

　　a.　混成文

　　　　頭痛がする／頭が痛い → 頭痛が痛い

　　　　印象的だった／印象に残った → 印象的に残った

　　　　写真撮影をしたい／写真を撮りたい → 写真撮影を撮りたい

　　　　水中で目を開ける／水の中で目を開ける→ 水中の中で目を開ける

　　b.　混成句

　　　　止め-て！／し-ない-で！→ 止めないで！

　　　　…した／…して-ない → …したない

　　c.　混成語

　　　　止まれ！／ストップ！→ トマップ！

　　　　骨休め／息抜き → 骨抜き

　　　　タクト／指揮棒 → タクボー

　　　　パンフレット／プログラム → パングラム

(100)　選択エラー

　　a.　ふつつかな娘ですが… → ふしだらな娘ですが…

　　b.　（では主賓の山田様から）ご祝辞（しゅくじ）をいただきます → …ご祝儀（しゅうぎ）をいただきます

　　c.　一糸乱れぬマスゲーム → 一糸まとわぬマスゲーム

　（97）は代入エラーとも呼ばれるもので、〔…A…B…〕という文脈の中で、前後する2つの要素（A, B）の一方が他方によって置き換わる言い間違いである。（97a）のように連続する2つの文の間で起こることもあれば、（97b）のように同一文内で起こることも、（97c, d）のように同一語（複合語）内で

2.5 言い間違いと吃音 | 93

起こることもある。また置換の方向性についても、(97a–c) のように A が
後ろの B の位置に入り込むこともあれば、(97d) のように後ろの B が A の
位置に入り込むこともある。さらに置換される単位も、語や句の置換もあ
れば、モーラの置換もある。中には単位があいまいな例もあり、たとえば
(97d) は明らかにモーラ単位の置換であるが、(97c) は音節の置換（デン→
ノン）ともモーラの置換（デ→ノ）とも解釈できる。

　(98) の交換エラーは、〔...A...B...〕という文脈の中で、A と B が入れ代わ
るタイプのエラーである。入れ代わる単位が (98a) のように単語である場
合もあるし、(98b) のように複数のモーラの場合も、(98c) のように形態素
（もしくは音節）の場合もある。(98d) は明らかにモーラ単位の交換である
が、(98e) はモーラ単位の交換か子音の交換かあいまいである。仮名文字で
書くとモーラ単位の交換エラーに見えるし、ローマ字で書くと子音と子音の
交換ともとれる。(98f) は仮名文字で書いたのでは何のエラーか分からない
が、ローマ字書きすると前後する音節で頭子音同士が入れ代わっていること
が分かる。日本語ではこのように頭子音同士が干渉する例は少ない。最後の
(98g) はローマ字で表記しても何が入れ代わっているか分からない例である
が、よく見ると子音を構成する成分（音声素性）の一部が入れ代わっている
ことが分かる。具体的には /p/（両唇音）と /g/（軟口蓋音）の調音点が入れ代
わっている。この種の交換エラーも日本語には珍しい。

　次に (99) の混成エラーは、同一もしくは類似の意味を持つ 2 つの文や語
が話者の頭の中で混成し、1 つの文や語になってしまうタイプのエラーであ
る。混成される要素の大きさによって (99a) のような混成文、(99b) のよう
な混成句、(99c) のような混成語に分けることができる（ただし境界は明確
ではない）。いずれの場合でも、1 つの要素の前半部分と、もう 1 つの要素
の後半部分が結合する形で混成が起こる。2 つの要素が意味的に関連したも
のであることや、前半と後半が結合する点など、基本的な特徴は意識的に作
られる混成語（2.4.1.2 節）と共通している。

　最後に (100) の選択エラーは、話者が脳内辞書から単語を取り出す際に
起こるエラーで、混同される 2 語は品詞や意味、音韻的長さ（モーラ長）に
おいて同一もしくは近似した特徴を持つ。たとえば (100a) では「ふつつか」

94 | 第 2 章　モーラと音節

と「ふしだら」を、(100b) では「ご祝辞」と「ご祝儀」を混同した結果である。(100c) では「一糸…」という文脈に入る 2 つの語 (「乱れぬ」と「まとわぬ」) を取り違えている。

2.5.1.2　モーラの必要性

では (97) – (100) のような言い間違いの記述や分析に、モーラはどのような役割を果たしているのだろうか。ここで考えられるのは (i) 語の長さを測る単位、(ii) 置換エラーや交換エラーで置換／交換される単位、(iii) 語を 2 つに分ける際の分節単位 (segmentation unit)、以上 3 種類の役割である。

まず、モーラが長さを測る単位として重要な役割を果たしていることは、(101) のような置換エラーや (102) のような交換エラーを分析するとよく分かる。

(101)　置換エラー

    a.　セカイ レンポー シンブン (世界連邦新聞)

      → セカイ レンブン シンブン

    b.　キョーノ キクジロー (京野菊次郎) → キクノ キクジロー

    c.　ゲンバクドーム (原爆ドーム) → ゲンドクドーム

(102)　交換エラー

    a.　サムイ フユ (寒い冬) → フユイ サム

    b.　タマガ ハヤイ (球が速い) → ハヤガ タマイ

    c.　ノレンニ ウデオシ (暖簾に腕押し) → ウデンニ ノレオシ

    d.　インヲ フマセル (韻を踏ませる) → フンヲ イマセル

(101) と (102) の例では、干渉しあう 2 つの要素 (A と B) の長さが一致している。たとえば (101a, b) や (102a–c) では A と B がともに 2 モーラであり、(101c) と (102d) ではともに 1 モーラである。2 モーラの要素が 1 モーラの要素に置換されたり、1 モーラの要素と 2 モーラの要素が入れ代わることはない。この A と B の間の長さの一致は、モーラだと適切に測ることができるが、音節では難しい。音節で測ると、A と B の音節数が一致し

ない（101b）のような例—1 音節（キョー）と 2 音節（キク）の交換—が出て
くるからである。

　ちなみに（97）–（98）にあげた例の中では（98a）のように単語同士が交換
する場合や、（98c）のように形態素同士が入れ代わる場合には、A と B の長
さが一致するとは限らない。これはエラーが語や形態素のレベルで起こって
いるためである。

　（99c）にあげた混成語については、2.4.1.2 節で紹介した混成語（意識的に
作られる混成語）と同じく「長さの法則」—（76）—が観察される。すなわ
ち、混成の結果作り出される語は、後半部分を残す語（2 つ目の語）と同じ
長さを持つ。（99c）を含む代表的な混成語エラーを分析してみると表 2.11 の
結果が得られる（他の例は章末の補遺を参照）。（　）内の数値はモーラと音
節で測った語長であり、たとえば（4/3）は 4 モーラ、3 音節を意味する。

表 2.11　代表的な混成語エラーの分析：長さの法則

1 語目	2 語目	混成語エラー
止まれ！（3/3）	ストップ！（4/3）	トマップ！（4/3）
骨休め（5/5）	息抜き（4/4）	骨抜き（4/4）
タクト（3/3）	指揮棒（4/3）	タクボー（4/3）
パンフレット（6/4）	プログラム（5/5）	パングラム（5/4）
ねこ（2/2）	にゃんこ（3/2）	ねんこ（3/2）
どうして？（4/3）	何で？（3/2）	どんで？（3/2）
1 つ（3/3）	1 歳（4/2）	ひとさい（4/3）
ムード（3/2）	雰囲気（4/3）	むんいき（4/3）
確定申告（8/6）	年末調整（8/5）	確定調整（8/5）
合わない（4/3）	一致しない（6/4）	アッチシナイ（6/4）

　表 2.11 の結果を長さだけに着目して数えてみると表 2.12 の結果が得られ
る。ここからまず、混成語エラーは 2 つ目の入力語と同じ長さを持つ傾向
が強いことが分かる。これが先に述べた「長さの法則」であるが、モーラで
数えた時も音節で数えた時も、混成語は 1 語目より 2 語目と長さが一致す
る率が高い。さらに 2 語目との一致を見てみると、音節で数えた時よりも
モーラで数えた時の方が一致率が高い。全体的に見ると、混成語は後半を残

96 | 第2章　モーラと音節

す語（2語目）とモーラ数が一致するのである。これもまた、語の長さをモーラで測っている証拠と言える。

表2.12　長さの一致（表2.11 にあげた 10 例の分析）

	モーラで数えた時	音節で数えた時
1語目と一致	1 例	5 例
2語目と一致	10 例	8 例

　（100）にあげた語の選択エラーでも、モーラが長さを測る単位として使われている。上で述べたように、語の選択エラーは話者が自分の脳内辞書から語を選び出してくる時に起きるエラーであるが、混同される 2 語は多くの場合に語長が一致する。この語長の一致も、モーラで測った方が音節で測るよりも的確に捉えることができる。（100）の例では（100b）の「ご祝辞」（4モーラ、4音節）と「ご祝儀」（4モーラ、3音節）が一致するのはモーラ数であり、音節数ではない。

　ここまで、言い間違いにおいてモーラが語の長さを測る単位としての役割を果たしていることを見てきたが、モーラは置換エラーや交換エラーにおいて、置換もしくは交換される単位としても用いられている。これが、モーラが果たす 2 つ目の役割である。

　たとえば（97c, d）のように 1 語の中で置換が起こるエラーでは、1 つのモーラと別のモーラが干渉しあう例がほとんどである。（97c）のように 1 つの音節が別の音節に置き換わったと解釈できる例もあるにはあるが、そのほとんどはモーラ単位の置換と解釈できる。このような例も含め、1 語内での置換エラーは 1 モーラ同士の干渉で、しかも（103a）のように 1 つの自立拍が別の自立拍と置き換わるパターンか、（103b）のように 1 つの特殊拍が別の特殊拍と置き換わるパターンが大半を占める。

（103）置換エラー

　　a.　自立拍間の置換
　　　　ゲンバクドーム（原爆ドーム）→ ゲンドクドーム
　　　　トップテン → トップトン

2.5　言い間違いと吃音 | 97

　　b.　特殊拍間の置換

　　　　モーターバイク → モイターバイク

　　　　コーチャン副会長 → コーチャー副会長

　　　　15 パーセント → 15 パンセント

　　　　クーボミッドウェー（空母ミッドウェー） → クッボミッドウェー

　　　　オンセット（onset） → オンセント

　　　　サイシューダンカイ（最終段階） → サイシュンダンカイ

　（98）のような交換エラーでも同様のパターンが観察される。（98d）の中のフンイキ → フインキの例では特殊拍（ン）と自立拍（イ）が入れ代わっているが、このような例は少数で[55]、多くの場合（104a）のように自立拍同士が入れ代わるか、（104b）のように特殊拍同士が入れ代わる。

（104）交換エラー

　　a.　自立拍間の交代

　　　　インヲ フマセル → フンヲ イマセル

　　　　テッキン コンクリート → コッキン テンクリート

　　　　アラブジン（アラブ人） → アラジブン

　　　　ケチャップ → チャケップ

　　　　テコンドー → コテンドー

　　　　ラベンダー → ベランダー

　　b.　特殊拍間の交代

　　　　カンケイカイゼン（関係改善） → カイケンカイゼン

　　　　ダンガイサイバンショ（弾劾裁判所） → ダイガンサイバンショ

　（103）と（104）の中で特に重要なのが、母音と子音の干渉である。たとえば（103b）の「15 パーセント」や「空母ミッドウェー」の例では母音（ここでは長音）が撥音や促音によって置き換えられている。「コーチャン副会

55　同じタイプの交換エラーが辞書登録された例として山茶花（サンザカ→サザンカ）をあげることができる。

長」の例では、子音（撥音）が母音（長音）によって置換されている。同様に(104b)の「関係改善」の例でも、撥音と二重母音の後半（イ）が入れ代わっている。このように、日本語の言い間違いでは子音要素と母音要素の干渉がしばしば観察される。

　このように子音と母音が干渉しあうことは、他の言語では極めて稀である。一般言語学では(105)の音節構造が一般に受け入れられており、ここでは音節内で母音と子音がまったく別の位置にあるものと想定されている。この構造では(106)のような英語の言い間違いパターン——頭子音同士が干渉しあうパターン——は説明できても、母音と子音というまったく性格の異なる要素が干渉しあうパターンは説明できない。

(105) 音節構造

(106) 英語の言い間違い（Fromkin 1973）
　　a.　置換エラー
　　　　reading list → leading list
　　　　she can see it → she can shee it
　　b.　交換エラー
　　　　New York → Yew Nork
　　　　Chomsky and Halle → Homsky and Challe

　これに対し、モーラという概念を用いると(103)や(104)の現象は無理なく説明できる。自立拍間の干渉も特殊拍間の干渉も、モーラ間の干渉に過ぎない。「15パーセント」などの例に見られる母音と子音の干渉も、特殊拍同士が干渉して置換や交換が起こっただけのことである。(107)のように語がモーラの連鎖であると考えれば、無理なく説明できる（μ＝モーラ）。

（107）語のモーラ構造

μ μ̄ μ μ̄ μ
∧ | ∧ | ∧
pa a se n to

　最後に、モーラが言い間違いにおいて果たす3つ目の役割として、語の分節に果たす役割を見てみよう。この役割がもっともよく分かるのが（99c）の混成語エラーである。（99c）の例はすべてモーラ境界で2語の分節と結合が起こっている。この中には（108b）のように音節境界を兼ねたモーラ境界で語を分節するパターンもあるが、（108a）のように音節内部のモーラ境界で分節するパターンも珍しくない。（109）に示すように、後者のパターンを示す例は多い。

（108）語の分節点

　　　a.　ト.マ.|レ　　　　b.　タ.ク.|ト
　　　　　ス.ト|ッ.プ　　　　　シ.キ.|ボー
（109）a.　ネ.|コ／ニャ|ン.コ → ネン.コ
　　　b.　ド|ー.シ.テ／ナ|ン.デ → ドン.デ
　　　c.　ムー.|ド／フ|ン.イ.キ → ムン.イ.キ
　　　d.　ア|.ワ.ナイ／イ|ッ.チ.シ.ナイ → アッ.チ.シ.ナイ

　「ストップ」や「ムード」の例が面白いのは、CVC（トッ）やCVV（ムー）という2モーラの音節（重音節）がCV|C, CV|Vという形で分節される事実である。音節内部のモーラ境界という意味では単純明快な分節パターンであるが、他の言語ではこのようなパターンは稀である。たとえば英語にも混成語エラーは数多いが、音節内部で語が分節される場合には（110）のように、母音の後ろではなく、頭子音と母音の間で分節されることがほとんどである。これは意識的に作られる混成語（たとえば br|eakfast/l|unch → brunch）と同じパターンであり、また（105）の音節構造モデルの予測とも一致する。同じパターンが (98f) の「コペット」の例に見られるが、日本語ではこのように頭子音同士が干渉する例は少ない。

100 | 第2章　モーラと音節

(110)　英語の混成語エラー

    a.　T<u>om</u>/Jer.ry → Ter.ry

    b.　<u>Ch</u>om.sky/Hal.le → Chal.le

    c.　Ross/Ch<u>om.sky</u> → Rom.sky

    d.　<u>sm</u>art/clev.er → smev.er

　日本語と英語が (109) – (110) のような結合点の違いを示すことは、実験的に混成語を作らせる混成語生成実験の結果と一致する。この実験は、2つの語を音声刺激として被験者に提示し、1語の前半部分ともう1語の後半部分を結合して新しい語（混成語）を生成させる実験である。たとえば Kubozono (1995c) では、日本語母語話者45人と英語母語話者9人に、pig と bat のような CVC という構造を持つ1音節語のペアを合計20ペア提示し、その2語からどのような語を作り出すか調べた。論理的に考えると (111a) のように母音の後ろで刺激語を分節するか、(111b) のように母音の前で分節するかという2つの可能性がある（pigbat のように単に2語を結合した回答は「その他」として処理される）。

(111) a.　pi|g/ba|t → pit

     b.　p|ig/b|at → pat

　この実験の結果、日本語母語話者は圧倒的に (111a) の結合パターンを好み、英語母語話者は (111b) のパターンを好むことが分かった（表2.13）。この結果は無意識な言い間違いに現れる (109) – (110) の結果と一致する。すなわち、日本語母語話者は母音の後ろで CVC を分節し、英語母語話者は母音の前で分節する傾向が非常に強い。前者の結合点はモーラ境界であり、後者は (105) の音節構造における頭子音とライムの境界である。ちなみに英語の結果は、Treiman (1986) が報告している英語母語話者を対象とした混成語生成実験の結果とも一致する。

表 2.13　混成語生成実験の結果

話者 ＼ 結合パターン	(111a)	(111b)	その他
日本語話者	718 (80%)	116 (13%)	66 (7%)
英語話者	23 (13%)	155 (86%)	2 (1%)

　日本語の言い間違いに話を戻すと、音節内部のモーラ境界における語の分節は、混成語エラーだけでなく他のタイプのエラーでも見られる。たとえば (103) の置換エラーや (104) の交換エラーにおいては自立拍同士の間、特殊拍同士の間でモーラ間の干渉が起こっているが、そこでも語が音節内部のモーラ境界で分節されている。(112) に (104a) の「鉄筋コンクリート」の例を示す。

(112) 語の分節

　　　テッ.キン コン.ク.リー.ト → コッ.キン テン.ク.リー.ト

2.5.1.3　音節の必要性

　ここまでの議論は、言い間違い現象の分析にモーラが不可欠であることを示すものであったが、これは音節という単位の必要性を否定するものではない。これまで述べてきたように、日本語の置換エラーや交換エラーではモーラ間の干渉が多いが、それらのほとんどは (103)–(104) のような同じ種類のモーラの干渉である。すなわち、モーラ間の干渉には (113) のような制約が働く。(114) のように、自立拍と特殊拍が干渉しあうという例は皆無ではないが非常に少ないのである[56]。

(113) 自立拍は別の自立拍と、特殊拍は別の特殊拍と干渉（置換・交換）する。
(114) 例外

　　　フン.イ.キ（雰囲気）→ フ.イン.キ

56　出力のフ.イン.キは語末に〔重音節＋軽音節〕という構造を持っている。これは日本語で無標の韻律構造であり (5.3 節)、(114) の言い間違いもその構造を目指した変化と解釈できる（窪薗 2017a）。

日本語の置換エラーや交換エラーに (113) の制約が働いているということは、日本語の語彙が単にモーラの羅列ではないことを示唆している。もし自立拍と特殊拍の区別なくモーラが連続しているだけであれば、(114) のようなエラーがもっと観察されてもいいはずである。

(113) の制約は音節という単位を想定すると簡単に説明できる。自立拍と特殊拍は、それぞれ音節の第1モーラと第2モーラであるから、自立拍間の干渉は音節の第1モーラ同士の干渉、特殊拍間の干渉は音節の第2モーラ同士の干渉と解釈できるのである。

(115) a. 自立拍間の干渉

テッ.キン.コン.ク.リー.ト → コッ.キン.テン.ク.リー.ト

b. 特殊拍間の干渉

パー.セン.ト → パン.セン.ト

音節がモーラという構成素から成るという (115) の分析は、前節で述べたモーラの役割、すなわち (i) 語の長さを測る単位、(ii) 置換エラーや交換エラーで置換／交換される単位、(iii) 語を2つに分ける際の分節単位という3つの機能と何ら矛盾するものではない。ちょうど英語の音節構造 (105) が英語における言い間違いパターンと一致するように、音節がモーラから成るという (115) の分析は、日本語の言い間違いパターンと一致する。日本語の一般化は、音節を「モーラを統合する単位」と想定すること、逆の言い方をすると、モーラを音節の構成素と見ることによって得られるものである。

2.5.2 吃音

吃音は言い間違いと同じく非流暢性発話の一種とされる現象であるが、音

韻パターンという点でも言い間違いによく似ている。日本語でも英語でも、吃音には (116) の 3 つの型があるとされる (氏平 2000)。(116a) は、発話の最初か、最初の音を出した後で緊張した無音状態 (…) が続く現象、(116b) は最初の音が引き伸ばされる現象、(116c) の繰り返しは、文字通り最初の音が繰り返される現象である。単語の初めの部分で発話が途切れてしまう点がすべてに共通している。

(116) 吃音の 3 つの型
    a. 難発 (blocking)
        (こ) …こんにちは
    b. 伸長 (prolongation)
        こーーんにちは
    c. 繰り返し (repetition)
        こ、こ、こ、こんにちは

  (116a–c) の中で圧倒的に頻度が高いのが (116c) の繰り返し型で、また言語間の差異がよく現れるのもこの型である。「最初の音が繰り返される」というのは同じでも、何が繰り返されるかという点において言語差が見られる。たとえば「何で」という語の場合、繰り返されるものが最初の子音か、最初のモーラか、最初の音節かによって (117a–c) のような違いが出てくる。

(117) 繰り返しパターン
    a. 語頭子音の繰り返し
        n n n nande
    b. 語頭モーラの繰り返し
        na na na nande
    c. 語頭音節の繰り返し
        nan nan nan nande

日本語では「おはよう」「さよなら」のように軽音節で始まる語が多いた

104 | 第2章　モーラと音節

めに、「お、お、おはよう」や「さ、さ、さ、さよなら」という発話が音節
の繰り返しなのかモーラの繰り返しなのかあいまいである。(117b) と (117c)
の違いを見るためには、重音節 (すなわち〔自立拍＋特殊拍〕) で始まる語
を見る必要が出てくる。このタイプの語に絞って日本語の吃音を分析した
Ujihira and Kubozono (1994) の報告によると、日本語の繰り返し型吃音で
もっとも多いのが (117b) のタイプ、すなわち語頭モーラを繰り返すパター
ンで、これが他の2パターンを圧倒する (表 2.14)。(118) に他の例をあげる。

表 2.14　日本語成人話者の繰り返し型吃音パターンの頻度

パターン	頻度
(117a)	6 　(3.7%)
(117b)	150 (92.6%)
(117c)	6 　(3.7%)
計	162 〔100%〕

(118)　(117b) タイプの吃音例

    a.　so so so soosiki (葬式)

    b.　ta ta ta taihen (大変)

    c.　ge ge ge genyu (原油)

　これに対し、英語の話者は語頭子音を繰り返す (117a) のパターンが圧倒
的に多い。英語話者の吃音を分析した氏平 (1997) では繰り返し型吃音が
(119a–e) の5つのパターンに分類されており、その分布は表 2.15 のように
報告されている。(119a, b) は子音の繰り返し、(119c) は語頭音節もしくは
モーラの繰り返し、(119d) は語頭モーラの繰り返し、(119e) は語頭母音の
繰り返しである。

(119)　英語の繰り返し型吃音パターン

    a.　t t t telephone

    b.　str str strange

    c.　na na national

d.　ma ma maild（mild）

　　e.　a a attend

表 2.15　英語話者の繰り返し型吃音パターンの頻度

パターン	頻度
（119a）	73（68.2%）
（119b）	1　（0.9%）
（119c）	8　（7.5%）
（119d）	7　（6.5%）
（119e）	18（16.8%）
計	107（100%）

　表 2.15 からも分かるように、英語の繰り返し型吃音で圧倒的に多いのは
（119a）のように語頭子音を繰り返すパターンである。英語では頭子音の位置
に複数の子音が立ちうるため、語頭子音の繰り返しには（119a）のように語頭
子音 1 個が繰り返されるパターンと、（119b）のように子音連続が繰り返され
るパターンの両方が考えられるが、後者のタイプは頻度が低い。語頭の 1 子
音が繰り返される（119a）のパターンが圧倒的に多いのである。これに次ぐの
が（119e）のように母音で始まる語に観察されるパターンで、語頭の母音が繰
り返される。これは語頭音節の繰り返しとも、語頭モーラの繰り返しとも解
釈できるが、（119a）に比べると生起頻度はかなり低い。さらに低いのが（119c,
d）のように語頭の〔子音＋母音〕（CV）が繰り返されるパターンである。

　表 2.14 と表 2.15 に日本語と英語の違いがよく現れている。日本語では
CVC もしくは CVV を CV の後ろで切るパターン（CV | C, CV | V）が圧倒的
に多いのに対し、英語ではこのような分節は稀で、C | VC や C | VV という
分節が一般的である。前者は、語をモーラ境界で分節するパターンに他なら
ない。これは前節で見た言い間違いのパターンと一致する。

　このように日本語では吃音もモーラという単位なしでは生起パターンの規
則性を捉えることができない。ただ言い間違いとは違い、吃音において音節
がどのような役割を果たしているのかは明らかでない。吃音研究から得られ
るデータは語の分節点を示すものばかりで、言い間違いのようにモーラ間の

干渉を示す例はない。このため音節の役割は見えてこないのである。

2.6 音楽のテキストセッティング

モーラと音節の役割は音楽のテキストセッティング（text-setting）にも現れる。テキストセッティングとは楽譜と歌詞の関係であり、歌詞に記された単語にどのように音符をあてがってメロディーを作るか、あるいは楽譜に記された1つ1つの音符にどのように歌詞をあてがうかという作業である。詳しくは第4章で論じることにして、ここでは日本語のテキストセッティングの基本原則を見る。

2.6.1 1モーラ＝1音符の原則

伝統的な歌謡では、歌詞にメロディーを付与する形でテキストセッティングが行われた。ここで仮に音符を四分音符で代表させるなら、モーラ単位で音符が付与されると（120a）のようになり、音節単位で付与されると（120b）のようになる。

(120) a. モーラ単位の音符付与

 b. 音節単位の音符付与

日本語の歌謡では（120a）のようにモーラ1つに1つの音符が付与されることが多い。たとえば『NHK 日本のうた ふるさとのうた 100 曲』（講談社 1991年）に掲載された伝統的な100曲を分析した窪薗（1999a）によると、「ニッ」や「ポン」のような重音節（2モーラ音節）では（120a）の付与パターンをとる例が、（120b）のパターンをとる例より倍近く多い（表2.16）。つまり「1モーラ＝1音符」という原則が存在する。

2.6 音楽のテキストセッティング | 107

表2.16 日本語の歌におけるテキストセッティング：モーラ vs. 音節

セッティングのパターン	件数（割合）
モーラパターン（120a）	386 例（65.6%）
音節パターン（120b）	202 例（34.4%）
計	588 例（100%）

その一方で、表2.16では「1モーラ=1音符」の原則に違反する例が全体の約1/3存在する。これは(120b)のように音節ごとに音符を付与した例である。このパターンの頻度を特殊拍の種類ごとに見てみると、表2.17に示したように、特殊拍の種類によって大きな違いがあることが分かる。すなわち、二重母音の第2要素（たとえばカンサイのイ）と長母音の後半（長音、たとえばトーキョー）は(120a)のパターンが圧倒的に多いのに対し（94%と70%）、撥音（たとえばカンサイのン）では(120a)と(120b)の割合が拮抗し（51%）、促音（たとえばニッポンのッ）となると、(120a)より(120b)のパターンの方が多くなる。このように、特殊拍に独立した音符が付与されるか(120a)、されないか(120b)が、特殊拍の種類によって大きく変わる。とは言うものの、特殊拍全体で見ると(120a)の方が(120b)よりはるかに頻度が高い。このことから、日本語では音節よりモーラを単位として音符が付与されていることが分かる。ちなみに、(121)のように2つの音節に1つの音符を付与するパターンは極めて稀である。

表2.17 特殊拍間のテキストセッティングの違い

特殊拍＼パターン	モーラパターン（120a）	音節パターン（120b）	計
二重母音後半	158（94%）	10（6%）	168（100%）
長音	96（70%）	41（30%）	137（100%）
撥音	104（51%）	101（49%）	205（100%）
促音	28（36%）	50（64%）	78（100%）
計	386（66%）	202（34%）	588（100%）

(121)

日本語のテキストセッティングがモーラ単位で行われていることは、英語のテキストセッティングと比較するとよく分かる。英語の歌謡では1つの音符に1音節を付与することが一般的であり、たとえば (122) の童謡 (Twinkle, twinkle, little star) では twin や star のような2モーラの音節—CVC や CVV—にも1つの音符が付与されている。(123) のイギリス国歌 (God Save the King) でも CVC (God, save, long, live) や CVV (gra-, no-) などの2モーラ音節に1つの音符が付与されている。これらの例から、英語の歌に「1音節=1音符」の原則が用いられていることが分かる。

(122) Twinkle, twinkle, little star（きらきら星）

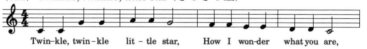

(123) God Save the King（イギリス国歌）

2.6.2　Happy Birthday のテキストセッティング

　ここまで、日本語の歌が「1モーラ=1音符」の原則で作られていることを見たが、このことは音節の存在を否定するものではない。表2.16のデータでは全体の34.4%が音節単位で音符付与がなされていたし、それ以上に、楽譜が先にできてそこに歌詞をあてがうタイプのテキストセッティングでは音節の役割が明確に見えてくる。ここでは世界各国で歌われている誕生日の歌 (Happy Birthday to You) を分析する。この歌では、(124) の Johnny の小節 (♩♩) に様々な名前を入れることになる。

(124) Happy Birthday to You

英語の John.ny は 2 音節語であるから問題の 2 音符小節に無理なく入る。日本語の 2 モーラ語（たとえばママやケン）も同様である。しかし英語にも日本語にも 3 音節以上の名前があるから、これらを (124) の楽譜に入れ込むためには、1 つの音符に複数の音節（あるいはモーラ）を割り当てなくてはならなくなる。

英語はそのような場合、最後の音節を 2 つ目の音符に連結し、残りの音節を最初の音符に連結しようとする。たとえば 3 音節の名前 (Jon.a.than, Mar.ga.ret) であれば (125) のように〔2 音節＋1 音節〕という形に分節し、音符と連結する（詳細については 4.3.1 節参照）。1 つの音符に複数の音節が付与されることになっても、語は音節境界で分節される。

(125) ♩ ♩　♩ ♩
　　　Jon.a-than Mar.ga-ret

これに対し日本語版の Happy Birthday to You では、3 モーラ語を〔2 モーラ＋1 モーラ〕という形に分節する (Kubozono and Mizoguchi 2023)。(126a) のような 3 音節語だけでなく、(126b–d) のような〔軽音節＋重音節〕構造の 2 音節語も〔2 モーラ＋1 モーラ〕という形に分節するのが一般的である。音節境界で分けるのであれば (126b–d) は (127b–d) のように〔1 モーラ＋2 モーラ〕という分節パターンになるはずであるが、実際にはほとんどの話者が (126) のように分節する。

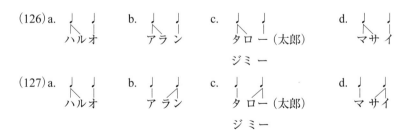

〔2+1〕に分節する点において (126) は (125) に示した英語のテキストセッ

ティングと共通しているものの、日本語では明らかにモーラ境界で語を分節している。すなわち、英語のように最後の音節ではなく、最後のモ̇ー̇ラ̇を2つ目の音符と連結し、残りのモ̇ー̇ラ̇を1つ目の音符に連結するという方策がとられている。

　モーラ単位の分節方法がさらによく分かるのが、2モーラの名前を入れる場合である。(128a) のような2音節2モーラの名前だけでなく、(128b–d) のような1音節2モーラの名前でも、モーラ境界で語が分節される。

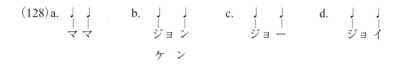

　Kubozono and Mizoguchi (2023) の報告では、東京方言話者はほぼ全員が (128) のようにモーラ境界で語を分節して、2つの音符に結合している。日本語母語話者にとっては当たり前のようなテキストセッティングであるが、これは決して普遍的な方策ではない。英語やドイツ語の話者であれば、(129) のようなパターンを示す。日本語と顕著に異なるのが (129b) のような CVC の名前の分節パターンであり、英語では単純に CV | C と区切らず、母音を両方の音符に連結する CV | VC というパターンを示す。Ken [kɛn] や Bob [bɔb] を、まるで2音節語であるかのように [kɛ-ɛn], [bɔ-ɔb] と分節して音符と連結するのである。尾子音だけを2音節目に連結するパターン ([kɛ-n], [bɔ-b]) は出てこない。日本語が (128) のように一貫してモーラ境界で分節しているのとは対照的である。

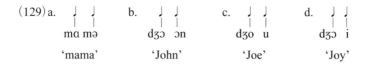

　ここまでの議論は、日本語のテキストセッティングがモーラ単位で行われていることを示すものであるが、実はこれがすべてではない。Kubozono and Mizoguchi (2023) によると、4 モーラ以上の長さの語では日本語話者は一転して音節境界を重視した分節パターンを示すという。具体的には、(130) のように「最後の音節」を 2 つ目の音符に付与するパターンが、(131) のように「最後のモーラ」を 2 つ目の音符に付与するパターンよりはるかに好まれる。

　他の例を (132) に示すが、どの語でも (132a) (= (130)) のように音節境界での分割が好まれ、(132b) (= (131)) のようなモーラ境界での分節は好まれない。

(132) 4 モーラ以上の語の分節

語長	(a) 音節単位	(b) モーラ単位
4 モーラ	ヤマガ - タ（山形）	ヤマガ - タ
	オータ - ニ（大谷）	オータ - ニ
	テヘ - ラン	テヘラ - ン
	ベル - ギー	ベルギ - ー
	ベル - リン	ベルリ - ン
	オチ - アイ（落合）	オチア - イ
5 モーラ	フェルナン - デ	フェルナン - デ
	ワシン - トン	ワシント - ン
	クロマ - ティー	クロマティ - ー
6 モーラ	マクドナル - ド	マクドナル - ド
	アンダー - ソン	アンダーソ - ン
	アルゼン - チン	アルゼンチ - ン

　以上のデータから、日本語の Happy Birthday to You の歌では、3 モーラ

112 | 第 2 章　モーラと音節

までの語はモーラ境界で分節され、4 モーラ以上の語は音節境界で分節され
ていることが分かる。語の最後の部分を 2 つ目の音符に付与するという点
では一貫しているものの、3 モーラ語と 4 モーラ語の間でモーラ境界から音
節境界へと分節点が変わるのである。第 4 章で見るように、これは Happy
Birthday to You だけに見られる方策ではない。

2.7　言語獲得／発達

　最後に、乳幼児による言葉の獲得という視点からモーラと音節の関係を考
えてみよう。日本語を獲得しようとしている子供たちが、モーラと音節をど
のように認識しているかという問題である。この節では、大人と赤ちゃん
の間で用いられる赤ちゃん言葉 (motherese, 別名「母親語」「幼児語」「育児
語」) (2.7.1 節) と、幼児によるしりとり遊び (2.7.2 節) を分析してみる。

2.7.1　赤ちゃん言葉

　日本語の赤ちゃん言葉には、(133) のようにオノマトペ (擬音語、擬態語)
から派生したものと、(134) のように大人の語彙から作り出されたものの 2
種類がある (窪薗 2017b, Kubozono 2019c)。

(133) オノマトペ由来の赤ちゃん言葉

　　a.　3 モーラ

　　　　ウンコ〜ウンチ (大便)、シッコ (小便)、ニャンコ (猫)

　　b.　4 モーラ

　　　　ワンワン (犬)、ニャンニャン (猫)、ブーブー (車)

(134) 大人の語彙由来の赤ちゃん言葉

　　a.　3 モーラ

　　　　マンマ (＜飯)、オンブ (＜負ぶう)、アンヨ (＜歩む)、オンモ (＜
　　　　表)、ダッコ (＜抱く)、クック (＜靴)、ポッケ (＜ポケット)、バー
　　　　バ (＜婆)、ジージ (＜爺)、ニーニ (＜兄ちゃん)、ネーネ (＜姉
　　　　ちゃん)

2.7 言語獲得／発達 | 113

　　b. 4 モーラ
　　　　ハイハイ（＜這う）、ナイナイ（＜無い）

　これらの赤ちゃん言葉は、（135）の特徴を持っている。このうち（135a）と（135c）は、2.4 節で見た単純語短縮（2.4.2.1 節）やズージャ語（2.4.2.2 節）の出力条件とよく似ている。

（135）a. 入力の長さに関わらず、出力は 3〜4 モーラの長さである。
　　　 b. 2 音節である。
　　　 c. 〔軽音節＋重音節〕の 3 モーラ形は忌避される。

　これらの特徴は（134）の語について赤ちゃん言葉と元となった大人の語形を比較するとよく理解できる。表 2.18 から分かるように、大人の語彙は語長も韻律構造も多様であるのに対し、赤ちゃん言葉の構造は画一的であり、語長は 2 音節の 3〜4 モーラに、韻律構造は〔重音節＋軽音節〕（HL）か〔重音節＋重音節〕（HH）に収束する。語長と韻律構造の両方に強い制約が働いていることが分かる。

表 2.18　大人の語彙と赤ちゃん言葉の比較

大人の語彙			赤ちゃん言葉		
語彙	モーラ数 / 音節数	韻律構造	語彙	モーラ数 / 音節数	韻律構造
まま	2/2	LL	マンマ	3/2	HL
負ぶう	3/3	LLL[57]	オンブ	3/2	HL
抱く	2/2	LL	ダッコ	3/2	HL
ポケット	4/3	LHL	ポッケ	3/2	HL
婆	2/2	LL	バーバ	3/2	HL
這う	2/2	LL	ハイハイ	4/2	HH
無い	2/1	H	ナイナイ	4/2	HH

　（135）の制約のうち、（135a）と（135b）はそれぞれモーラと音節という概

---

57 「負ぶう」のブウは長母音ではなく、よってオ.ブ.ウという 3 音節構造を持つ。

114 | 第2章　モーラと音節

念が重要であることを示し、(135c) は音節量という概念、すなわち音節と
モーラの両方の概念が一般化に必要であることを示している ((135c) につ
いては 5.3.1 節でさらに詳しく論じる)。これらは先述の単純語短縮やズー
ジャ語生成過程 (2.4.2 節) と共通する性格である。

　赤ちゃん言葉の分析にモーラと音節の両方が必要ということは、赤ちゃん
がこの 2 つの音韻単位を言語発達のかなり早い時期に認識していることを
示唆しているが、ではどちらの単位を先に認識するのであろうか。次節では
幼児によるしりとり遊びをもとに、この問題を検討してみる。

2.7.2　しりとり遊び

　日本語の「しりとり」は 1 つの語の最後の音をとって、同じ音で始まる語
を返す言葉遊びである。二人もしくは複数の人が順番に回答し、たとえば
(136) のような単語の連鎖を作り出す。日本語には「ん」で始まる語がない
ため、この音で終わる語が出てきたらゲームは終わり、その人の負けとなる。

(136)　しか → からす → すみれ → れんこん → 〔ゲーム終了〕

　子供でも覚えやすい遊びであるため、文字を習得する前の子供でも容易に
習得できるが、ここで問題となるのが「最後の音」「同じ音」の「音」が何
を意味するかである。(136) の例では最後の「れんこん」を除く語がすべて
軽音節 (自立拍) から成っているため、最後のモーラをとっているのか、最
後の音節をとっているのか分からない。しかし (137) のように重音節 (自立
拍＋特殊拍) で終わる語の場合には、出力に複数の可能性が出てくる。

(137)　しりとりの方策

入力	出力 (a)	出力 (b)	出力 (c)	出力 (d)
バ.ター (ばたあ)	あめ	あめ	ターゲット	たな
ぶ.どう	うし	おさかな	どうぶつ	ドレミ
ネ.ク.タイ	いるか	いるか	たいそう	たな
ボ.タン	(ゲーム終了)		タンポポ	たな

2.7 言語獲得／発達 | 115

　出力 (a) は最後の仮名文字をとった場合で、これに対し (b) 〜 (d) は音声に基づくもの、具体的には (b) は最後のモーラをとった場合、(c) は最後の音節をとった場合、(d) は最後の音節の中心モーラ（自立拍）をとった場合である。たとえば「ぶどう」は通常 [budo:] と発音され、[budou] と発音されることはない。この語に対して「うし」のような回答があれば、最後の音ではなく文字をとっていることになる。成人のしりとり遊びでは、この文字に基づく (a) のパターンか、モーラに基づく (b) のパターンが観察される。

　以上のことを踏まえて、窪薗 (2000b) は 4 歳 9 ヶ月の女児 1 名を被験者にしりとり実験を行った。4 歳児を選んだのは、多少の個人差はあるものの、3 歳児ではしりとりができるほど十分な学習能力が発達しておらず、一方、5 歳になると既に仮名文字の読み書きを十分に習得している可能性が高いと判断されたからである[58]。被験者に選ばれた上記の女児は仮名文字の学習段階にあり、ひらがなとカタカナを読むことができるものの、まだ正確に書けるまでには至っていない段階であった。

　窪薗 (2000b) は本実験に先立ち 24 枚の絵カードを用いてしりとりの遊び方を被験者に教示した。絵カードには 1 枚ずつ「すいか」や「かさ」のような日常語（2〜4 モーラ）の絵が描いてあり、そこにひらがなが書き添えてあった。(138) のようにしりとり形式で並べると 24 枚目の次が 1 枚目に戻るように作られている。

(138) すいか → かさ → さかな → ないふ → ふね → ねこ → こま → まち →
　　　ちかてつ → つの → のりまき → きく → くも → ものさし → しお →
　　　おに → にわ → わた → たいや → やさい → いけ → けいと → とり →
　　　りす (→ すいか…)

　日常的な遊びの中で、この 24 枚の絵カードを使ってしりとり遊びを行った結果、被験者は 1 週間ほどで (138) のしりとりを間違いなくできるようになった。また「ん」で終わる語が出てきた場合には、ゲームはおしまい

58　モーラ獲得過程への仮名文字の影響については Inagaki et al. (2000) を参照。

116 | 第2章　モーラと音節

で、その人が負けになることもあわせて教えた。

　この訓練期間を経た後に、上記の 24 枚のカードを使わずに本実験を行った。本実験では実験者と被験者が身の回りの語を使ってしりとりを行うものであり、2 日に 1 回、1 回につき約 10 分間の自発的な遊びを 2 週間続けて行った。実験者の側は意図的に重音節で終わる語を被験者に提示し、また被験者が重音節で終わる語を出してきた場合には答えに窮したふりをして、被験者に助けを求めた。

　この本実験から得られたのが次の結果である。まず第一に、撥音と長音で終わる語については、それらの特殊拍が無視され、直前の自立拍—すなわち最終音節の自立拍—で始まる語が被験者からの回答として得られた。これは (137) にあげた 4 つのパターンの中の (d) にあたる。具体例を (139) と (140) にあげる。ちなみに (140) の中には、語末の文字と発音が異なる (140b–g) のような例も含まれている。

(139)　撥音で終わる語
　　　a.　ドラえ<u>もん</u> → <u>もも</u>
　　　b.　アンパン<u>マン</u> → <u>まくら</u>
　　　c.　み<u>かん</u> → <u>からす</u>
　　　d.　リカ<u>ちゃん</u> → <u>ちゃ</u>いろ
　　　e.　こく<u>ばん</u>（黒板）→ <u>バター</u>
(140)　長音で終わる語
　　　a.　バ<u>ター</u> → <u>たこ</u>やき
　　　b.　たい<u>よう</u>（太陽）→ <u>よそ</u>み（よそ見）
　　　c.　しん<u>ごう</u>（信号）→ <u>ごはん</u>（ご飯）
　　　d.　はく<u>ちょう</u>（白鳥）→ <u>ちょ</u>きん（貯金）
　　　e.　ぶ<u>どう</u>（葡萄）→ <u>ドラ</u>えもん
　　　f.　せん<u>せい</u>（先生）→ <u>せ</u>なか（背中）
　　　g.　と<u>けい</u>（時計）→ <u>け</u>むし（毛虫）

　撥音と長音で終わる語については、ほとんど (139) と (140) のような回

答が得られたが、実験者が意図的に最後の特殊拍を強調して発音した場合には例外的に（141）のようなモーラ単位の回答が得られた。これは（137b）のパターンである。

(141) a. ドラえもん → 「ん」だから負け！

　　 b. バタア → あしか

　　　 らっきょお → おばけ

　二重母音についてもほぼ同様の結果、すなわち、（142）の出力 A のパターンが優勢なパターンとして報告されている。ただし、撥音や長音の場合とは違い、二重母音の場合には最後のモーラ [i] を特段強調しなくても、最後のモーラをとるパターン—出力 B のパターン—も時折観察されている。二重母音が他の特殊拍と若干の違いを見せたのは、本実験前の訓練に用いた（138）の 24 語の中に、「やさい（ya.sai）」という二重母音で終わる語が含まれていたことが一因かもしれないが、それだけではない可能性も高い。音楽のテキストセッティング（2.6 節）においても、二重母音の第 2 要素 [i] は他の特殊拍よりも高い自立性を示していた（表 2.17）。（142）の結果はこの事実と符合している。

(142) 二重母音で終わる語

入力	出力 A（優勢）	出力 B（例外）
ネクタイ	たんぽぽ	いちご
となかい	からす	いるか
あじさい	さかな	いか

　以上の結果から、被験者の 4 歳児は成人とは違い、（137）にあげた 4 つの方策の中で（137d）を主に使っていることが分かる。（137b）や（137c）ではなく（137d）のパターンが優勢ということは、語末の特殊拍が被験者には見えていない—'invisible' である—ことを意味している。つまり、被験者は撥音や長音を実際には発音しておきながら、「最後の音」として認識していな

118 | 第2章 モーラと音節

いのである。

　ここで、音韻的に見えていないのは最後の特殊拍であって、最後のモーラではないことに注意する必要がある。特殊拍で終わらない (138) のような語では、最後のモーラがしっかり認識されている。自立拍を CV、特殊拍をX と表記すると、語末の CVX では X がしっかり認識されず、結果的に CVと同じ扱いをされているのである。

　では CVX と CV が同じように処理されているということは何を意味するのであろうか。まず第一に言えることは、被験者が音節という単位をしっかり認識しているということである。つまり、被験者はしりとり遊びの相手が提示した語から最後の音節を抽出するということがしっかりできている。

　次に、語末の音節は認識できるのに語末の特殊拍が見えないというのは何を意味するのか。2 モーラの CVX と 1 モーラの CV が同じ扱いを受けるということは、語末音節の長さ─重音節と軽音節の違い─が十分に認識できていないことを意味している。少なくとも語末音節に限っては、2 モーラと 1モーラの違いがしっかり認識されていないのである。これは長さの中和現象（temporal neutralization）と呼ばれる現象であり、仮名文字の習得が十分にできていない被験者の 4 歳児では、語末という特定の位置において、音節の長さ（2 モーラか 1 モーラか）がしっかり認識されていなかったことを意味している。

　この結果は、仮名文字を習得する前の子供たちが、音節をもとに語を分節しているという伊藤友彦の報告（私信）とも一致する。伊藤は様々な語を音声提示し、子供たちがそれらの語を発話しながらどのようにタッピングを行うかを調べた。その結果、「アンパンマン」のような 3 音節 6 モーラの語を、「あたま」のような 3 音節 3 モーラの語と同じように数える、すなわち (143b) のように 3 回しかタップしないということを観察した。音楽のテキストセッティング（2.6 節）で言えば、英語の歌に見られる「1 音節＝1 音符」という分節パターンに相当する（4.1 節）。

(143) 幼児のタッピング

　　a. あたま
　　　♩ ♩ ♩

2.7 言語獲得／発達 | 119

　　b. アン パン マン
　　　 ♩　 ♩　 ♩

　ちなみに（143）に示したタッピング実験の結果は、語末だけでなく語中においても音節の長さが認識されていないことを意味している。伊藤（私信）によると、幼児を被験者としたタッピング実験では（143b）（= 144a）の次の段階として（144b）のパターンが観察されるという。これは語末音節では依然としてCVX音節がCV音節と同じように認識される一方で、それ以外の位置ではCVX音節が2つの長さの単位—つまり2モーラ—としてしっかり認識される段階である。（139）–（142）に示したしりとり実験は語末音節だけを問題としているため、（144a, b）のいずれの方策によるものかは不明であるが、少なくとも語末音節において音節量の中和（長さの中和）が起こっていることは確かなことである。

（144）タッピング実験
　　　a. アン パン マン
　　　　 ♩　 ♩　 ♩
　　　b. アン パン マン
　　　　 ♪♪ ♪♪　 ♩

　ここで、この節で紹介した4歳児によるしりとり遊びや、（144b）に示したタッピング実験の結果が、決して子供だけに見られる現象ではないことを強調しておきたい。2.2節では現代の川柳の字余り現象を考察したが、そこで、字余りが起こりやすいのは語句末音節が重音節の場合であった。（145）（= 2.2.2節の（21））の例が示すように、語句末では重音節が軽音節と同じ長さに感じられ、その結果6モーラの句が字余り感なく、5モーラの句と同じように認識される。これは（144b）に示した語の分節パターンに酷似している。つまり、成人の川柳に現れる語長の認識パターンは、（139）–（142）で見た幼児のしりとり遊びや、タッピング実験に観察される（144b）の語の分節パターンと一致する。音節に基づく数え方が、日本語を母語とする幼児

120 | 第2章　モーラと音節

だけでなく成人にも観察されるのである。

(145) a. サラリー<u>マン</u> 家でもこなす 苦情処理 (6-7-5)
　　　b. タクシー<u>代</u> 俺は出さんと 後に乗り (6-7-5)
　　　c. プロポーズ あの日に帰って 断り<u>たい</u> (5-8-6)
　　　d. ブランド<u>品</u> あんたが着れば バーゲン<u>品</u> (6-7-6)

　最後に、幼児の言い間違いに触れておきたい。幼児の言い間違いに関する研究は遅れているが、個人的に観察する限りでは、成人の言い間違いとは若干異なる傾向が見られる。2.5.1 節で述べたように成人ではモーラ単位の言い間違いが多いのに対し、幼児には (146) のような分節音（子音、母音）を単位とする間違いが珍しくない。音節が連続する中で 1 つの音節の子音（あるいは母音）が別の音節の子音（または母音）と干渉するパターンである。

(146) a.　poke<u>tt</u>o （ポケット）→ <u>k</u>opetto （コペット）
　　　b.　sas<u>o</u>ri （サソリ）→ sasi<u>r</u>o （サシロ）

　2.5.1.2 節で見たように、〔子音＋母音〕の連続を途中で切断するのは英語の言い間違いに顕著なパターンであるが、類似のパターンが日本語を話す幼児の言い間違いによく現れるようである。今後、幼児の言い間違い研究について体系的な研究が進めば、幼児がモーラという単位をどのように獲得していくか、その具体的な過程が明らかになる可能性がある。しりとり実験やタッピングの実験から得られた音節単位のパターンが、言い間違いにも見えてくるかもしれない。

2.8　フットの役割

　ここまで、大人の言語と子供の言語獲得に観察されるモーラと音節の役割を考察した。2.1.3 節の (5) で紹介した音韻構造の階層では、モーラ／音節と語（韻律語）の間にフットという音韻単位が想定されている。この節では、日本語においてこの音韻単位が果たす役割を考察する。

2.8 フットの役割 | 121

　日本語の研究において、2 モーラが 1 つにまとまるという考え方は新しい
ものではない。2.2.1 節で述べたように、短歌の五七五七七や俳句・川柳の
五七五のリズムが、基底では 8 モーラのまとまりをもとにしていると考え
られている。このまとまりが短歌では 5 つ連続し、俳句・川柳では 3 つ連
続するという分析である。この中で、8 モーラは 2 モーラ連続が 4 つから
成ると考えられてきた。この 2 モーラのまとまりこそが、現在の音韻論で 2
モーラフット（bimoraic foot）と呼ばれているものである。これはちょうど、
音楽の 4 分の 4 拍子（4/4）の各小節が四分音符 4 つから成り、四分音符がさ
らに八分音符 2 つから成るという構造に似ている。1 モーラ＝八分音符、2
モーラフット＝四分音符という対応関係である。

　この 2 モーラフットという概念は、現代日本語の共時的な体系でも重要
な役割を果たしている。たとえば book を意味する「本」を後部要素とする
複合語では、連濁が適用されるか否かが前部要素が 2 モーラ以内か、3 モー
ラ以上かによって決まっていた（2.3.1.1 節）。「エロ本」と「エッチ本」の違
いを作り出す音韻規則である。この長さの条件も、フットの概念を用いると
「前部要素が 1 フットか、それを超える長さか」という形に定式化できる。
語全体の長さとして捉えると、「語が 2 フットか、それを超える長さか」に
よって連濁の有無が決まると一般化できるのである。

　2 フットと 3 フットの間に音韻的な境界があることは、2.3.1.6 節で論じた
諸現象にも共通して見られた特徴であった。そこでは 4 モーラと 5 モーラの
境界と一般化したが、フットで数えると「2 フット以内か、それを超える長
さか」と再分析することができる。このように見ることにより、たとえば複
合語アクセント規則も一般化できるようになる。従来の分析では、「後部要素
が 2 モーラ以内か 3 モーラ以上か」によって異なるアクセント型が生成され
ると考えられてきた（たとえば秋永 1985, Poser 1990）。後部要素が 2 モーラ以
内であれば（147a）のように前部要素の末尾にアクセント核が置かれ、3 モー
ラ以上であれば（147b）のように後部要素の初めにアクセント核が生じるとい
う一般化である（長さの効果が分かるように後部要素が平板型の例をあげる）。

(147) a.　ベ￢ンガル＋トラ⁰ → ベンガル￢ - トラ（ベンガル虎）

122 | 第2章 モーラと音節

　　b. ミナミ^0 ＋アメリカ^0 → ミナミ - ア⌐メリカ（南アメリカ）

　日本語のアクセント分析にフットの概念を導入した Poser（1990）は、(147a, b) を「後部要素が1フットか、それを超える長さか」という形に再定式化したが、2.3.1.6 節で論じたように、真の境界は「後部要素が2フットまでか、それを超える長さか」という点にある。フットの概念を用いると、まず (147) の2つのパターンが (148) の規則に一般化できる（Kubozono 2008a, 窪薗 2023a）。この規則を用いて (147) の例を分析すると (149) のようになる（（　）はフット境界を示す）[59]。

(148) 語末に接しない最右端のフット（rightmost, non-final foot）にアクセント核を置く。

(149) a. ベ⌐ンガル＋トラ^0 → ベン（ガル⌐）-（トラ）

　　　 b. ミナミ^0 ＋アメリカ^0 → ミナミ -（ア⌐メ）（リカ）

　(147) の2つのアクセント型をこのように一般化すると、次に見えてくるのは後部要素が4モーラ（つまり2フット）を超える場合との違いである。2.3.1.6 節で示したように、後部要素が5モーラ以上の複合語は (148) の規則に従わず、その要素がもともと持っていたアクセント型を複合語に残すようになる。「虎」や「アメリカ」と同じ平板型であっても、「カリフォルニア」や「カレドニア」が新たなアクセント核を獲得せず、そのまま平板型として残る─結果的に複合語全体が平板型になる─のはこのためである。

(150) a. ミナミ^0 ＋カリフォルニア^0 → ミナミ - カリフォルニア^0（南カリフォルニア）

　　　 b. ニュ⌐ー＋カレドニア^0 → ニュー - カレドニア^0

59　ここではアクセント核の位置を示すために最小のフット構造を示す。フット内では（複合語内部の）語境界に近いモーラにアクセント核が置かれる。フット形成の詳細については Kubozono（1995b）、窪薗（2023a）を参照。

2.8 フットの役割 | 123

　このようにフットの概念を援用すると、従来異なるアクセント規則によるとされてきた（147）の2つのアクセント型が一般化できるようになるだけでなく、（150）との違いが明確に捉えられるようになる。（150）のように後部要素が2フットを超える長さを持つ複合語は、（148）とは異なるアクセント規則に従うと一般化できるようになるのである。

　フットに基づく分析の利点はこれだけではない。後部要素が2フットまでの長さの複合語を（148）の規則で捉えると、（151）のような単純語や（152）のような動詞・形容詞のアクセントまでも一般化できるようになる（Kubozono 2008a）。ここでも最小のフット構造を示す。ちなみに動詞や形容詞を語幹と語尾に分ける（152）の分析は、1モーラの後部要素を持つ（153）のような複合語の分析と並行的なものである。

(151)（イ ┐ ノ）チ〔命〕、（ダ ┐ ン）ス、スト（ラ ┐ イ）キ、アスパ（ラ ┐ ガ）ス
(152) a.　動詞
　　　　　ハレ＋ル → （ハレ ┐）-（ル）（晴れる）
　　　b.　形容詞
　　　　　アツ＋イ → （アツ ┐）-（イ）（暑い）
(153) ミタカ⁰＋シ ┐ → ミ（タカ ┐）-（シ）（三鷹市）

　（149）–（153）の例は、フットという概念が音韻現象の一般化に有用であることを示しているが、同じことが形態現象（語形成）についても言える。たとえば2.4.1.1節で論じた「ポケモン」タイプの複合語短縮は、各要素の語頭から2モーラずつを切り取る。ここで重要なのは音節構造とは無関係に、〔1フット＋1フット〕という構造の出力形を作り出す点である。

(154) a.　ポケット・モンスター → （ポケ）（モン）
　　　b.　キョート・アニメーション → （キョー）（アニ）
　　　c.　ゴードー・コンパ〔合同コンパ〕→ （ゴー）（コン）
　　　d.　キムラ・タクヤ〔木村拓哉〕→ （キム）（タク）

124 | 第2章 モーラと音節

　同様に、フットという概念はズージャ語の一般化にも役立つ。(155) に示すように、この語形成規則は語末の2モーラを切り取り、語頭の2モーラにつなげるという基本構造を持っている。形態素境界や音節境界が入ってくる場合や入力が短い場合には、別の原理が付加的に関与するようになるが (2.4.2.2 節)、基本的な構造は入力の語末フットを語頭のフットと結合することにより、2フットの出力を作り出すというものである。

(155) a. バツグン〔抜群〕→（グン）（バツ）
　　　 b. オッパイ →（パイ）（オツ）
　　　 c. マネージャー →（ジャー）（マネ）
　　　 d. ロンドン →（ドン）（ロン）
　　　 e. ピアノ →（ヤノ）ピ〜（ヤノ）（ピー）

　入力から2モーラ（＝1フット）を切り取るという操作は、日本語の語形成規則では一般的なものである（窪薗 2023a）。たとえば (156) の女房言葉でも、(157) や (158) の愛称語形成でも、入力の語頭から1フットを切り取るのが原則である（Mester 1990, Poser 1990）。愛称語の中には (158e) の「スーさん」や (158f) の「ヤーさん」のように入力の語頭1モーラだけを切り取るケースもあるが、この場合でも母音を伸ばすことにより1フットを作り出している。

(156) a. オ＋ムツキ〔襁褓〕→ オ -（ムツ）
　　　 b. オ＋デンガク〔田楽〕→ オ -（デン）
　　　 c. オ＋ネショーベン〔寝小便〕→ オ -（ネショ）
　　　 d. オ＋ナラシ〔鳴らし〕→ オ -（ナラ）
(157) a. ハナコ〔花子〕→ オ -（ハナ）
　　　 b. ハナエ〔花江〕→ オ -（ハナ）
　　　 c. タエコ〔妙子〕→ オ -（タエ）
　　　 d. ウメコ〔梅子〕→ オ -（ウメ）

2.8 フットの役割 | 125

(158) a. ノムラ〔野村〕→（ノム），（ノム）（サン）

　　 b. コバヤシ〔小林〕→（コバ），（コバ）（チャン）

　　 c. メグミ、メグム〔恵〕→（メグ），（メグ）（チャン）

　　 d. タケシ、タケル〔猛、毅〕→（タケ），（タケ）（クン）〜（タッ）（クン）

　　 e. スズキ〔鈴木〕→（スズ）、（スズ）（サン）〜（スー）（サン）

　　 f. ヤクザ→（ヤー）（サン）

　2 モーラフットの概念と不可分の関係にあるのが、語の最小性（word minimality）もしくは最小語（minimal word）と呼ばれる現象である。2.1.4 節と 2.4.2.1 節で述べたように、日本語を含む多くの言語において 1 モーラの長さの語を禁じる（もしくは忌避する）傾向が観察される。日本語では特に短縮などの語形成によって既存の語から新たな語を作り出す場合に、この制約が強く働いている。単純語の短縮過程で、ストライキやチョコレートという語から「ス」や「チョ」という 1 モーラの出力形が出てこないのはこのためである。

　語形成以外でも、1 モーラの語を避けようとする傾向がみられる。（159）の下線部のように、1 モーラの語や数字が長母音化によって 2 モーラの長さに発音されたり、あるいは（160a, b）のように 2 モーラ以上の表現に置き換えられる現象がその好例である（2.1.4 節）。ここにもまた、語が最低でも 2 モーラ（＝ 1 フット）の長さを保とうとする力―すなわち最小性条件―が現れている。

(159) a. 数字　1, 2, 3, 4, 5, 6, 7, 8, 9, 10

　　 b. 数字　五七五七七（短歌のリズム）、五一五事件、二二六事件

　　 c. 曜日　月、火、水、木、金、土、日

　　 d. 十二支　子、丑、寅、卯、辰、巳、午、未、申、酉、戌、亥

(160) a. 毛 → 髪の毛、子 → 子供、酢 → お酢、背 → 背中

　　 b. 尾 → しっぽ、屁 → おなら、身 → からだ（体、身体）

2.9 まとめ

　この章では、モーラと音節に依存している日本語の現象を考察した。詩の韻律（2.2 節）から、アクセントや連濁などの音韻規則（2.3 節）、短縮や混成語などの形態規則（語形成規則）（2.4 節）、言い間違いや吃音（2.5 節）、音楽におけるテキストセッティング（2.6 節）まで、日本語にはモーラ／音節を使って一般化できる現象が数多く存在する。その中で面白いのは、モーラだけに依存する現象と、モーラと音節の両方に依存する現象が多数観察される一方で、音節だけに依存する現象は（少）ないという点である。つまり音節が必要な規則はモーラをも必要としている。このことは、日本語母語話者（成人）の文法においては、モーラが基本（無標）で、音節が特殊（有標）であることを示唆している。

　これは日本語の構造を考える上で非常に重要な点であるが、その一方で、2.7 節で見た言語獲得・発達の報告とは矛盾するようにも見える。赤ちゃんは有標なものを獲得する前に無標なものを獲得するとされている。より正確に言うと、赤ちゃんが言語の壁を超えて先に獲得するものが人間にとって無標なものと考えられている。母音であれば [a], [i] や [u]、子音であれば唇で作られる閉鎖音—口腔閉鎖音の [p] や鼻腔閉鎖音の [m]—、音節構造であれば母音で終わる音節（つまり CV という開音節）である。どの言語を獲得する場合でも、赤ちゃんはこれらの音や構造をまず産出するようになり、その後で、より難しい（＝有標な）音や構造を産出できるようになる。後者は、母音であればウムラウト（umlaut）の [y] や鼻母音の [ã][60]、子音であれば摩擦音（[s] や [f] など）や破擦音（[ts] や [tʃ] など）、音節構造であれば子音で終わる音節（つまり CVC という閉音節）や子音結合を含む音節（CCV, CVCCなど）である。言語の違いを超えてこのような獲得順序があるために、有標な音・構造を産出できるということは無標な音・構造を産出できることを含意する。どの言語でも、摩擦音は発音できるのに閉鎖音が発音できないという発達段階は観察されないのである。

60　ウムラウトは、前舌と円唇を組み合わせた母音で、たとえば [y]（＝ドイツ語の ü）は [u] のように唇が丸くなる一方で、[i] のように前舌が高くなる。鼻母音は、肺から流れ出た空気が鼻の方へ流れ、鼻腔内で共鳴を作り出す。いわゆる「鼻声」に似た母音である。

人間が基本的なものからより特殊なものへと順を追って獲得していくということは、非常に常識的なことである。算数の学習でも、二桁の足し算や引き算ができるようになる前に一桁の計算ができるようになる。二桁の足し算ができるのに一桁の足し算ができないという学習段階はありえない。

このように、足し算や引き算のような計算の世界でも、母音・子音や音節構造といった言語音や言語構造においても、基本的なものとそうでないものが存在し、人間はより基本的なものから難しいものへと学習・習得が進んでいく。図示すると（161）のような習得過程である。言語獲得においては（161）の左側が乳幼児の言語、右側が成人の言語ということになる。

（161）獲得の順序

　　　基本的なもの　→　基本的なもの＋特殊なもの

話をモーラと音節の関係に戻すと、2.7 節で見た赤ちゃん言葉やしりとり遊びのデータは、日本語を母語とする乳幼児がまず「音節」を認識し、そこから徐々に「モーラ」も認識していく（162）の過程を示唆している。ここでは、「モーラ」の存在は「音節」の存在を含意している。

（162）獲得の順序

　　　音節　→　音節＋モーラ

ところが、（162）の獲得順序は 2.2〜2.6 節で考察した成人言語の現象、つまりモーラが基本（無標）で、音節が特殊（有標）という観察と矛盾するように見える。成人の言語では、モーラのみに依存する現象はあっても音節のみに依存する現象は（少）なかった。そこでは、モーラの方がより基本的で、（163）に示すように「音節」の存在は「モーラ」の存在を含意していた。つまり「モーラ」が「音節」より無標な音韻単位として働いていたのである。

(163) 成人の文法

　このように、乳幼児にとっては「音節」が無標で「モーラ」が有標であり、一方、成人の文法では「モーラ」が無標で「音節」が有標という議論になってしまう。一見すると、乳幼児による言語獲得と成人の言語との間でパラドックスが生じるのである。このパラドックスをどのように理解したらいいのだろうか。
　実は、このパラドックスによく似た状況がモーラと音節の関係以外の現象にも観察される。たとえば英語の幼児による言語獲得と成人の文法を比較すると、幼児は明らかに開音節を閉音節より先に獲得する。たとえば (164) のような閉音節の語を英語の幼児は開音節で置き換えようとする (Yavaş 1998)。

(164) 英語の幼児の発話
　　a. dada 'dog'
　　b. kaka 'cat'

　また、(165) のようないわゆる赤ちゃん言葉でも開音節が多くなる。言語発達の段階で開音節から閉音節へと音節構造が広がっていくことが分かる。

(165) kitty 'cat', fishy 'fish', birdie 'bird'

　既に述べたように、〔開音節→閉音節〕という順序はすべての言語に共通して見られる発達過程である。その一方で、英語の成人話者の発話では閉音節の語が開音節よりも多く存在する。英語は単音節の語を好む典型的な単音節言語 (monosyllabic language) であるが (2.1.4 節)、表 2.19 に示す基礎語彙からも分かるようにその大半は閉音節語である。また、英語の会話文における閉音節と開音節の頻度 (表 2.20) を見ても、閉音節の方が開音節より頻度が高い (窪薗・溝越 1991: 57)。英語の幼児では開音節の方が基本的である

のに、成人話者ではより特殊な閉音節の方が多くなるという状態が生じているのである。

表 2.19　英語の基礎語彙の音節構造

種類	1 音節語		2 音節語
	閉音節	開音節	
身体語彙	head, face, nose, mouth, arm, leg, foot	ear [iə], toe	shoul.der, fin.ger
数詞（1〜10）	one, five, six, eight, nine, ten	two, three, four [fɔː]	sev.en
親族語彙	son, aunt, niece		fa.ther, moth.er, broth.er, sis.ter, daugh.ter, un.cle, neph.ew
自然を表す語彙	sun, moon, wind, cloud	star, tree	flow.er

表 2.20　英語の会話文における音節の頻度[61]

音節構造	タイプ	頻度	計
開音節	CV	34%	42%
	V	8%	
閉音節	CVC	30%	51%
	VC	15%	
	CVCC	6%	

　同類のパラドックスは日本語のアクセントにも観察される。東京方言にはピッチが下がるアクセント型（つまり起伏式）とピッチが平坦なアクセント型（平板型）の 2 種類があるが、幼児が先に獲得するのは前者である。2.7.1 節で見た赤ちゃん言葉は例外なくピッチ下降（アクセント核）を持つ（Kubozono 2019c）。（166）はオノマトペ由来の赤ちゃん言葉、（167）は大人の語彙に由来する赤ちゃん言葉であるが、（167）では大人の語彙が起伏式で

61　窪薗・溝越（1991）では残りの 7% が「その他」に分類されている。CCV や VCC などがそこに含まれる。

あっても平板型であっても、赤ちゃん言葉は起伏式となる。大人の語彙はアクセント核の有無も位置も様々であるが、赤ちゃん言葉はすべてアクセント核を持ち、その位置も一定である(語頭音節に置かれる)[62]。「はアクセント核、つまりピッチの下降位置を示し、[0]は平板型を示す。

(166) オノマトペ由来の赤ちゃん言葉
    a. 3モーラ
       ウ┐ンコ〜ウ┐ンチ(大便)、シ┐ッコ(小便)、ニャ┐ンコ(猫)
    b. 4モーラ
       ワ┐ンワン(犬)、ニャ┐ンニャン(猫)、ブ┐ーブー(車)
(167) 大人の語彙由来の赤ちゃん言葉
    a. 3モーラ
       マ┐ンマ(<飯、マ┐マ)、オ┐ンブ(<負ぶう、オブ┐ウ)、ア┐ンヨ(<歩む、アユ┐ム)、オ┐ンモ(<表、オモテ┐)、ダ┐ッコ(<抱く、ダク[0])、ク┐ック(<靴、クツ┐)、ポ┐ッケ(<ポケ┐ット)、バ┐ーバ(<婆、バ┐バ)、ジ┐ージ(<爺、ジ┐ジ)
    b. 4モーラ
       ハ┐イハイ(<這う、ハ┐ウ)、ナ┐イナイ(<無い、ナ┐イ)

このように、赤ちゃん言葉を見ると起伏式が先に獲得される無標のアクセント型で、平板型は後から獲得される有標なアクセント型という知見が得られる。ところが成人の言語では語彙の半数以上が平板型であり(林 1982: 331[63])、とりわけ和語や漢語ではその傾向が強い。たとえば3モーラ名詞について、アクセント核がある語(起伏式)とない語(平板型)の分布を語種別に分析すると表 2.21 のようになる(Kubozono 2006a: 1141)。

---

62 2音節であることと語頭音節にアクセント(核)を持つという特徴は英語の赤ちゃん言葉にも共通している(Kubozono 2019c)。

63 原典は横山(1979)。

補遺 | 131

表2.21　3モーラ名詞のアクセント型の分布（N＝7,937 語）

語種＼アクセント型	起伏式	平板型
和語（2,220 語）	29%	71%
漢語（4,939 語）	49%	51%
外来語（778 語）	93%	7%

　赤ちゃん言葉には見られない平板型のアクセントが成人の言語では半数以上を占めるのである。赤ちゃんが〔起伏式→平板型〕という順にアクセントを獲得していくのであれば、成人の言語でも起伏式が優勢となっておかしくないのであるが、事実はその逆であり、幼児にとって有標なアクセント型の方が成人言語では（数の上で）優勢となっている。これもまた、幼児の言語獲得に見られる無標／有標の区別と成人言語に見られる分布が一致しない例である。

　ここまで、子供の言語獲得と成人言語のずれについて述べてきたが、日本語のモーラ／音節やアクセントに見られるずれも、あるいは英語の音節構造に関するずれも、成人が無標な構造から有標な構造まで広く獲得していると考えれば説明がつくのかもしれない。子供の言語では無標な構造しか出現しなくても、成人の言語では有標な構造も広く観察されるため、結果的に後者では有標な構造が数の上で優勢になりうるという解釈である。

　この章のテーマである音節とモーラについては、音節だけに依存する規則が成人の言語に数多く存在してもおかしくないという思いが最後まで残る。今後の検討課題であろう。

補遺

A.　日本語の混成語（意識的に作られたもの）（Kubozono 1989, Appendix より抜粋）

入力	入力	混成語
ダスト	ぞうきん（雑巾）	ダスキン
ゴリラ	くじら（鯨）	ゴジラ
ピアノ	ハモニカ	ピアニカ
とらえる（捕らえる）	つかまえる（捕まえる）	とらまえる

132 | 第2章　モーラと音節

やぶる（破る）	さく（裂く）	やぶく（破く）
りょかん（旅館）	ホテル	リョテル
おおもり（大森）	かまた（蒲田）	おおた（大田区）
ゆする	すすぐ（漱ぐ）	ゆすぐ
ひえ（稗）	いね（稲）	ひね
ごてる	こねる	ごねる
おとこ（男）	メッチェン	オッチェン
たび（足袋）	ソックス	タビックス
レター	ファックス	レタックス
マーコット	ネーブル	マーブル
グレープ	ネーブル	グレーブル
ママ	ドラゴン	ママゴン
バイバイ！	さよなら！	ばいなら！
ワンワン	パンツ	ワンツ
さがす（探す）	たずねる（尋ねる）	さがねる
ビニール	ナイロン	ビニロン

B.　日本語の混成語エラー（Kubozono 1989, Appendix より抜粋）

入力	入力	混成語
とまれ（止まれ）	ストップ！	トマップ！
とだな（戸棚）	ほんだな（本棚）	とんだな
ムード	ふんいき（雰囲気）	むんいき
タクシー	ハイヤー	タイヤー
たいだ（怠惰）	たいまん（怠慢）	たいだん
タクト	しきぼう（指揮棒）	たくぼう
きぶね（貴船）	くらま（鞍馬）	きらま
そらす	はぐらかす	そぐらかす
とおく（遠く）	そうでも	とおでも
どうして	なんで	どんで
した	してない	したない
めど（目途）	めぼし（目星）	めどし
へばりつく	こびりつく	へびりつく
ヘルプ	セルフ	ヘルフ
ペニー	ペンス	ペニス
ザーサイ	ラーメン	ザーメン
ヤマト	クロネコ	ヤマネコ
せこ（瀬古）	なかやま（中山）	せこやま（瀬古山）

こうそう（抗争）	たいりつ（対立）	こうりつ
ゆうこう（友好）	きょうりょく（協力）	ゆうりょく
こしひかり	ささにしき	こしにしき
ささにしき	こしひかり	ささひかり
つごう（都合）	じじょう（事情）	つじょう
ねこ（猫）	にゃんこ	ねんこ
ひとつ（1つ）	いっさい（1歳）	ひとさい
ゆうか〔人名〕	リリー〔人名〕	ユリー
ちょっと！	こら！	ちょら！
みにくい（醜い）	みぐるしい（見苦しい）	みにくるしい
ひさびさ（久々）	ひさしぶり（久しぶり）	ひさびしぶり
かんりしょく（管理職）	エリート	カリート
うら（裏）	うえ（上）	うれ
すばやい（素早い）	すばらしい	すばやらしい
ほねやすみ（骨休み）	いきぬき（息抜き）	ほねぬき
おてつだい（お手伝い）	おつかい（お使い）	おてつかい
ももえ（山口百恵）	ともかず（三浦友和）	ももかず
じょうほう（情報）	ひょうろん（評論）	じょうろん
こんど（今度）！	じゃあ！	こんじゃ！
ほうせい（法政大学）	せんしゅう（専修大学）	ほんしゅう
ベストテン	トップテン	ベップテン
にほん（日本）	ナトー（NATO）	ニトー
こくもつ（穀物）	しょくりょう（食料）	こくりょう
おとこっぽさ（男っぽさ）	おとこらしさ（男らしさ）	おとこっぽらしさ
うえのみや（上宮）	ふじのみやきた（富士宮北）	うえのみやきた
こうしゅ（攻守）	とうだ（投打）	こうだ
にちゃく（二着）	いっちゃく（一着）	にっちゃく
たいして（対して）	かんして（関して）	たんして
おまち（お待ち）！	まて（待て）！	おまて！
ウエディングベル	ウエディングマーチ	ウエディングベチ
おりがみ（折り紙）	きりえ（切り絵）	おりえ
こども（子供）	おとな（大人）	こどな
まさき（神田正輝）	せいこ（松田聖子）	まさこ
ふたり（二人）	ひとり（一人）	ふとり
きんちゃん（欽ちゃん）	はぎもとさん（萩本さん）	きんさん
ソビエト	ソレン（ソ連）	ソベン
パンフレット	プログラム	パングラム

ゼミ	セミナー	ゼミナー
てんさい（天才）	しんどう（神童）	てんどう
キャラメル	チョコレート	キャラメート
スタンド	グランド	スランド
けずりぶし（削り節）	かつおぶし（鰹節）	けつおぶし
おつかれさま（お疲れ様）！	おかえりなさい（お帰りなさい）！	おつかれなさい！
でき（出来）	たちあがり（立ち上がり）	できあがり
ねらっている（狙っている）	にらんでいる（睨んでいる）	ねらんでいる
くれる	もらえる（貰える）	くらえる
おにぎり	にぎりめし（握り飯）	おにぎりめし
いぬ（犬）	スヌーピー	イヌーピー
マイナー	メジャー	マイジャー
せいぞんきょうそう（生存競争）	きょうそうしゃかい（競争社会）	せいぞんしゃかい
じゃあ	だったら	じゃったら
ちょうし（調子）	じょうたい（状態）	ちょうたい
べんきょう（勉強）	けんきゅう（研究）	べんきゅう
なごやかになった（和やかになった）	やわらいだ（和らいだ）	なごやいだ
またまた	ふたたび（再び）	またたび
ならって（習って）	まなんで（学んで）	ならんで
ほっといて	ほっぽっといて	ほっとっといて
かくていしんこく（確定申告）	ねんまつちょうせい（年末調整）	かくていちょうせい
あわない（合わない）	いっちしない（一致しない）	あっちしない
ちんげんさい（青梗菜）	ちんざんそう（椿山荘）	ちんげんそう

第3章

モーラと音節に関する史的考察

前章では子供の言語獲得も含め、日本語における「モーラ」と「音節」の役割と関係を共時的な視点から考察した。この章では同じ問題をアクセント体系の変遷に焦点を当てて、通時的な観点から分析してみる。3.1 節ではアクセント体系の類型におけるモーラと音節の役割を考察し、日本語の方言が類型論的に多様であることを示す。続く 3.2 節では、その多様性の中でも「モーラで数えてモーラでアクセントを担う体系」と「音節で数えて音節でアクセントを担う体系」が九州西南部の狭い地域に存在することを指摘し、3.3 節ではこれらの対照的なアクセント体系のうちどちらが古い体系であるか、どのようなプロセスを経て新しい体系が発生したかを一般言語学の視点から考察する。具体的には、「モーラで数えて音節でアクセントを担う」体系が長崎方言と鹿児島方言の中間に存在し、このハイブリッド（混成）的な体系（hybrid system）を持つ甑島方言（鹿児島県）を詳細に分析することにより、現在の長崎方言に観察される「モーラで数える体系」から 2 段階の変化を経て、鹿児島方言に観察される「音節で数える体系」が成立したという史的解釈を提示する。3.4 節では、モーラから音節へという同じ変化が、現在の鹿児島方言の一部の語彙にリアルタイムで起こっていることを指摘する。続く 3.5 節では、アクセント体系としてはほぼ完全に音節に依存するように見える鹿児島方言が、他の音韻現象では音節とモーラの両方に依存しているということを指摘する。最後の 3.6 節では、モーラから音節へという通時的な変化が持つ意味を、第 2 章で考察したモーラと音節の共時的な関係と対照しながら考察してみたい。

136 | 第3章 モーラと音節に関する史的考察

3.1 言語類型と日本語

2.1 節でモーラと音節に関わる研究の歴史を紹介したが、そこで述べたように、かつてはモーラと音節は二者択一的なもの、つまりモーラを使う言語と音節を使う言語に大別できるという考え方が主流であった (Trubetzkoy 1958/69)。これは人間の社会において、ものの長さをメートルやセンチメートルで数える社会と、マイルやインチで数える社会があり、1つの社会で両者が混在することはないという見方に似ている。

その仮説に一矢を放ったのが McCawley (1978) のアクセント体系類型仮説であった。この研究ではアクセント付与について、「音韻的な距離を測る／数える単位」と実際に「アクセントを担う単位」を区別することを提唱し、それにより世界のアクセント言語が次の4つのタイプに分類できると考えた。アクセントに特化した分析とは言え、同一の言語体系においてモーラと音節が共存できると考えた点が Trubetzkoy (1958/69) をはじめとする旧来の分析とは大きく異なっている。

(1)　McCawley (1978) のアクセント体系類型

数える単位 ＼ 担う単位	モーラ	音節
モーラ	リトアニア語	ラテン語、日本語
音節	ベジャ語 (スーダン)	ポーランド語

たとえばリトアニア語はモーラを数えて特定のモーラにアクセントを付与するという言語であり、ポーランド語は音節で数えて特定の音節がアクセントを担うという言語である。この類型では、日本語 (ここでは東京方言) は「モーラで長さを測り、音節でアクセントを担う体系」(mora-counting, syllable language) と見なされている。この分析の根拠になったのが、外来語に顕著に見られる (2) のアクセント規則である (McCawley 1968)。この規則は、東京方言がモーラで長さを測り、音節でアクセント (核) を担う体系であること、すなわち、アクセント (核) の基本的な位置はモーラで測り、最終的な調整は音節を単位に行うという意味を持っている。

3.1 言語類型と日本語 | 137

(2)　語末から 3 つ目のモーラを含む音節にアクセント核を置く。

　実際この規則により、(3a) と (3b) のアクセント型が一般化できるように
なる。アクセント（核）を担う単位がモーラではなく音節であると解釈する
ことによって一見独立しているように見える 2 つのアクセント型が一般化
できるのである。さらに、アクセント核が後ろのモーラではなく前のモーラ
に移動している事実もうまく説明できるようになる (2.3.2.1 節)。ハイフン
(-) はモーラ境界を示す。

(3)　東京方言のアクセント
　　a.　カ⌐-ナ-ダ、ド⌐-イ-ツ、ハ⌐-ワ-イ、イ⌐-ン-ド、イ-エ⌐-メ-ン
　　　　フ-ク⌐-シ-マ（福島）、ア⌐-キ-タ（秋田）、イ⌐-ワ-テ（岩手）
　　b.　ロ⌐-ン-ド-ン、ス-ウェ⌐-ー-デ-ン、ア-ル-ゼ⌐-ン-チ-ン
　　　　オ⌐-ー-イ-タ（大分）、サ⌐-イ-タ-マ（埼玉）

　McCawley (1978) が対象にしたのは東京方言であったが、日本語には東
京方言以外にも多くの方言が存在し、アクセントの体系もそれぞれ異なる
（窪薗 2021）。中でも音節とモーラを巡っては、日本語という 1 つの言語の
中に、リトアニア語のように「モーラで数えてモーラでアクセントを担う」
方言と、ポーランド語のように「音節で数えて音節でアクセントを担う」方
言が存在する。長崎方言が前者の例であり、鹿児島方言が後者の例である。
　たとえば外来語の大半は、この 2 つの方言では (4) – (5) のアクセント規
則に従う。「語頭から数える／語末から数える」という違いを除くと、両者
は「モーラで数えるか音節で数えるか」という点において、決定的に異なっ
ている（ドットは音節境界を表す）。

(4)　長崎方言の外来語アクセント
　　a.　語頭から 2 モーラ目にアクセントが置かれる。
　　　　（＝語頭から 2 モーラ目（まで）が高くなる¹）

――――――――――――――――――――
1　ただし 2 モーラ語は 1 モーラ目だけが高い。ちなみに 3 モーラ以上の語について、坂口

138 | 第3章　モーラと音節に関する史的考察

　　b.　カ - ナ - ダ、ド - イ - ツ、ハ - ワ - イ、イ - エ - メ - ン、ロ - ン - ド - ン、
　　　　ス - ウェ - ー - デ - ン

(5)　鹿児島方言の外来語アクセント

　　a.　語末から2音節目にアクセントが置かれる。
　　　　（＝語末から2音節目が高くなる）

　　b.　カ.ナ.ダ、ドイ.ツ、ハ.ワイ、イ.エ.メン、ロン.ドン、ス.ウェー.デン

　東京方言のように「モーラで数えて音節でアクセントを担う」方言まで含めると、(6) に示すように、McCawley (1978) が提唱した4つのタイプのアクセント体系のうち3つまでが日本語という1つの言語の中に存在することになる。類型論の常識から考えると驚異的な多様性である。

(6)　アクセントの類型から見た日本語の方言

数える単位＼担う単位	モーラ	音節
モーラ	リトアニア語 長崎方言	ラテン語 東京方言
音節	ベジャ語（スーダン）	ポーランド語 鹿児島方言

3.2　モーラ方言と音節（シラビーム）方言

　このように方言まで視野に入れると、日本語は極めて多様なアクセント体系を持っていることが分かる。とりわけ、長崎方言と鹿児島方言は九州西南部二型アクセントと呼ばれる同じ方言グループに属し（平山 1951）、地理的にも 100km 程度しか離れていない。この狭い地域に、「モーラで数えてモーラでアクセントを担う体系」（長崎方言）と「音節で数えて音節でアクセントを担う体系」（鹿児島方言）という、類型上で両極に位置するとされる体系が存在しているのである。後者は柴田 (1962) が「シラビーム方言」と呼んだ

――――――――――――――――――

　(2001) は「語頭の2モーラ目まで高い」と解釈し、松浦 (2014) は「語頭の2モーラ目が高い」と解釈している。語頭モーラの高さについて若干の違いはあるものの、ピッチの急激な下降が起こる位置がモーラで決まってくるという点では一致している。

体系である。

　長崎方言と鹿児島方言はこれ以外の点ではよく似た方言体系を持つ。たとえば両者は二型アクセント体系と呼ばれ、語の長さに関係なく、2つのアクセント型しか持たない。伝統的にA型（＝下降型）とB型（＝非下降型）と呼ばれている型である。東京方言のように語の長さに比例してアクセントの型も増える体系—多型アクセント体系（Uwano 1999）—とは質的に異なっている[2]。また(7)に例示するように、どの語がいずれのアクセント型に属すかという点でも長崎方言と鹿児島方言の間にほとんど違いは見られない。

(7)　二型アクセント体系

アクセント型	長崎方言	鹿児島方言	語彙
A型	アメ‾	‾アメ	飴
	‾ハナ	‾ハナ	鼻
	‾カタ	‾カタ	型
B型	アメ‾	ア‾メ	雨
	ハナ‾	ハ‾ナ	花
	カタ‾	カ‾タ	肩

　長崎方言と鹿児島方言は、アクセント付与の領域（domain）という点でも共通性を見せる。東京方言ではアクセントは「語」を単位に付与され、(8)のように助詞が付いても、基本的にアクセントの型や核の位置は変わらない。

(8)　雨：ア⌐メ、ア⌐メが、ア⌐メから
　　　　（‾アメ、‾アメが、‾アメから）
　　　飴：アメ[0]、アメが[0]、アメから[0]
　　　　（アメ‾、アメが‾、アメから‾）

2　東京方言の名詞にはn音節の語にn+1個のアクセント型が観察される。+1となるのは、どこにもアクセント核を持たない型（平板型）が存在するからである。なお、長崎方言や鹿児島方言のようにアクセント型の数が語の長さに関係なく一定である体系をUwano (1999)はN型アクセントと呼んだが、多型／N型アクセントの区別は早田(1999)の語アクセント／語声調という区別とほぼ対応する。

140 | 第3章　モーラと音節に関する史的考察

　これに対し長崎方言や鹿児島方言では、アクセント付与の領域が広がり、助詞まで含めた範囲で高低が決まる。たとえばB型の「雨」であれば、文節末が高く発音される。

(9)　　雨：アメ̄、アメが̄、アメから̄
　　　　飴：アメ̄、アメ̄が、アメ̄から[3]

　長崎方言と鹿児島方言はさらに複合語アクセントについても同じ特徴を有しており、最初の要素（形態素）のアクセント型が複合語全体に継承される。最初の要素がA型であれば複合語全体がA型となり、最初の要素がB型であれば複合語もB型となる。一般に「複合法則」と呼ばれる規則である（平山 1951）。東京方言のように、最後の要素によってアクセント型が決まる複合語アクセント規則（11）とは対照的である[4]。

(10)　長崎方言・鹿児島方言の複合語アクセント
　　　a.　A型
　　　　　夏、夏型、夏休み、夏合宿
　　　　　赤、赤色、赤鉛筆、赤信号
　　　b.　B型
　　　　　春、春型、春休み、春合宿
　　　　　青、青色、青鉛筆、青信号
(11)　東京方言の複合語アクセント
　　　a.　ナツ - ヤ¬スミ（夏休み）、ハル - ヤ¬スミ（春休み）
　　　　　アカ - シ¬ンゴウ（赤信号）、アオ - シ¬ンゴウ（青信号）
　　　b.　ナツ - ガタ^0（夏型）、ハル - ガタ^0（春型）
　　　　　アカ - イロ^0（赤色）、アオ - イロ^0（青色）

3　長崎方言のA型は2モーラ目と3モーラ目でピッチが急下降するため、「飴から」はメとカの間でピッチ下降が起こる。

4　東京方言の「色」と「型」はともに複合語全体を平板化させる平板化形態素であり、前部要素に関わらず平板型の複合語を作り出す（2.3.1.5 節）。

3.2　モーラ方言と音節（シラビーム）方言　│　141

　このように長崎方言と鹿児島方言は基本的なアクセント特徴を共有しているが、アクセントの位置を (i) 前から数えるか、後ろから数えるかという点と、(ii) モーラで数えるか、音節で数えるか、という 2 点については決定的な違いを見せる。他の点では均一な方言地域であるにも関わらず、なぜこの 2 点について両方言が異なるのか、またどちらの体系がより古いのか。このような素朴な疑問が湧いてくる。

　このうち (i) の違いについては、長崎方言のように前から数える体系が古いと推定されている。歴史をさかのぼると、長崎方言や鹿児島方言のA型／B型の区別や (10) に示した複合語アクセント（複合法則）は、近畿方言の高起式／低起式の区別に起源を持つ（上野 1984, 2012）。現在でも、近畿方言の高起式と低起式の語彙は長崎方言・鹿児島方言のA型とB型の語彙にかなりよく対応する。たとえば 2 音節（2 モーラ）の類別語彙[5]では、第三類（足、馬、花など）を除いて高起式／低起式の区別とA型／B型の区別が対応する（比較のために東京方言も含める）。

(12)　近畿方言の「式」と長崎方言・鹿児島方言の「型」の対応

類別語彙	近畿方言	長崎・鹿児島方言	東京方言	所属語彙
第一類	アメ	アメ	アメ	飴、鼻、牛
第二類	イシ	イシ	イシ	石、夏、冬
第三類	アシ	アシ	アシ	足、馬、花
第四類	イト	イト	イト	糸、海、箸
第五類	アメ	アメ	アメ	雨、春、秋

　(10) に示した複合語アクセント規則も、「式保存の法則」と呼ばれる近畿方言の複合語アクセント規則（和田 1942）にうまく対応する。いずれの規則でも、複合語は前部要素（最初の形態素）が持っているアクセント特徴を継承する。近畿方言では前部要素が高く始まれば複合語も高く始まり、前部要素が低く始まれば複合語も低く始まる。長崎方言・鹿児島方言では、前部要素がA型であれば複合語もA型となり、前部要素がB型であれば複合語も

5　類別語彙とは平安時代の京都方言のアクセントをもとにした語彙グループである（金田一 1974）。

142 ｜ 第3章　モーラと音節に関する史的考察

B型となる[6]。いずれの場合も、複合語のアクセントは前部要素のアクセント特徴を継承するのである。(13) – (15) に具体例をあげる。

(13)　近畿方言の複合語アクセント規則
　　　a.　高起：ナ̅ツ̅（夏）、ナ̅ツ̅ヤ̅ス̅ミ（夏休み）
　　　　　　　　キ̅ャ̅ベ̅ツ̅、キ̅ャ̅ベ̅ツ̅バ̅タ̅ケ（キャベツ畑）
　　　b.　低起：ハル̅（春）、ハルヤ̅ス̅ミ（春休み）
　　　　　　　　ヤサ̅イ̅（野菜）、ヤサ̅イ̅バ̅タ̅ケ（野菜畑）
(14)　長崎方言の複合語アクセント規則
　　　a.　A型：ナ̅ツ̅（夏）、ナ̅ツ̅ヤスミ（夏休み）
　　　　　　　　キ̅ャ̅ベ̅ツ̅、キャベ̅ツ̅バタケ（キャベツ畑）
　　　b.　B型：ハル̅（春）、ハルヤス̅ミ̅（春休み）
　　　　　　　　ヤサ̅イ̅（野菜）、ヤサイバタ̅ケ̅（野菜畑）
(15)　鹿児島方言の複合語アクセント規則
　　　a.　A型：ナ̅ツ̅（夏）、ナツヤ̅ス̅ミ（夏休み）
　　　　　　　　キ̅ャ̅ベ̅ツ̅、キャベツバ̅タ̅ケ（キャベツ畑）
　　　b.　B型：ハル̅（春）、ハルヤス̅ミ̅（春休み）
　　　　　　　　ヤサ̅イ̅（野菜）、ヤサイバタ̅ケ̅（野菜畑）

　このように、九州西南部方言のA型とB型の区別は、近畿方言の高起式／低起式の区別に歴史的な起源を持つ。高起式／低起式という区別は語頭の音調を捉えたものであるから、A型／B型の区別もかつては語頭の特徴であったことが推測される。このことから、語頭から数える長崎方言の方が語末から数える鹿児島方言より古い特徴を残していると考えられるのである。長崎タイプの体系がどのようにして鹿児島タイプの体系に変わっていったのかという問題については独自の研究が必要であるが、少なくともアクセント付与の方向性については長崎方言の方が古い特徴を残していると考えるのが自然である。

6　ただし、長崎方言では前部要素が長い (3モーラ以上の) 場合にB型に中和される傾向がある (松浦 2014)。

では、アクセントを付与する際の単位の違いはどうか。(6) に示した「モー̇ラで数えてモー̇ラでアクセントを担う体系」(長崎方言) と「音̇節で数えて音̇節でアクセントを担う体系」(鹿児島方言) はどちらが古いのか。両方言を比べる限りでは、どちらの可能性もありうる。長崎方言のようなモーラ体系から鹿児島方言のような音節体系へ変化したという可能性も、その逆の変化も、論理的には可能である。

ではこの問題を解決することが不可能かというと、そういうわけではない。両方言の中間的 (ハイブリッド) な特徴を持つ方言、つまり「モー̇ラで数えて音̇節でアクセントを担う体系」が長崎と鹿児島の間にあり、その方言体系を一般言語学の視点から分析することにより、長崎方言のようなモーラ体系から鹿児島方言のような音節体系が発達してきたと推測できる。3.3 節ではその過程を詳細に検討してみる。

3.3 甑島方言との比較

長崎方言と鹿児島方言の中間的な特徴を持っているのが、鹿児島県の離島である甑島列島の方言である。甑島列島は地理的にも長崎と鹿児島の中間—長崎県の南方 80km、鹿児島県薩摩半島の西方 30km—に位置し (地図 1)、3 つの島 (上甑島、中甑島、下甑島) から成る。

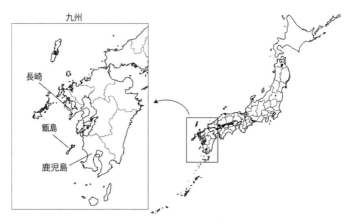

地図 1　九州西南部方言

144 | 第3章　モーラと音節に関する史的考察

　アクセントの点では、長崎方言と鹿児島方言と同じ九州西南部二型アクセント体系を持っている。具体的には (16) の 5 つの特徴である。このうち (16a–c) は長崎と鹿児島の両方言と共有する特徴であり、A 型と B 型の所属語彙も基本的に両方言と同じである[7]。一方、(16d) は鹿児島方言と共通する特徴、(16e) は長崎方言と共通する特徴である。

(16) a. 　語の長さに関わらず、2 つのアクセント型 (A 型と B 型) しかない。

　　 b. 　語ではなく文節を領域としてアクセント (高音調) が付与される。

　　 c. 　複合語は前部要素のアクセント型を継承する。

　　 d. 　アクセントの位置を語末から計算する。

　　 e. 　アクセントの位置をモーラで数える。

　甑島方言は語彙だけでなく、アクセントについても集落間の差異が大きい (Kubozono 2016, 2019a, 2022c)。特に、長崎方言や鹿児島方言のように語の中に 1 つしかアクセントの山 (高音調) が現れない体系 (単起伏体系 (one-peak accent system)) と、1 つの語に 2 つのアクセントの山が現れる体系 (重起伏体系 (two-peak accent system)) の 2 種類が共存している。単起伏体系は中甑島の唯一の集落である平良集落だけで観察され、他の集落、つまり上甑島と下甑島の各集落 (地図 2：松丸 2019: 4 より引用) では重起伏体系が観察される[8]。(17) に具体例を示す (重起伏体系の詳細については 5.2.2–5.2.3 節を参照)。

(17)　甑島方言の単起伏体系と重起伏体系

アクセント型	平良集落	手打集落	語彙
A 型	アマザケ	アマザケ	甘酒
	ナツヤスミ	ナツヤスミ	夏休み
B 型	アサガオ	アサガオ	朝顔
	ハルヤスミ	ハルヤスミ	春休み

7 　一部例外もある。たとえば「にわとり (鶏)」は鹿児島方言では B 型であるが、甑島では A 型で発音される集落と B 型で発音される集落がある (ちなみに「庭」は A 型である)。

8 　甑島方言アクセントデータベース (https://www2.ninjal.ac.jp/koshikijima/) で実際の音声を聞くことができる (窪薗他 2016)。

3.3 甑島方言との比較 | 145

地図2　甑島列島

　甑島の中で平良集落だけが他の集落と異なる理由は確定できないが、中甑島で唯一の集落であり、どの集落へも陸路では移動できなかった[9]という地理的な条件が一因となっていることは容易に想像できる。モーラと音節をめぐる問題の鍵を握っているのが、この集落のアクセント体系である。以下では、平良集落の方言を甑島平良方言と呼ぶことにする。

　この方言は基本的にモーラでアクセント（高音調）の位置を計算する。つまり (18) の規則を持つ。

(18) 甑島平良方言のアクセント
　　a. A型は語末から2つ目のモーラが高くなる。
　　b. B型は語末モーラが高くなる。

　音節で数える鹿児島方言と比較すると、その違いは明白である。たとえばA型では (19) のような違いを示す。

9　1993年に上甑島と、2020年に下甑島と橋でつながった。

146 | 第3章　モーラと音節に関する史的考察

(19)　甑島平良方言と鹿児島方言の比較

甑島平良方言	鹿児島方言	語彙
バ.レー	バ.レー	バレー
ジ.カン	ジ.カン	時間
ロン.ドン	ロン.ドン	ロンドン
カ.ザイ.モン	カ.ザイ.モン	飾り物

　このように、甑島平良方言がモーラを数えてアクセント（高音調）の位置を決める方言であることは明らかである。では実際にアクセントを担う単位もモーラかというと、そういうわけではない。東京方言などと同じように、この方言でも特殊拍だけが高くなることは許されない。たとえばA型の語で語末から2つ目のモーラが特殊拍の場合には、その音節全体に高音調が広がる。つまり高音調拡張（high tone spreading: HTS）の現象が観察される。(20)の例では左側が予測される音調形、右側が実際に観察される音調形である。

(20)　高音調拡張現象（A型）
　　a.　パン.ツ → パン.ツ
　　b.　プー.ル → プー.ル
　　c.　ライ.ト → ライ.ト
　　d.　バッ.ト → バッ.ト

　(21)に示すように、同じHTSの現象がB型でも起こる。すなわち、語末モーラが自立拍の場合には、(21a)のようにそのモーラだけが高くなるが、語末モーラが特殊拍の場合には、(21b)のように音節全体に高音調が広がる。

(21)　高音調拡張現象（B型）
　　a.　オ.ト.コ（男）、リン.ゴ（林檎）
　　b.　ミ.カン → ミ.カン（蜜柑）
　　　　セン.セー → セン.セー（先生）

　このように見ると、甑島平良方言はモーラを数えてアクセント（高音調）

の基本的な位置を定める一方で、音節を単位として最後の調整を行う体系であることが分かる。この「最後の調整」を行っているのが(20)と(21b)に示した HTS の現象である。McCawley (1978) が提唱した(1)の類型に入れるならば、甑島平良方言は東京方言と同じく「モーラで数えて、音節でアクセントを担う」体系ということになる。両者が異なるのは、特殊拍に付与された際立ちが(22)のように直前の自立拍に移動するか(東京方言)、(20)や(21b)のように音節全体に広がるか(甑島方言)という点である。

(22) 東京方言のアクセント調整[10]
　　　ロン.ドン → ロン.ドン
　　　オー.イ.タ → オー.イ.タ（大分）
　　　サイ.タ.マ → サイ.タ.マ（埼玉）

　ちなみに(22)は高音調移動 (high tone shift) と呼ばれる現象であるが、この現象は甑島方言にも観察される。甑島手打方言をはじめとする甑島の重起伏体系では、(23)のように特殊拍に付与された高音調が直前の自立拍に移動する（窪薗 2012a, Kubozono 2019a, 2022c）[11]。

(23) 甑島手打方言の高音調移動現象（A 型）
　　　a.　パン.ツ → パン.ツ
　　　b.　プー.ル → プー.ル
　　　c.　ライ.ト → ライ.ト
　　　d.　バッ.ト → バッ.ト

　ここで、甑島平良方言に観察される HTS の現象―(20)と(21b)―が、東

10　2.3.2.1 節で述べたように、東京方言は語末から3つ目のモーラをターゲットとしてアクセント核（高音調）を付与する。

11　この高音調移動現象は B 型では起こらない。B 型でも起こってしまうと同じ音韻構造の A 型と同じ音調になってしまい、たとえばミカン（蜜柑、B 型）が(19)のジカン（時間、A 型）と同じパターンで発音されてしまう。アクセントの中和を阻止するために B 型では起こらないと考えられる（窪薗 2012a）。

京方言に観察される(22)や甑島の他の方言に観察される(23)の高音調移動現象と同じ要因で起こっていることに留意されたい。いずれも、特殊拍にアクセント核あるいは高音調という音韻的な際立ち（卓立）を担わせることを避けている。自立拍に比べ特殊拍は音韻的に弱い要素であるから、同じ音節の中で音韻的に弱い要素にだけアクセント的な際立ちを与えると、モーラレベルの強さとアクセント的な際立ちの間でミスマッチを起こしてしまう。一般言語学的な言い方をすると、(24)のように音節の中でピッチが上昇する上昇曲線音調(rising contour tone: RCT)を避けているのである（σ＝音節、μ＝モーラ）。

(24) 上昇曲線音調

このように(24)の上昇曲線音調を避けるために、東京方言や甑島の重起伏体系では高音調を同じ音節内の自立拍へ移動させ、甑島平良方言では音節全体に高音調を拡張する。ここで、前者の高音調移動現象と同様に、後者の高音調拡張現象も広範囲な言語に観察される一般的な現象であることを強調しておきたい。(24)の有標な構造を避けるために高音調が音節全体に広がる現象は、もともとアフリカの声調言語で報告されてきたが(Hyman 2007)、身近なところでは東京方言にも観察される。この方言では語が軽音節で始まる場合には、(25a)のように句頭の1モーラ目と2モーラ目の間でピッチが上昇するが、(25b)のように語が重音節で始まる場合——つまり語頭の2モーラが重音節を構成する場合——には、句頭の上昇が顕著ではなく初めから高く発音される（服部1960: 246）[12]。(25)に平板語の例を示す。

---

12 ただし、カッパ（河童、合羽）やガッコー（学校）のように、促音を含む重音節は語頭位置で低く現れ、3モーラ目から高くなる（川上1973: 21–22, Haraguchi 1977: 34）。これもまた(24)の上昇曲線音調を避けているケースである。

3.3 甑島方言との比較 | 149

(25) 東京方言における句頭のピッチ上昇

    a. クマダイ（熊大）、ホクダイ（北大）、チバダイ（千葉大）

    b. カンダイ（関大）、キューダイ（九大）、ガイダイ（外大）

　(25a) のピッチ上昇は句頭に観察されることから、語アクセントというより句音調（イントネーション）の現象である。また (25a) と (25b) は相補分布を成すから、弁別性を持たない。しかしながら、この現象が (25b) のように句頭の重音節で阻止されるのは、音節内でピッチが上昇する構造—(24) の上昇曲線音調—を避けるためと考えられる。

　同様の現象が、朝鮮語慶尚南道方言でも観察される。この方言のアクセントを分析した Lee (2005) によると、外来語は次のアクセント規則に従うという。

(26) 朝鮮語慶尚南道方言の外来語アクセント

    a. 語頭が重音節で始まる場合には、語頭の 2 音節が高く、その後の音節は低く発音される。

    b. 語頭が軽音節で始まり重音節で終わる場合には、語頭音節のみ低く、他の音節は高くなる。

    c. 語頭と語末の音節がともに軽音節の場合には、その 2 つの音節が低くなり、他の音節は高くなる。

　語頭の 2 音節に着目すると、この規則は (i) 軽音節で始まる語は語頭音節と次の音節の間でピッチが上がるが、(ii) 重音節で始まる語は語頭から高く発音されるということを意味している。これは、(25) に示した東京方言の句頭上昇と同じである。朝鮮語慶尚南道方言は東京方言と同じようにピッチの下降が弁別的に働く言語であり（Kubozono 2018e）、語頭のピッチ上昇は語アクセントの特徴とは言えないが、重音節で始まる語が語頭から高く発音されるという現象は音節内でピッチ上昇が起こる (24) の構造を避けているためと見ることができる。

　甑島平良方言に観察される高音調拡張現象—(20) – (21b) —が自然言語

150 | 第3章　モーラと音節に関する史的考察

において一般性の高い規則であることを理解した上で、次に、歴史的観点からこの方言のアクセント体系を見てみよう。共時体系の中に高音調拡張規則が存在するということは、この方言は「高音調拡張規則を持つ、モーラで数える体系」であることを意味している。そして、この規則が発生する前の体系（祖体系）は、完全にモーラに依存したアクセント体系—モーラで数えてモーラでアクセントを担う体系—であったことが推測される。この2つの体系を比較すると表3.1のようになる。A型でもB型でも高音調が生じる位置は語末2音節に含まれることから、この2音節が重音節（H）か軽音節（L）かによってA型とB型のいずれの場合も4つの組み合わせ—LL, HL, LH, HH—が考えられる。

表3.1　甑島平良方言の通時的分析

アクセント型	語末の音節量	祖体系	甑島平良方言	語彙
A型	...LL	オナゴ	オナゴ	女
	...HL	パンツ	パンツ	パンツ
	...LH	ジカン	ジカン	時間
	...HH	ロンドン	ロンドン	ロンドン
B型	...LL	オトコ	オトコ	男
	...HL	リンゴ	リンゴ	林檎
	...LH	ミカン	ミカン	蜜柑
	...HH	センセー	センセー	先生

　表3.1から分かるように、高音調拡張規則が付加されることによってA型では...HL（パンツ）、B型では...LH（蜜柑）と...HH（先生）の3つの音韻環境でアクセントの変化が起こっている。面白いことに、高音調拡張規則が付加されたこの平良方言の音調は、現在の鹿児島方言のアクセント体系に極めてよく似ている。とりわけ、B型の語については両方言がまったく同じ音調を持っている。表3.1と同じ枠組みを使って現在の甑島平良方言と鹿児島方言を比較すると次のようになる。

表3.2　甑島平良方言と鹿児島方言の比較

アクセント型	語末の音節量	甑島平良方言	鹿児島方言	語彙
A型	...LL	オナゴ	オナゴ	女
	...HL	パンツ	パンツ	パンツ
	...LH	ジカン	ジカン	時間
	...HH	ロンドン	ロンドン	ロンドン
B型	...LL	オトコ	オトコ	男
	...HL	リンゴ	リンゴ	林檎
	...LH	ミカン	ミカン	蜜柑
	...HH	センセー	センセー	先生

　表3.2から分かるように、論理的に考えられる8つの音韻構造のうち、両方言が異なるのはA型の...LH（時間）と...HH（ロンドン）の2つの構造だけである。すなわち、高音調拡張規則を持つモーラ体系（甑島平良方言）と、音節で数えて音節でアクセントを担う体系（鹿児島方言）は8つの音韻環境の中の2つで異なるだけで、他の6つの環境ではまったく同じ音調を持つ。体系的には大きく異なっていても、表層の音調だけ比べると両体系は極めてよく似た体系なのである。

　ここで、表3.1と表3.2を合体させると表3.3のようになる。

表3.3　3体系の比較

アクセント型	語末の音節量	祖体系	甑島平良方言	鹿児島方言
A型	...LL	オナゴ	オナゴ	オナゴ
	...HL	パンツ	パンツ	パンツ
	...LH	ジカン	ジカン	ジカン
	...HH	ロンドン	ロンドン	ロンドン
B型	...LL	オトコ	オトコ	オトコ
	...HL	リンゴ	リンゴ	リンゴ
	...LH	ミカン	ミカン	ミカン
	...HH	センセー	センセー	センセー

高音調拡張規則という規則が体系に付加されることによって「祖体系」か

ら現在の甑島平良方言の体系が生み出されたと推定したが、では甑島平良方言と鹿児島方言の構造的な違いはどこから生じるのであろうか。それは(27)に示した下降曲線音調（falling contour tone: FCT）を許容するか否かという点にある。両体系が異なる音調を示す2つの音韻環境（A型の...LHと...HH）を見てみると、甑島平良方言は音節内でピッチが下がる構造（FCT）を許容するが、鹿児島方言は許容しない。どちらの方言でもA型は語内でピッチが下がることが必須の条件であるから、音節内のピッチ下降が許容されなくなると音節の境界で下降せざるをえなくなる。これが鹿児島方言の体系である[13]。比較すると(28)のようになる。

(27) 下降曲線音調（カンの部分）

σ σ
| /\
μ μ μ

ジ／カ＼ン

(28) 甑島平良方言と鹿児島方言の比較

方言	下降曲線音調	音調	
		...LH	...HH
甑島平良	許容する	ジ.カン	ロン.ドン
鹿児島	許容しない	ジ.カン	ロン.ドン

　ここで(27)に示した下降曲線音調も通言語的に有標な音調であることを強調しておきたい。言語一般に、音節内でピッチが変動する曲線音調（contour tone）は変動しない水平音調（level tone）より有標であり、アジアやアフリカのいわゆる声調言語においても前者は後者よりも稀であるという（Hyman 2007, Wee 2019）。曲線音調には、音節内でピッチが上がるもの―(24)に示した上昇曲線音調―と音節内でピッチが下がるもの―(27)―の2種類があ

13　鹿児島方言のアクセント体系で下降曲線音調が生じるのはA型の1音節語（たとえばトウ（十）、バン（晩）、ヒ（日）、ゴ（語））だけである。B型（たとえばトウ（塔）、バン（番）、ヒ（火）、ゴ（碁））と区別するためにA型はピッチ下降を持つという特性があり、この特性を優先するためにA型の1音節語では下降曲線音調が許容されると考えられる。

るが、この中でより有標性が高いのは上昇曲線音調である。上で見たように、この構造は高音調拡張と高音調移動の2つの手段で解消される。

　この上昇曲線音調に比べると、下降曲線音調の方は有標性が低く、自然言語に許容されやすい。(22) と (23) に示した高音調移動規則が、上昇曲線音調を回避する一方で、結果的に下降曲線音調を作り出しているのもこのためである。とは言え、音節全体が平坦なピッチで発音される水平音調に比べると、下降曲線音調は有標性が高く忌避されやすい。下降曲線音調を、より無標な構造である水平音調に変えようという力が言語一般に働くのである。甑島平良方言と鹿児島方言の違いを作っているのが、まさにこの力ということになる。

　このように見てくると、「祖体系」からわずか2段階の変化によって鹿児島方言が発達したことが推定される。第一段階は、祖体系から甑島平良方言の体系が発達する段階であり、そこでは、もっとも有標な音調パターンである上昇曲線音調を避けようとして高音調拡張規則が発生した。次いで起こった第2段階は、甑島平良方言の体系から鹿児島方言の体系が発達する段階であり、そこでは上昇曲線音調に加えて下降曲線音調をも避けようとする力が働いた。このようなシナリオが成り立つのである。2種類の曲線音調を基軸に3体系を比較すると次のようになる[14]。

(29)　3体系の比較

方言	上昇曲線音調	下降曲線音調	例（A 型）
祖体系	許容する	許容する	プール、ジカン
甑島平良	許容しない	許容する	プール、ジカン
鹿児島	許容しない	許容しない	プール、ジカン

　ここで、表3.3 で想定したシナリオと逆方向のシナリオは考えにくいこと

14　最適性理論の枠組みで分析すると、3つの体系は「高音調を限りなく語末に置こうとする力（Edgemostness）」と「上昇曲線音調を禁じる力（*RCT）」「下降曲線音調を禁じる力（*FCT）」が拮抗して生じると考えられる。Edgemostness が *RCT と *FCT より重視される体系が「祖体系」であり、逆の優先順位を持つ体系が鹿児島方言である。Edgemostness が *RCT より優先順位が低く、*FCT より高いという文法（*RCT >> Edgemostness >> *FCT）が甑島平良方言の体系ということになる。

を確認しておきたい。仮に鹿児島方言の体系から甑島平良方言の体系が発達したとすると、ジ.カンやロン.ドンがジ.カン、ロン.ドンと変化したことになる。これは水平音調を下降曲線音調に変える変化であり、通言語的に見ても起こりにくい変化と言える。また甑島平良方言から完全にモーラに依存する体系（モーラで数えてモーラでアクセントを担う体系）に変わる過程も考えづらい。これはプー.ルやミ.カンをプー.ル、ミ.カンにする変化であるが、水平音調を上昇曲線音調にする変化も起こりにくいのである。このように、一般言語学の知識からすると表 3.3 と逆方向の発達は考えにくい。

　一方、表 3.3 のような方向の変化を想定することには、一般言語学的考察以外にも複数の根拠がある。その 1 つは先に述べた「前から数えるか、後ろから数えるか」という変化である。アクセント（高音調）の位置を決めるのに長崎方言は語頭から計算し、甑島方言や鹿児島方言は語末から計算しているが、3.2 節で見たように、これは長崎タイプから甑島・鹿児島タイプへ変化したと考えられている。長崎方言の方が古い体系を残しているのならば、「モーラか音節か」についても、モーラで数える長崎タイプの体系の方が音節で数える鹿児島タイプの体系よりも古い体系であると推定する方が自然であろう。少なくとも、逆方向に考えるよりも蓋然性が高い。

　モーラ体系から音節体系へ変化したという表 3.3 の分析を支持する 2 つ目の証拠は、現在の甑島方言の中に表 3.3 の「祖体系」に近い体系が観察されることである。下甑島の西部にある瀬々野浦集落で話されている方言がそれにあたる[15]。瀬々野浦集落は人口 60 人足らずの小さな集落であり、周辺の集落とは山と海で隔てられている（地図 2 参照）。集落自体が地理的に孤立しているのであるが、そこで話されている方言は表 3.3 で「祖体系」と呼んだ体系に酷似した特徴を持つ。「祖体系」とは違い、この体系は 1 語に 2 つのアクセントの山を示す重起伏体系を持つが、語末付近に現れる主アクセントを見てみると、高音調はモーラ単位で付与されている。(30) に甑島平良方言と比較しながら具体的な例をあげる。

15　筆者が 2024 年に行った調査によると、瀬々野浦の南に位置する片野浦方言も基本的に同じ特徴を示す。

3.3 甑島方言との比較 | 155

(30)　甑島瀬々野浦方言と甑島平良方言の比較

アクセント型	語末の音節量	甑島瀬々野浦方言	甑島平良方言	語彙
A 型	...LL	オナ̅ゴ	オナ̅ゴ	女
	...HL	パ̅ンツ	パ̅ンツ	パンツ
	...LH	ジカ̅ン	ジカ̅ン	時間
	...HH	ロン̅ドン	ロン̅ドン	ロンドン
B 型	...LL	オ̅トコ̅	オ̅トコ̅	男
	...HL	リ̅ンゴ̅	リ̅ンゴ	林檎
	...LH	ミ̅カン̅	ミ̅カン̅	蜜柑
	...HH	セン̅セー̅	セン̅セー̅	先生

　甑島の重起伏体系では、A 型は 4 モーラ以上の長さの語（たとえばロンドン）に、B 型は 3 モーラ以上の長さの語（たとえば男や林檎）に重起伏が現れるが、語頭付近に現れる副次的なアクセントの山を除くと、現在の甑島瀬々野浦方言の体系は表 3.1 や表 3.3 で想定した「祖体系」と同じく「モーラで数えてモーラでアクセント（高音調）を担う」体系である。具体的には、モーラの性格（自立拍／特殊拍の区別）に関わらず、A 型では語末から 2 つ目のモーラが、B 型では語末のモーラが高く発音される。甑島列島の周辺部分に、このような古い体系が残っていると推測される。

　「モーラから音節へ」という表 3.3 の分析をさらに支持する根拠が、鹿児島方言に進行中のアクセント変化である。そこではモーラ単位のアクセント（高音調）付与から、音節単位の付与への変化が見られる。このことについては次節で詳しく論じる。

　以上の議論をまとめると、現在の九州西南部二型アクセントに観察される 3 つの体系―(31)―のうち、もっとも古い体系が長崎方言と甑島瀬々野浦方言に観察される (31a) の体系であり、もっとも新しい体系が鹿児島方言が持つ (31c) の体系であるということになる。そして甑島平良方言に観察されるハイブリッド的な (31b) の体系はその中間段階と見ることができる。

(31) a.　モーラで数えてモーラでアクセントを担う体系（長崎方言、甑島瀬々野浦方言）

156 | 第3章　モーラと音節に関する史的考察

　b.　モーラで数えて音節でアクセントを担う体系（甑島平良方言）
　c.　音節で数えて音節でアクセントを担う体系（鹿児島方言）

　McCawley（1978）が提案したアクセントの類型論（1）では（31）の3種類の体系はアクセント言語の本質的な違いを示すものと想定されていたが、そのように考える必要性はないことが分かる。表3.3の分析が正しいとすれば、（31）に示した3種類の体系は実はそれほど大きな変革を伴うものではなく、（29）に示したように、「上昇曲線音調と下降曲線音調という2つの有標な構造を許容するか否か」という単純な変化に起因することになる。言い換えるならば、「モーラ／音節で数える」や「モーラ／音節でアクセント（高音調）を担う」というパラメータが動的な原理として存在するわけではなく、「上昇曲線音調と下降曲線音調という2つの有標な構造を許容するか否か」という単純なメカニズムが働いた結果として生じたもの（epiphenomenon）である。つまりアクセントの現象に関する限り、「音節かモーラか」という区別は、「上昇曲線音調と下降曲線音調という有標な構造を許容するか否か」という一般的な原理が働いた結果に過ぎないのである。

3.4　鹿児島方言で現在進行中の変化

　前節では「モーラで数えてモーラでアクセントを担う」体系から、「モーラで数えて音節でアクセントを担う」体系を経て、「音節で数えて音節でアクセントを担う」体系が発達した歴史的過程を推定した。表3.3に示したこの解釈は既にあげたいくつかの証拠に加え、鹿児島方言に進行中のアクセント変化からも支持が得られる。

　繰り返し述べてきたように、現在の鹿児島方言は「音節で数えて音節でアクセントを担う」体系を持っている。この方言では（32）の母音脱落・母音融合や（33）の子音脱落といった分節音の変化がくだけた発音（casual speech）に頻繁に観察されるが、これらの変化によって音節構造が変化しても、アクセント（高音調）の付与がなされるのは分節音変化が起こった後の音節構造である[16]。（32）や（33）の事実からも、アクセント付与が音節を基調

16　鹿児島方言でも二重母音は /ai, oi, ui/ の3つ（/ei/ まで含めると4つ）である（窪薗 2021）。

に行われていることが確認できる。ちなみに、A型の1音節語はオイ（俺）
のように音節内でピッチ下降が起こる。

(32)　母音脱落・母音融合

 a.　A型

  コ.ク.ゴ → コッ.ゴ（国語）

  テ.ツ.ドー → テッ.ドー（鉄道）

 b.　B型

  ド.コ.エ → ド.ケ（どこへ）

  ソ.コ.エ → ソ.ケ（そこへ）

  ヤ.ク.バ → ヤッ.バ（役場）

  ナ.ニ.ヲ → ナ.ニョ（何を）

(33)　子音脱落

 a.　A型

  ケ.ム.リ → ケ.ムイ（煙）

  オ.レ → オイ（俺）

  ト.ナ.リ → ト.ナイ（隣）

  ア.タ.シ → ア.タイ（私）

 b.　B型

  ク.ス.リ → ク.スイ（薬）

  ワ.レ → ワイ（お前）

  ア.ク.ビ → ア.クッ（欠伸）

　鹿児島方言が音節を基調とした方言であることは、(34)のような母音融
合の結果を見ても分かる。東京方言や甑島方言では(35)のように語のモー
ラ数を保持するために母音が伸びる—いわゆる代償延長が起こる—が、鹿児
島方言ではそのような現象は起こりにくい。後者では、入力のモーラ数では
なく音節数を保つことが大事なのである。

158 | 第3章　モーラと音節に関する史的考察

(34)　鹿児島方言の母音融合

　　　ダイコン（dai.kon）→ デコン（de.kon）〔大根〕

　　　タイガイ（tai.gai）→ テゲ（te.ge）〔大概〕

(35)　東京方言や甑島方言の母音融合

　　　ダイコン（dai.kon）→ デーコン（dee.kon）〔大根〕

　　　タイガイ（tai.gai）→ テーゲー（tee.gee）〔大概〕

　このように、鹿児島方言は分節音変化と関係する現象においてもモーラより音節が基調になっていることが分かる。ところが、一部の語彙にその例外となるパターンが観察される。

(36) a.　A型

　　　ワッ.ザ.レ.カ、ワッ.ザ.エ.カ → ワッ.ゼー.カ（もの凄い）

　　　オイ.ガイ.エ → オイ.ゲー（俺んち（へ））

　　　ダイ.ガイ.エ → ダイ.ゲー（誰んち（へ））

　　　イッ.サ.エ → イッ.セー（行って）

　　b.　B型

　　　オ.マ.エ.サ.マ → オ.マン.サー（お前様）

　　　タ.ノ.カン.サ.マ → タ.ノ.カン.サー（田の神様）

　　　ワイ.ガイ.エ → ワイ.ゲー（お前んち（へ））

　　　ド.コ.サ.エ → ド.コ.セー（どこへ）

　　　キッ.サ.エ → キッ.セー（来て）

　(36) の例はいずれも分節音の変化を伴うもので、たとえば「わっぜえか、行っせえ、どこせえ、来っせえ」の例では /ae/ → /e/ という母音融合が[17]、「おいげえ、だいげえ、わいげえ」では /ai/ → /e/ という母音融合が起こっている[18]（後者ではアクセント句の融合も起こっている）。また「お前さあ、田

17　/ae/ → /e/ は母音脱落にも見えるが、母音融合と見るのが妥当である（窪薗 1999b）。鹿児島方言でも /ae/ は二重母音を成さず、2つの音節に分かれる（窪薗 2021）。

18　これらの例では語末母音が短くなることもあるが、代償延長により長くなることも多

の神さあ」の例では子音 (m) の脱落によって /sa.ma/ という 2 音節が /saa/ という 1 音節に変わっている。

　これらの例が面白いのは、一見してモーラ単位のアクセント付与がなされている点である（上野 1992）。(32) や (33) のように表層の音形に音節単位でアクセントが付与されていたならば (37) の音調形が予想されるはずであるが、実際には高年層〜老年層で (36) の発音が聞かれる。(32) や (33) では分節音変化が終わった後の音形にアクセントが付与されているのに対し、(36) では分節音変化が起こる前の音調が保持されているように見える。

(37) a.　A 型

　　　　ワッ.ゼー.カ

　　　　オイ.ゲー

　　　　ダイ.ゲー

　　　　イッ.セー

　　b.　B 型

　　　　オ.マン.サー

　　　　タ.ノ.カン.サー

　　　　ワイ.ゲー

　　　　ド.コ.セー

　　　　キッ.セー

　このように、現在の鹿児島方言には (36) のような一部の語彙や動詞活用に、モーラ単位と解釈できるアクセント付与が観察される。しかしながら、これらは高年層〜老年層には観察されても、中年層以下の話者では比較的稀であり、若い世代では (37) のような音節単位の付与も珍しくない[19]。

い。後者は音調を保つためであろうか。音調と代償延長の関係が興味深い。

19　この解釈に対し、世代間の差を音節境界の捉え方の違いとする解釈も論理的にはありうる。これは、たとえば「おいげえ」のゲーを高年層・老年層では 2 音節 (ge.e) と捉え、中年層以下では 1 音節 (gee) と捉える立場である。この解釈に立てば、(36) のパターンもまた音節単位のアクセント付与ということになるが、逆に世代間で音節境界を決める原理が異なってくることに対する説明が必要となる。その前提に独立した証拠がない限り、

このように現在の鹿児島方言の中で世代差が観察されるのであるが、面白いことに世代差に加えて、上昇曲線音調と下降曲線音調の間にも差が観察される。「おいげえ」（A 型）と「わいげえ」（B 型）に代表させると、（38）に示すような違いである（大文字＝高音調）[20]。

(38) 鹿児島方言に進行中のアクセント変化

	オイ.ゲー	ワイ.ゲー
世代 1	オイ.ゲー（oi.GEe）	ワイ.ゲー（wai.geE）
世代 2	オイ.ゲー（oi.GEe）	ワイ.ゲー（wai.GEE）
世代 3	オイ.ゲー（OI.gee）	ワイ.ゲー（wai.GEE）

　（38）に示したのは話者自らが産出する音調である。（36）のように完全にモーラ基調で発音する世代 1 と（37）のように完全に音節基調で発音する世代 3 があるが、この間にハイブリッドな段階を示す世代（世代 2）が存在する。注目すべきは、この世代が上昇曲線音調だけに変化を示す点である。つまり（36）のような語彙・構文でも、モーラ単位から音節単位への変化は上昇曲線音調を含む語の方で先に起こっている。音節内でピッチが上昇する構造が先に解消され（（38）の wai.geE → wai.GEE）、その後、音節内で下降が起こる構造が解消されている（oi.GEe → OI.gee）。表層の音調変化を見ても後者の方が大きな変化を伴っているが、音韻的には上昇曲線音調の方が下降曲線音調より先に解消された結果と解釈することができる。

　面白いことに世代 1 をより詳細に観察すると、世代 2 への変化が既に始まっていることが分かる。その 1 つは、同じ語を繰り返し発音した際に観察されるもので、1 回の発話では（36）の音調しか示さない世代 1 の話者でも、上昇曲線音調を持つ語に（36）と（37）の両方の音調（たとえば wai.geE ～ wai.GEE）を示す。一方、この世代の話者は、同様の揺れを下降曲線音調を

　議論が循環してしまう。

20　世代 1 では、A 型の語でも助詞が付くと oi.geE.ga（オイゲー - ガ）のように上昇曲線音調を示す。世代 2 になると、この語もワイゲーのような B 型の語と同じように高音調が音節全体に拡張して水平音調（oi.GEE.ga）を示すようになる。

持つ語では示さない (oi.GEe ~ *OI.gee)。

世代 1 の中に (36) から (37) への変化の兆しが見られることは、聴覚テストでも確認できる。この世代の話者は、自らは (36) のようにモーラ単位のパターンで発音していても、音節単位の発音 (37) に対する聴覚印象を問うと上昇曲線音調と下降曲線音調の間で違いを示す。音節単位の新しい発音 (37) に対しては、上昇曲線音調を解消した発音 (たとえば wai.GEE) の方に違和感が少なく、下降曲線音調を解消した発音 (たとえば OI.gee) には抵抗を感じるという反応である。たとえば世代 1 に属する 71 歳の男性話者 (1953 年、鹿児島市生まれ) に (37) の発音 (計 41 語句) を聞かせ、自然性判断を 5 段階 (5 がもっとも自然、1 がもっとも不自然) で求めたところ、上昇曲線音調を解消した発音が平均 3.95 点と高評価であったのに対し、下降曲線音調を解消した発音の方は平均 2.18 点であった。世代 1 に属する他の話者も概ね同じ反応である。

このように聴覚印象のレベルでも、(36) から (37) への変化は上昇曲線音調を含む語彙で先に起こり、下降曲線音調を持つ語彙は後から変化するという順序が観察される。これは (38) に示した産出の変化と一致するものであり、また 3.3 節で考察した九州西南部二型アクセント体系の変遷とも一致する。つまり鹿児島方言で現在進行中の (38) の変化は、3.3 節で提案した歴史的なシナリオ (表 3.3) と方向性が完全に一致する。九州西南部二型アクセント体系において過去に起こったアクセント変化と同類の変化が、現在の鹿児島方言に現在進行形で起こっているのである。

3.5 鹿児島方言のモーラ性

では、(38) の変化が完了した後の鹿児島方言は、100 ％音節に依拠した体系なのであろうか。言い換えるならば、まったくモーラを必要としない体系なのだろうか。アクセント体系だけを見ると、その答えは YES なのかもしれないが、音韻体系全体を見ると答えは NO である。モーラに対する証拠は、アクセント以外の現象に見いだされる。ここでは 3 モーラ音節 (超重音

節)の存在をめぐる議論を紹介する[21]。その前段として、まずラテン語・英語と東京方言の現象を見てみよう。

　言語一般に、超重音節は忌避されることが知られている[22]。たとえばラテン語や英語の歴史では、(39)に示すように閉音節の中の長母音が短くなる現象が報告されている(Martinet 1955, Árnason 1980)。同じ長母音でも閉音節でしか起こらなかった現象で[23]、閉音節短母音化(closed syllable vowel shortening)と呼ばれている(ここでは長母音と短母音をee と e のように表記する)。

(39)　閉音節短母音化
　　　a.　ラテン語
　　　　　steel.la → stel.la (星)
　　　b.　英語[24]
　　　　　keep.te → kep.te 'kept'
　　　　　goon → gon 'gone'

　超重音節を避けようとする現象は日本語(東京方言)にも観察される(窪薗 1995a, 2021)。日本語には、たとえば(40)の下線部のように、一見して超重音節らしき音節が外来語や動詞の活用形を中心に観察される。

21　この他にも疑問や呼びかけのイントネーションが鹿児島方言のモーラ性を示唆する証拠を示している。この方言の疑問／呼びかけイントネーションでは、語末音節が1モーラ(軽音節)か2モーラ(重音節)かで語末母音が音韻的に伸びるか否かという違いが観察される(窪薗 2021, 本書 5.2.4 節)。

22　Prince and Smolensky (1993/2004) は 'trimoraic syllable ban' (*$\sigma_{\mu\mu\mu}$) という制約で定式化している。

23　逆に開音節では短母音を長母音化する現象—開音節長母音化(open syllable vowel lengthening) が観察される(Martinet 1955, Árnason 1980, 窪薗 1995a)。開音節長母音化と閉音節短母音化は、重音節を作り出すという共通した特徴を持っている。

24　英語ではこの短母音化現象が起こった後で、語末母音の消失という現象が起こった。現代英語に長母音を含む閉音節(keep, meet など)があるのはこのためである。

3.5　鹿児島方言のモーラ性　| 163

(40)　3モーラ音節と見られる音連続

　　a.　長母音・二重母音＋撥音

　　　　コーン、ドローン、グリーン、リンカーン、トロンボーン、ワ
　　　　イン、ライン、デザイン、ツイン、スイング、ウインナー、コイ
　　　　ン、サーロイン、ジョイント

　　b.　長母音・二重母音＋促音

　　　　コオッタ（凍った）、トーキョーッコ（東京っ子）、ホイップ、ホ
　　　　イッスル、サンドイッチ

　　c.　短母音＋撥音＋促音

　　　　ロンドンッコ（ロンドンっ子）

　このような3モーラ連続が存在するのは確かであるが、このことが日本
語に超重音節が存在する直接的な証拠にはならない。アクセントを使って音
韻テストをしてみると、これらの3モーラ連続は1つの音節にまとまらず、
2つの音節に分かれていることが分かる（窪薗 1995a, 2021）。2.3.2 節や 3.1
節で述べたように、東京方言では特殊拍に置かれたアクセント核はその直前
の自立拍（つまり同じ音節の中心モーラ）に移動する。この移動現象を分析
すると、どのモーラが自立拍かが分かり、ひいては、どこに音節境界がある
かが分かる。たとえば(41a)の例では「イ」に置かれたアクセント核は「ス」
に移動しない。このことは、「イ」が自立拍であり、「ス」との間に音節境界
があることを示唆している[25]。他の例でも同様の結果が得られる。

(41) a.　ス.イ˥ン.グ、＊ス˥イン.グ

　　b.　ウ.イ˥ン.ナー、＊ウ˥イン.ナー

　　c.　ホ.イ˥ッ.プ、＊ホ˥イッ.プ

　　d.　ホ.イ˥ッ.ス.ル、＊ホ˥イッ.ス.ル

　　e.　サン.ド.イ˥ッ.チ、＊サン.ド˥イッ.チ

25　これに対し、「通った」(tootta)はトオッタではなくトˊオッタと発音される。トッ
　タ（取った）などと比較すると、トオッ (toot) という3モーラ連続が1つの音節にまと
　まっていることを示唆している（cf. Hasegawa 2015: 35–36）。

164 | 第3章　モーラと音節に関する史的考察

　(40) の中の複合語を見てみても、2要素の境界部分に付与されたアクセント核 (2.3.2節) は、3モーラ連続の最初のモーラにまで移動することはない。たとえば (42a) の例では、アクセント核がトーキョーの末尾モーラ (長音) に置かれることはあっても、「キョ」まで移動することはない。これは、「キョーッ」という3モーラ連続が1つの音節にまとまっていないことを示唆している。

(42) a.　トー.キョ.￢ッ - コ、*トー.キョ￢ーッ - コ
　　　b.　ロン.ド.ン￢ッ - コ、*ロン.ド￢ンッ - コ

　(40) の他の例でも、複合語の前部要素に入れてみると、問題の3モーラ連続が1音節にまとまっていないことが分かる。たとえば (43b) では、前部要素 (ライン) の最終モーラ (ン) に付与された複合語アクセントの核は、直前のモーラ (イ) まで移動することはあっても、その前のモーラ (ラ) まで移動することはない。このことから、「ライン」という3モーラ連続が2音節 (ラ.イン) の構造をしていることが分かる。東京方言では「カー」や「ライ」だけであれば、それぞれ長母音と二重母音を成し、1つの音節にまとまるが、その後ろに撥音 (ン) や促音 (ッ) が付くと、1音節にまとまらなくなってしまうのである (窪薗 2021)。尾子音の存在によって再音節化 (resyllabification) という音節構造の調整が起こっている。

(43) a.　リン.カ.￢ン - ハイ (〜リン.カ.ーン￢ - ハイ)、
　　　　　*?リン.カ￢ーン - ハイ [リンカーン杯]
　　　b.　ラ.イン￢ - ガ.ワ (〜ラ.イン￢ - ガ.ワ)、*ラ￢イン - ガ.ワ [ライン川]
　　　c.　デ.ザ.イン￢ - ハ.ク (〜デ.ザ.イン￢ - ハ.ク)、
　　　　　*デ.ザ￢イン - ハ.ク [デザイン博]
　　　d.　コ.イン￢ - ショー (〜コ.イン￢ - ショー)、
　　　　　*コ￢イン - ショー [コイン商]

　以上は、(40) のように表層に現れた3モーラ連続の分析であるが、外来

3.5　鹿児島方言のモーラ性 ｜ 165

語の場合には、日本語に入る段階で 3 モーラ音節の生成が避けられている
ことを示す現象が複数存在する。その 1 つが促音添加を阻止する現象（anti-
gemination）である。閉鎖音で終わる cut や cup などの語が日本語に入ってくる
段階で、重子音化（gemination）と呼ばれる促音添加現象が起こる。たとえば
（44a）では母音の後ろに促音（ッ）が入る。この添加現象が起こるのは母音が
短母音の場合だけであり、（44b）のように長母音や二重母音だと阻止される。
なぜ後者で促音添加が阻止されるかというと、そのまま促音が添加されると下
線部のような 3 モーラ音節が生じてしまうからである。つまり、（44a）では促
音添加によって重音節を作り出し、（44b）ではその規則を阻止することによっ
て超重音節の発生を未然に阻止し、結果的に重音節を作り出している。外来
語が入ってくる段階で、このような操作が行われているのである。

（44）a.　cut → カッ.ト、＊カ.ト

　　　　　cup → カッ.プ、＊カ.プ

　　　b.　cart → カー.ト、＊<u>カーッ</u>.ト

　　　　　kite → カイ.ト、＊<u>カイッ</u>.ト

　　　　　carp → カー.プ、＊<u>カーッ</u>.プ

　超重音節の発生を未然に阻止する現象はこれだけではない。原語（英語）
において長母音や二重母音の後ろに鼻子音が続く場合、日本語に入る過程で
母音が短くなる現象が観察される。Lovins（1975）が「鼻音の前の短母音化」
（pre-nasal vowel shortening）と呼んだ現象で、（45）のように入力が持つ母音
の長さを変えてしまう[26]。ここでも 3 モーラ音節（下線部）が生じそうな環境
で、その発生が阻止されている。

26　この短母音化現象は語末や複合語内では起こりにくくなる。（40a）のような例外を残す
　のはこのためである。また撥音の前の二重母音—/ain/, /oin/, /uin/—もこの変化を受けない
　（受けにくい）。これに対し /ein/ が（45a）のように短くなるということは、日本語では /ei/
　が二重母音ではなく長母音と認識されている可能性を示唆している。

166 | 第3章　モーラと音節に関する史的考察

(45) a.　/ein/ → /en/

　　　　arrange → ア.レン.ジ、*ア.<u>レイン</u>.ジ

　　　　change → チェン.ジ、*<u>チェイン</u>.ジ

　　　　stained glass → ス.テン.ド.グ.ラ.ス、*ス.<u>テイン</u>.ド.グ.ラ.ス

　　　　stainless → ス.テン.レ.ス、*ス.<u>テイン</u>.レ.ス

　　b.　/o:n/ → /on/

　　　　corned beef → コン.ビー.フ、*<u>コーン</u>.ビー.フ

　　c.　/i:n/ → /in/

　　　　green peas → グ.リン.ピー.ス、*?グ.<u>リーン</u>.ピー.ス

　　　　machine gun → マ.シン.ガン、*?マ.<u>シーン</u>.ガン

　（44b）では促音添加が阻止され、（45）では撥音となる鼻子音の前で母音が短くなっている。一見するとまったく異なる現象であるが、「超重音節の発生を阻止する」という目的は共通している。（41）–（43）のアクセントテストの結果に見られた原理が、これらの現象をも支配していることが分かる。

　以上が東京方言の分析であるが、これまで見てきたように（3.1節）、この方言はモーラを基調とする言語である。モーラを基調とする言語に、3モーラという長さの音節を避ける現象が観察されても何ら不思議ではない。ところが面白いことに、音節を基調とする鹿児島方言にも酷似する現象が観察される（Kubozono 2018b, 窪薗 2021）。

　それを示すのが、属格助詞のノ（no）をン（n）に変える規則である。この縮約現象は東京方言などでもくだけた発音に観察されるが[27]、鹿児島方言では（46）の例を含め、非常に生産的に起こる。

(46)　属格助詞の縮約

　　a.　トナリ<u>ノ</u> イン → トナリ<u>ン</u> イン（隣の犬）

　　b.　ケムリ<u>ノ</u> ニオイ → ケムリ<u>ン</u> ニオイ（煙の臭い）

　　c.　ダレ<u>ノ</u> カサ → ダレ<u>ン</u> カサ（誰の傘）

27　たとえば「化け物、よそ者」がバケモン、ヨソモンと発音される。

d. アタシノ イエ → アタシン イエ（あたしの家）

e. アメリカノ ミヤゲ → アメリカン ミヤゲ（アメリカの土産）

ところが、この生産的な形態規則が起こりにくくなる環境が存在する。(47) のように、「の」の前の名詞が長母音や二重母音で終わる場合である。(47a–d) では「トナリ、ケムリ、ダレ、アタシ」がよりくだけた表現である「トナイ、ケムイ、ダイ、アタイ」に代わっている。「の」の縮約現象自体がくだけた発話に特徴的な現象であるから[28]、(46) より (47) でこの縮約現象が起こりやすいと予想されるのであるが、実際はその逆で、(47) の方で縮約が起こりにくくなる。その理由は (47) の下線部にある。

(47) a. トナイノ イン → *トナイン イン（隣の犬）

b. ケムイノ ニオイ → *ケムイン ニオイ（煙の臭い）

c. ダイノ カサ → *ダイン カサ（誰の傘）

d. アタイノ イエ → ?アタイン イエ（あたしの家）

e. ハワイノ ミヤゲ → ?ハワイン ミヤゲ（ハワイの土産）

音韻的に見ると、「の」の縮約はこのモーラが持つ音節性を奪って、前の音節に付属させる効果を持つ。このため (46a) の例ではト.ナ.リ.ノがト.ナ.リンに変わることにより語末に重音節（リン）が生じている。一方、(47) で同じ縮約現象が起こってしまうと、下線部のような 3 モーラ音節が発生してしまう。語末に、ト.ナイのナイのように 2 モーラの音節が既に存在しているため、「の」の縮約が起こるとナインのような超重音節が生じてしまうのである。このように、生産性の高い「の」の縮約規則が (47) の環境で阻止される（あるいは起こりにくくなる）背後には、3 モーラ音節の発生を避けようとする力が働いている。

面白いことに、直前の名詞が重音節で終わっていても、「の」の縮約が起こる例がある。(48) のように名詞が長母音で終わっている場合であり、そ

28　高年層でも丁寧な発話とくだけた発話の間でノとンの交替を示す。

168 | 第3章　モーラと音節に関する史的考察

こではしばしば母音が短くなって「の」の縮約が起こる。短母音化を伴って、「の」の縮約が起こる現象である。

(48) a.　タローノ カサ → タロン カサ（太郎の傘）

　　 b.　キョーノ テンキ → キョン テンキ（今日の天気）

　　 c.　トーキョーノ ミヤゲ → トーキョン ミヤゲ（東京の土産）

　　 d.　センセーノ カサ → センセン カサ（先生の傘）

　　 e.　アタイゲーノ イン → アタイゲン イン（私んちの犬）

　　 f.　ワイゲーノ イン → ワイゲン イン（お前んちの犬）

　ここで縮約規則がかかるためには短母音化が必須の条件であることを強調しておきたい。たとえば (48a) の例では、「タローンカサ」とはならない。また短母音化が起こって「の」の縮約が起こらないということもない。(48a) では短母音化だけが起こる「タロノカサ」や、縮約だけが起こる「タローンカサ」という音形は不適格で、両方の規則が起こらない「タローノカサ」(丁寧な発音) か、両方とも起こる「タロンカサ」（くだけた発音）が適格となる。

　短母音化が「の」の縮約の条件となっているということは、入力の短母音化と縮約規則が連動していることを意味している。母音が長いまま縮約規則がかかってしまうと、「キョーン」や「(セン) セーン」のような超重音節が生じてしまうため、母音を短くすることによってこの有標な音節構造を忌避していると考えられる。(48) の短母音化は、(39) で見たラテン語や英語の閉音節短母音化や東京方言に観察される閉音節における短母音化 (45) と同じ性格の現象であることが分かる。

　このように見てみると、(47) の縮約規則阻止の現象と、(48) の短母音化は共通した目的を持っていることが分かる。(47) で縮約規則が適用されても、(48) で短母音化が阻止されても、結果として超重音節が生じてしまう。縮約規則の阻止と短母音化は無関係のように見えるが、ともに超重音節という有標な構造の発生を未然に阻止する性格を持っているのである。

　これらは東京方言に観察された2つの現象—(44b) の促音添加規則の阻

止と (45) の短母音化―と動機を同じくしている。すべての現象が「超重音節の発生を未然に防ぐ」という共通の原理によって引き起こされていることが分かる。

　最後に、(40) のような 3 モーラ連続を分析する。鹿児島方言にも、東京方言と同じように、超重音節に見える 3 モーラ連続が存在する。しかしこれらの 3 モーラ連続が実際どのように発音されているか分析してみると、1 音節にまとまらず 2 音節に分かれていることが分かる (窪薗 2021)[29]。ちなみに (49) の例はすべて A 型、すなわち語末から 2 つ目の音節が高い型である。

(49) a.　ス.イン.グ、ウ.イン.ナー、ホ.イッ.プ、サン.ド.イッ.チ

　　 b.　ロン.ド.ンッ.コ

　　 c.　リン.カ.ーン.ハイ (リンカーン杯)、デ.ザ.イン.ショー、
　　　　 コ.イン.ショー (コイン商)

　鹿児島方言でも、/ui/ や /oi/, /ai/, /on/, /ka:/ はそれだけであれば 1 音節を形成するのであるが、後ろに撥音や促音が付くと 2 つの音節に分かれてしまう。つまり、(41) – (43) で観察した東京方言の現象と同じ再音節化の現象が起こっている。

　以上の議論をまとめると、東京方言と同じように鹿児島方言においても超重音節の発生を避けようとする力が強く働いていることが分かる。いずれの方言も複数の方策を用いて、超重音節という有標な音節構造を阻止しようとしている。両者の共通点をまとめると (50) のようになる。このうち「閉音節の短母音化」はラテン語や英語― (39) ―とも共通する方策である。

29　長音や促音を削除してロンドン子、リンカン杯と発音することも可能である。この場合には、ロン.ド.ン.コ (ron.DON.ko)、リン.カ.ン.ハイ (rin.KAN.hai) という発音になり、DON と KAN が 1 音節として機能していることが分かる。

(50)　鹿児島方言と東京方言の比較

	鹿児島方言	東京方言
規則の阻止	「の」縮約規則の阻止 (47)	促音添加規則の阻止 (44b)
閉音節の短母音化	撥音の前の短母音化 (48)	撥音の前の短母音化 (45)
音節構造の調整 (再音節化)	音節構造の調整 (49)	音節構造の調整 (41) – (43)

　ここまで、東京方言と同じように、鹿児島方言においても超重音節の発生を阻止しようとする強い力が働いていることを見てきた。超重音節は3モーラからなる音節を意味し、そこには音節とモーラの両方の概念が用いられている。3モーラの音節（超重音節）が1モーラの音節（軽音節）や2モーラの音節（重音節）と同じように自由に生起し、3者を区別する必要がないのであれば、モーラという概念は必要でなくなる。しかしながら実際には、鹿児島方言においても3モーラの音節だけが忌避されている。これは、1〜2モーラの音節と3モーラの音節の区別が必要であるということであり、とりもなおさず、鹿児島方言においてもモーラという概念が必要であることを意味する。音節という概念だけでは十分に説明できないのである。逆にモーラという概念を鹿児島方言の分析に導入すると、「超重音節を忌避する」という東京方言やラテン語・英語などとの共通性がうまく捉えられるようになる。

3.6　まとめ

　この章ではアクセントに焦点を当てて、日本語のモーラと音節の関係を通時的な観点から考察した。3.1節ではMcCawley（1978）が提唱したアクセント体系類型論を紹介し、そこではアクセント（核）の位置を決める際に (i) 音韻的な距離を測る単位と (ii) 実際にアクセントを担う単位の区別が必要とされていることを見た。東京方言だけ見ると日本語は「モーラで数えて、音節でアクセントを担う」言語ということになるが、東京方言以外の方言に視野を広げると日本語は多様である。3.2節では東京方言タイプのアクセント体系に加え、長崎方言のように「モーラで数えて、モーラでアクセントを

担う」体系と、鹿児島方言のように「音節で数えて、音節でアクセントを担う」体系が存在することを指摘した。日本語という言語の中に、McCawley (1978) が世界のアクセント言語を4分類した中の3タイプが存在するのである。類型論の観点から見ると、この多様性自体が驚異的なものであるが、さらに驚くことに、この多様性が九州西南部の比較的均一な方言体系（二型アクセント体系）の中に観察される。

　3.3 節ではこの多様性を説明するために、地理的に長崎方言と鹿児島方言の中間に位置する甑島方言に注目し、その二型アクセント体系を分析した。甑島列島（上甑島、中甑島、下甑島）で話されている甑島方言は消滅危機方言として注目されているだけでなく、姉妹関係にある長崎方言や鹿児島方言とは違い、1語に2つのアクセントの山（重起伏）を持つという珍しい特徴を示す。その一方で、甑島方言は集落ごとにアクセント体系が微妙に異なるという特徴も持っており、中でも中甑島の唯一の集落である平良集落の方言（甑島平良方言）は他の集落の方言とは違い、アクセントの山を1つしか持たない。九州西南部の多様性を解く鍵となるのが、この方言のアクセント体系である。

　甑島方言は鹿児島方言と同じようにアクセント（高音調）の位置を語末から数える体系を持つが、その一方で、鹿児島方言とは違いアクセントの位置をモーラで数えるという特徴を持っている。言ってみれば、音節で数える鹿児島方言のモーラ版 (a moraic version of Kagoshima Japanese) である。甑島方言が興味深いのは、長崎方言と同じようにモーラで数えながら、実際のアクセントの位置を音節内で調整することである。つまり、東京方言と同じように「モーラで数えて音節でアクセントを担う」体系を持つ。とりわけ甑島平良方言は、特殊拍に置かれた高音調を音節全体に拡張するという規則を持つ。基本的な位置はモーラで数えながら、1つの音節の中で特殊拍だけが高音調を担う構造—音節内でピッチが上昇する「上昇曲線音調」—を許容しないのである。

　このように甑島平良方言は「モーラで数えて、音節でアクセントを担う体系」である。3.3 節では、このハイブリッドな体系が「モーラで数えてモーラでアクセントを担う体系」から、言語一般に有標性が高いとされる上昇曲

線音調を忌避する制約によって発達したと想定した。そして、この体系がもう1つの有標な音調構造である「下降曲線音調」を忌避するようになったことにより「音節で数えて音節でアクセントを担う体系」、すなわち現在の鹿児島方言のアクセント体系が発達したという歴史的なシナリオを提案した。

　このシナリオは、現在の長崎方言のように「モーラで数えてモーラでアクセントを担う体系」から2段階の変化を経て、現在の鹿児島方言が持つ「音節で数えて音節でアクセントを担う体系」が発生したと想定する。その2段階の変化を引き起こしたのが、言語一般に有標とされる2種類の音調パターン（上昇曲線音調と下降曲線音調）である。もっとも有標性の高い上昇曲線音調が先に忌避されるようになり甑島平良方言のアクセント体系が生み出され、有標性が次に高いとされる下降曲線音調がその次に忌避されるようになって鹿児島方言タイプの体系が発生したと推定したのである。論理的にはこの逆方向の発達、すなわち「音節で数えて音節でアクセントを担う体系」から「モーラで数えて音節でアクセントを担う体系」を経て「モーラで数えてモーラでアクセントを担う体系」が発達したと考えることも可能であるが、変化の起こりやすさ（一般性、自然性）という点から見ると、この逆のシナリオは妥当性を欠く。

　3.3節の分析から「モーラ／音節で数える」「モーラ／音節でアクセントを担う」ということが、体系を特徴づける動的な指標なのではなく、曲線音調という有標な音調構造を許容するか否かによって決まる単なる結果に過ぎないことが分かる。上昇曲線音調と下降曲線音調をともに許容すれば長崎方言のような「モーラで数えてモーラでアクセントを担う体系」となり、下降曲線音調のみ許容すれば東京方言や甑島平良方言のような「モーラで数えて音節でアクセントを担う体系」となる。さらに下降曲線音調も許容しなくなると鹿児島方言のような「音節で数えて音節でアクセントを担う体系」が成立する。

　以上の知見はアクセントの分析から出てきたものであるが、このように考えると、音節かモーラかという選択が原理として働いているものではなく、一般的な原理が働いた結果、音節やモーラが選択されたように見えることが分かる。

曲線音調を避けて水平音調を求めるというのはアクセントやトーンの現象に観察される原理であり、同じ考え方が音節とモーラをめぐる他の現象—たとえば第 2 章で分析した様々な現象—にまで直ちに応用できるものではない。しかしながら、かつて体系ごとに二者択一的なものとして捉えられていた音節とモーラが、今では 1 つの音韻体系内に共存でき、現象ごとに決まるものと考えられるようになったように、音節とアクセントをめぐる研究は日進月歩の進展を見せている。今後、アクセント以外の現象についても、「音節かモーラか」の選択が一般的な原理の結果として生じていることが示されることになるのかもしれない。そのような研究に期待したい。

話を本章の流れに戻すと、3.4 節では 3.3 節で提案した歴史的なシナリオの妥当性をさらに裏付ける証拠を提示した。モーラから音節へという歴史的な流れと同じ変化が、鹿児島方言の一部の語彙において現在進行形で観察される。ここでも、上昇曲線音調を避ける変化が先に起こり、次いで下降曲線音調を避ける変化が起こっている。

続く 3.5 節では、アクセント的にはほぼ 100％音節に依存する体系となった鹿児島方言を音節量という視点から分析し、音韻体系全体としてはモーラ性を持っていることを論じた。具体的には、くだけた発話において属格助詞のノ（no）がン（n）に変わる変化—たとえば「アメリカの土産」が「アメリカ<u>ん</u>土産」となる変化—を取り上げ、そこに 3 モーラの音節（超重音節）を避けようとする複数の現象が潜んでいることを指摘した。3 モーラ音節を避けようとする原理は、英語や東京方言を含む広範囲な言語で観察されているが、同じ原理が音節を基調とするとされている鹿児島方言でも観察されるのである。同じ 1 音節であっても 2 モーラの音節が許容され 3 モーラの音節が許容されないということは、鹿児島方言においてもモーラ数が重要な役割を果たしていることを意味している。これはとりもなおさず、モーラという概念が現象の一般化に不可欠であることを示すものである。

以上、本章ではモーラと音節をめぐる問題を九州西南部におけるアクセント体系の変化という視点から考察した。全体に、モーラを基調とする体系から音節を基調とする体系へ変化していることを論じたが、これは必ずしも日本語の歴史全体に直接的な結論を導き出すものではない。本章で分析したの

は九州西南部におけるアクセント体系の変化であり、そこから得られたのは、南九州に観察されるシラビーム体系（柴田 1962）がモーラを基調とする体系から生じたという知見である。「日本語の祖語がモーラと音節のいずれを基調としていたか」という日本語史全体の問題にも一定の示唆を与える可能性を秘めているが、日本語の祖語や歴史を研究する際にはさらに慎重な議論を要すると思われる。

第4章

歌謡と音韻構造

　歌謡と言語は、テキストにメロディーやリズムを付与するという共通した特性を持っている。歌謡では歌詞がテキストであり、そこに高低のメロディー（旋律）や3拍子（強弱弱）や4拍子（強弱弱弱）などのリズムが付与される。言語においても、語句や文というテキストに対して、高低の音調や強勢拍リズムなどのリズムが「プロソディー」—旧来の言い方をすると超分節的な特性（suprasegmental feature）—として付与される。この二層性を図示すると次のようになる（H＝high tone、高音調）。

(1)　　歌謡の二層性
　　　　4/4 |♪ ♪ ♪ ♪ ♪ ♪ ♪ ♪ |♪ ♪ ♪ ♪ ♩ 𝄽 |
　　　　　まいごのまいごの　こねこちゃん
(2)　　言語の二層性
　　　　　H　　　　　H　　　　　H
　　　　　│　　　　　│　　　　　│
　　　　　まいごの　まいごの　こねこちゃん

　(1) のような歌謡を作る過程では、音楽の楽譜に言葉が割り振られる。楽譜が先にある場合には、音符の連続に歌詞が割り当てられ、歌詞が先に作られた場合には、その歌詞に音符を割り当てる作業が行われる。テキストセッティング（text-setting）もしくはテキストと楽譜の連結（text-to-tune alignment）と呼ばれる作業である。
　この章では、この楽譜と歌詞（単語）との対応関係を対照言語学的な視点から分析し、日本語が英語やドイツ語とどのような異同を示すか考察する。特に音符と音韻単位（モーラ、音節、フット）の対応関係に着目し、歌や声

176 | 第 4 章　歌謡と音韻構造

援において、(i) どのような原理や仕組みによってテキストセッティングが行われるのか、(ii) そこに各言語（日本語と英語・ドイツ語）が持つアクセントやリズムの特徴がどのように関与してくるかを明らかにする。

　まず 4.1 節と 4.2 節では、歌詞に音符をあてがうタイプのテキストセッティングを考察する。4.1 節では英語の歌詞と楽譜との関係を分析し、各音符に対応する単位が音節であることと、語アクセント（強さアクセント）がその対応関係に強い制限を及ぼしていることを指摘する。4.2 節では日本語のテキストセッティングを分析し、日本語では音節ではなくモーラがテキストセッティングの基本単位となっていること、また同じ特殊拍でも撥音や長音などの間に少なからぬ違いが見られることを考察する。

　4.3 節以降は、楽譜が先にあって、そこに歌詞（単語）を割り当てるタイプのテキストセッティング過程を分析する。4.3 節では誕生日に歌われる Happy Birthday to You の歌を、4.4 節では「かっとばせ、○○○！」という野球の声援音頭を分析し、日本語のテキストセッティングにおけるモーラと音節の役割分担や、形態素境界やアクセント、無声化母音の役割、英語との相違点などを考察する。

4.1　英語のテキストセッティング

　英語のテキストセッティングで中心となるのが「1 音節＝1 音符」という原則である。歌詞に現れる語句の 1 音節ごとに 1 つの音符が付与される。たとえば (3) の歌では、twin.kle という 2 音節語に 2 つの音符が、star という 1 音節語に 1 つの音符が付与されている。同様に (4) にあげたイギリスの国歌でも、gra.cious や no.ble のような 2 音節語には 2 つの音符が、save や king のような 1 音節語には 1 つの音符があてがわれている。同一音節内でメロディー（音階）が変わる場合を除いて、「1 音節＝1 音符」という原則が適用されるのである。これは英語の話者が音節を使って単語を分節していることを意味している。

(3)　　Twinkle, Twinkle, Little Star（きらきら星）

(4)　　God Save the King（イギリス国歌）

　「1 音節 = 1 音符」という原則と並んで英語のテキストセッティングを特徴づけているのが、強勢（stress）と呼ばれる語アクセントの役割である。英語の歌には、(5) や (6) のように、歌詞の冒頭が小節の冒頭と一致しない例が数多く存在する。(5) の曲では、冒頭の in a の部分が小節の外に置かれ、(6) では最初の小節が休符で始まっている。前者のような歌は「弱起の曲」と呼ばれて、英語の歌では珍しくない。

(5)　　My Darling Clementine（いとしのクレメンタイン）

(6)　　The Other Day, I Met a Bear（森のくまさん）

　(5) や (6) に共通するのは、歌詞が強勢を持たない音節で始まるということである。(5) では前置詞の in がこれに相当し、(6) では冠詞の the がこれに相当する。これらは語彙レベルで強く発音されない音節であり、仮に前置詞の in に強勢を与えてしまうと、on や at などの他の前置詞と対比した意味を生み出してしまう。
　ではなぜ強勢のない音節で始まる歌では、それらの音節を小節の外に出したり、あるいは直前に休符を入れてしまうのか。その理由は音楽（楽譜）の

178 | 第4章　歌謡と音韻構造

構造と言葉の構造の関係にある。

　音楽の小節は、4分の3拍子（3/4）であれば四分音符3つ分の長さを、4分の4拍子（4/4）であれば四分音符4つ分の長さを持っているが、これは音の連続（7a）を、（7b）のように3つずつ、あるいは（7c）のように4つずつグループ化することを意味している。連続した音をこのようにグループ化すること自体が、人間が持つリズム能力による（Allen 1975）。人間のリズム能力はさらにグループ化を明示するために、各グループの最初の音符にビートを付与し、この音符を強く発音する。（7b, c）の下線がこのビート部分に相当する。

（7）　a.　　　　♩ ♩ ♩ ♩ ♩ ♩ ♩ ♩ ♩...

　　　b.　3/4 | ♩ ♩ ♩ | ♩ ♩ ♩ | ♩ ♩ ♩ | ♩...

　　　c.　4/4 | ♩ ♩ ♩ ♩ | ♩ ♩ ♩ ♩ | ♩...

　楽譜が内在的にこのような強弱の構造を有しているのに対し、英語の語（歌詞）もまた内在的に強弱の構造を有している。いわゆる強勢と呼ばれるものであり、たとえば twín.kle という2音節語は〔強弱〕という構造を持つ。また冠詞（a, an, the）や代名詞（I, you, him, my...）、前置詞（in, at, with...）などのいわゆる機能語（function word）と呼ばれる要素は、もともと情報量が少なく、対比以外の場面では文の中で強く発音されることはない。ちなみに英語の母語話者は、語の音節数と強勢位置について明確な直観を持っており、たとえば twín.kle が〔強弱〕という構造の2音節語であるという直観を共有している。

　このように英語では、音楽の楽譜（小節）も歌詞となる語句も、強さに関する強い指定を受けている。テキストセッティングとはこの2つの構造を連結（align）させる作業であるから、歌詞の〔弱〕の部分を小節初めに置いてしまうと（8）のようなミスマッチが生じてしまう。英語をはじめとする強さアクセントの言語では、このようなミスマッチを防ぐために、（5）のように歌詞冒頭の弱音節部分を最初の小節の外に出してしまうか、あるいは（6）のように小節の初めに休符を挿入しようとするのである。（5）と（6）は具体

的な方策は異なるものの、(8) のような楽譜と歌詞のミスマッチを防ぐという共通の目的を持っている。

(8) a. 楽譜　3/4 | ♩ ♩ ♩ | ♩ ♩ ♩ | ...
　　　　　　　　○ ○ ○　 ○ ○
　　b. 歌詞　　 | In a cav | ern...
　　　　　　　　 ○ ○ ○　　 ○...

4.2　日本語のテキストセッティング

　英語の歌が「1 音節 = 1 音符」という原則に従うのに対し、日本語の歌は「1 モーラ = 1 音符」という原則に従う (窪薗 1999a/b, 杉藤・坂井 1999)。1 音符に対応する単位がモーラなのか音節なのかを知るためには、カンやボーのような 1 音節 2 モーラ (つまり重音節) の振る舞いを調べる必要がある。もしモーラごとに音符が付与されているのであれば (9a) のようなテキストセッティングになり、音節ごとに音符が付与されているのであれば (9b) のようなセッティングになる。μ (ミュー) はモーラを、σ (シグマ) は音節を表す (ここでは四分音符で音符を代表させる)。

　窪薗 (1999a) では『NHK 日本のうた ふるさとのうた 100 曲』(講談社 1991 年) に掲載された伝統的な 100 曲について、歌詞と音符の間にどのような関係があるかを探った。具体的には、音符に付与されるのはモーラなのか音節なのかという問題である。この分析から得られた結果を表 4.1 に示すが、(9a) のパターンが (9b) よりも倍近く多いことが分かる。典型的な曲を (10) にあげる。この曲では「てんてんてんまり」の「ん」や「とんでった」の「っ」が独立した音符をあてがわれている。

表 4.1　日本語の歌におけるテキストセッティング：モーラ vs. 音節

セッティングのパターン	件数（割合）
モーラパターン (9a)	386 例（65.6%）
音節パターン (9b)	202 例（34.4%）
計	588 例（100%）

(10)　毬と殿様（西條八十作詞、中山晋平作曲）

　その一方で、表 4.1 の結果は「1 モーラ＝1 音符」の原則に違反する例が 3 割強存在することも示している。これは、重音節の 2 モーラ目（特殊拍）に独立した音符が付与されていないケースである[1]。そこで (9b) の例を 4 つの特殊拍に分けて分析してみると、特殊拍の種類によって大きな違いが存在することが明らかとなった（表 4.2）。すなわち、二重母音の第 2 要素（J）と長母音の後半（すなわち長音、R）は独立した音符を付与されることが圧倒的に多いのに対し（94% と 70%）、撥音（N）ではその割合が 51% となり、さらに促音（Q）となると、(9a) と (9b) のパターンが逆転する（窪薗 1999a/b）。このことは、特殊拍に独立した音符が付与されるか (9a)、されないか (9b) が、特殊拍の種類によって大きく変わることを意味している。

---

[1] 定量的な研究ではないが Vance (1987) も同様の指摘をしている。また田中 (2008) によると、(9b) のような音節単位の音符付与は 1950 年代以降に作曲された歌謡に顕著に見られるという。また氏平 (1996) は音節単位の音符付与がオノマトペによく見られることを指摘している。

表4.2　特殊拍間のテキストセッティングの違い

パターン 特殊拍	モーラパターン (9a)	音節パターン (9b)	計
二重母音後半（J）	158（94%）	10　（6%）	168（100%）
長音（R）	96（70%）	41（30%）	137（100%）
撥音（N）	104（51%）	101（49%）	205（100%）
促音（Q）	28（36%）	50（64%）	78（100%）
計	386（66%）	202（34%）	588（100%）

　表4.2に示した特殊拍間の違いは、(i) 特殊拍の聞こえ度（sonority）の違いと、(ii) 先行する自立拍との音色の違いを反映している。母音（J, R）の方が子音（N, Q）よりも発話のエネルギーが大きく、よって遠くまで聞こえる。聞こえ度が高い母音の方が、聞こえ度が低い子音よりも独立した音符を付与されやすいというのは納得がいく。また同じ母音であっても、[ai] や [oi] のような二重母音の方が、[a:] や [i:] のような長母音よりも音色の変化がある分だけ2単位に分節されやすくなり、その結果2つの音符を付与されやすいということも容易に想像できる。同様に子音の中でも、マントの「ン」のように母音から独立した音色を持つ撥音の方が、マットの「ッ」のように無音状態として現れる促音（あるいはマッスグの「ッ」のように後続音節の頭子音 [s] の摩擦部分が引き伸ばされて発音される促音）よりも聴覚的に独立しており、テキストセッティングでも独立した音符を付与されやすいと予想される。

　次に、アクセントとテキストセッティングの関係を見てみよう。強さアクセントである英語では、小節の出だしが強勢音節と一致し、この位置に強勢を持たない音節が来ることはできないことを見たが、高さアクセントである日本語では、そのような制約が働かない。実際、日本語には (5) や (6) のような構造の歌はほぼ皆無であり、歌詞の冒頭と小節の出だしが一致する。英語の歌のように小節の途中から歌詞が始まることは原則としてない[2]。日本語のアクセントは高低が指定された高さアクセントであり、強弱が指定された強さアクセントではないからである。歌詞の冒頭にどのような単語が来て

2　英語などの外国語から借用された歌にはありうる。

も、その語に強さが指定されていないために小節の始まりと一致させても(8)のようなミスマッチが生じることはない。実際、(5)の歌の日本語版である(11)の歌では、英語版に存在した弱起の部分が解消され、小節の初めから歌詞が始まっている。

(11) 雪山讃歌

このように、日本語の歌はアクセントの制約を受けない。強さアクセントでないから、強さについて制限を受けないというのは不思議なことではないが、高さアクセントゆえの制限も受けない。歌にメロディー（旋律）があり、歌詞（単語）にもメロディー（アクセント）があるから、歌詞のメロディーに合わせて歌のメロディーが作られるということがあってもよさそうなものであるが、現代の歌にはそのような制約はほとんど働かない。〔低高低低〕というアクセント構造を持つアサガオ（朝顔）という語に、ファミレドやドレミファという旋律を付けても特段の問題は生じないのである。

高さアクセントが日本語のテキストセッティングに影響を及ぼさないということは、次節で考察する Happy Birthday to You の歌の分析からも確認できる。

4.3　Happy Birthday to You の分析

ここまで見てきたのは、先にできた歌詞（語句）に後から音符を付与するタイプのテキストセッティングである。これとは逆に、楽譜が先にできてそこに歌詞が付与されることもある。この節と次節ではこのタイプのテキストセッティングを分析する。

語句には様々な長さのものがあるから、それを指定された楽譜に割り振っていくのは単純なプロセスではない。2つの音符に対して1つのモーラ／音節の語をあてがうこともあれば、逆に1つの音符に複数のモーラ／音節を

4.3 Happy Birthday to You の分析 | 183

割り当てなくてはいけないこともある。そのような場合に、どのような方策が用いられるのか、そしてその方策からどのような言語構造が見えてくるのか、これらの問題を検討するのが本節のテーマである。

4.3.1 英語の Happy Birthday to You

ここではまず、世界各国で歌われている Happy Birthday to You（以下、Happy Birthday）の歌を俎上にあげる。この曲には (12) のフレーズが含まれており、(John-ny) の歌詞が付与されているターゲット部分—具体的にはミレという旋律の 2 つの四分音符—に John や太郎などの固有名詞や、ママやお母さんといった親族名詞を入れることが求められる。

(12) Happy Birthday to You のフレーズ

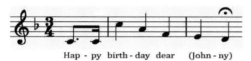

英語やドイツ語で歌われる時、ターゲット部分のテキストセッティングは次の 2 つの手順で行われることが知られている (Liberman 1975/1979)。ここで C には単一の子音だけでなく子音結合 (CC, CCC) も含む。

(13) a. 1 音節語 (CVC) が挿入される場合には、1 つ目の音符に CV を 2 つ目の音符に VC を結合する。
  b. 2 音節語以上の語では、主強勢より前の音節を前の小節—(12) の 'birth-day dear' の小節—に追い出した上で、第 2 強勢以下の音節（第 2 強勢がない場合には最終音節）を 2 つ目の音符に連結し、残りの音節を 1 つ目の音符に連結する。

(14) に具体例をあげる。ここで ( ) は前の小節に追いやられる弱音節を、ドットは音節境界を、ハイフンは 2 つの音符への分節境界を示す。

184 | 第4章　歌謡と音韻構造

(14)　英語の分節方法

音節数 ＼ 強勢構造	主強勢で始まる語	主強勢で始まらない語
1	Bi-il 'Bill', Ke-en 'Ken' Le-e [liː iː] 'Lee'	—
2	Jóhn-ny 'Johnny' Má-ry 'Mary'	(I)ré-en 'Irene'
3	Már.ga-ret 'Margaret' Jó.na-than 'Jonathan' Káth.e-rine 'Catherine'	(Re)béc-ca 'Rebecca' (Mc)dón-ald 'McDonald'
4	Á.ber-cròm.bie 'Abercrombie' cát.a.ma-ràn 'catamaran'	(Mc)náma-ra 'McNamara'

　この中で、Bill や Ken のように子音で終わる 1 音節語の分節パターンが
面白い。これらの語は Bi-l, Ke-n ではなく、Bi-il, Ke-en と分節される（カタ
カナで表記するとビー - イル、ケー - エンとなる）。つまり英語やドイツ語
では、2 つ目の音符に子音だけを付与することはできず、必ず母音を含めて
——ここでは同じ母音を第 1 音符と第 2 音符の両方に入れて——歌われるので
ある。後述するように、これは日本語の分節パターンと決定的に異なる。

　2 音節語は Jóhn.ny や Má.ry のように〔強弱〕の強勢構造を持つことが多い
が、この場合には〔主強勢 - 弱強勢〕の形に分節され、最初の音符に主強勢
音節が、2 つ目の音符に弱音節が付与される。例外的に〔弱強〕の構造を持
つ Iréne [ai.ríːn] のような 2 音節語では、弱音節を前の小節に追い出し、残っ
た強勢音節 [ríːn] を上記の Bill や Ken と同じように 2 音符 (ríː-in) に付与す
ることになる。

　次に 3 音節より長い名前の場合はどうであろうか。2.1.4 節で述べたよう
に、英語の名詞は語末から数えて 2 つ目か 3 つ目の音節に主強勢を持つの
が一般的である（Chomsky and Halle 1968, Hayes 1995, 窪薗・太田 1998）。こ
のため、Happy Birthday の歌でターゲットとなる 2 つの音符に付与されるの
は、主強勢以降の 2 音節もしくは 3 音節となる。主強勢以下が 2 音節であ
れば (Re)béc-ca のように〔主強勢音節 - 弱音節〕と分節され、3 音節であれ
ば Már.ga-ret や (Mc)náma-ra のように〔主強勢音節・弱音節〕と〔弱音節〕に

分節されることになる。

　英語には例外的に語頭に主強勢を持つ 4 音節語が存在するが、その場合には 3 音節目か 4 音節目に第 2 強勢が生じる可能性が高い。このような語は 1 つ目の音符に主強勢音節以下を、2 つ目の音節に第 2 強勢以下を付与するという[3]。たとえば〔強弱強弱〕という強勢構造を持つ Á.ber.cròm.bie は Á.ber-cròm.bie のように、〔主強勢音節・弱音節〕と〔第 2 強勢音節・弱音節〕に二分される。〔強弱弱強〕という構造を持つものはさらに珍しいが、この場合も主強勢と第 2 強勢が中心的な役割を果たし〔主強勢音節・弱音節・弱音節〕と〔第 2 強勢音節〕に分節されるという。たとえば cát.a.ma.ràn（双胴船）という 4 音節語を Happy Birthday の楽譜に入れると cát.a.ma-ràn という形に分節される。

　いずれにしても、英語のテキストセッティングにアクセント（強勢）が及ぼす影響は大きく、主強勢や第 2 強勢の位置によって全体の分節パターンが決まる。

4.3.2　日本語の Happy Birthday to You
4.3.2.1　日本語のテキストセッティング

　次に日本語の Happy Birthday に見られるテキストセッティングの仕組みを分析してみよう。日本語の歌でも英語と同じ楽譜が使われており、英語と同じように、ターゲットとなる 2 つの音符に日本語の歌詞（名前）をどのように割り当てていくかが問題となる。ここでは東京方言話者 20 人（男性 10 人、女性 10 人）を対象に行った Kubozono and Mizoguchi（2023）の実験研究を紹介する。

　この研究では、被験者に 109 個の名前（実在語や無意味語）を 1 つずつ (12) の楽譜に乗せて歌ってもらい、日本語の Happy Birthday の曲におけるテキストセッティングを分析した。この分析から見えてきた日本語の方策は次の 6 点に集約できる。

3　Armin Mester 氏（私信）による。

186 | 第4章　歌謡と音韻構造

(15) a.　1モーラの名前は母音を伸ばして2モーラの長さで発音する。

　　 b.　2モーラ以上の場合は、名前の最後のモーラ／音節を2つ目の音符に付与し、残りのモーラ／音節を1つ目の音節に付与する。

　　 c.　2つ目の音符に最後のモーラを付与するか最後の音節を付与するかは、語の長さによって決まる。1〜3モーラの語では最後のモーラを、4モーラ以上の語では最後の音節を2つ目の音符にあてがう。

　　 d.　語のアクセントは分節パターンに影響を及ぼさない。

　　 e.　形態素境界の有無や位置も影響を及ぼさない。

　　 f.　母音の無声化は少なからず影響を及ぼす。

　具体的な例をまとめると (16) のようになる。ちなみに1つ目の音符も2つ目の音符も四分音符の長さを持つ。このため「マ‐マ」は実際には母音を伸ばしてマー‐マーと歌われ、「マー.マ」や「マー.マー」という入力と区別が難しくなる。また「パメ‐ラ」や「アラ‐ン」もパーメ‐ラー、アーラ‐ンと歌われることが多い。(16) に記したのは、このような音声的伸長が起こる前の語の分節パターンである。

(16)　日本語の典型的な分節パターン

語長 （モーラ数）＼最終音節	軽音節（自立拍）	重音節（自立拍＋特殊拍）
1モーラ	リ‐ー（李）	―
2モーラ	マ‐マ、バ‐バ	ジョ‐ン、ジョ‐イ、ジョ‐ー
3モーラ	パメ‐ラ、ゴン‐ザ、 ライ‐ト、バー‐バ	アラ‐ン、マサ‐イ、タロ‐ー（太郎）、ジミ‐ー、ババ‐ー
4モーラ	ヤマガ‐タ（山形） ピノキ‐オ	テヘ‐ラン オチ‐アイ（落合） マキ‐ロイ
5モーラ	フェルナン‐デ イスラエ‐ル ローザン‐ヌ	ワシン‐トン クロマ‐ティー アンド‐レイ
6モーラ	マクドナル‐ド カンタービ‐レ	アルゼン‐チン アンダー‐ソン

4.3 Happy Birthday to You の分析 | 187

　(15a) の長母音化は、1 モーラ語がしばしば母音を伸ばして 2 モーラの長さで発音されるという日本語の一般的な現象であり、同時に言語一般に観察される「語は最小 2 モーラの長さを持つ」という制約―語の最小性条件 (2.1.4 節、2.4.2 節) ―によって引き起こされると考えられる。(17) の語句でも 1 モーラの語 (下線部) が 2 モーラの長さで発音される。

(17) a.　数字　　1, 2, 3, 4, 5, 6, 7, 8, 9, 10
　　　b.　数字　　五七五七七 (短歌のリズム)、五一五事件、二二六事件
　　　c.　曜日　　月、火、水、木、金、土、日
　　　d.　十二支　子、丑、寅、卯、辰、巳、午、未、申、酉、戌、亥

　次に (15b) は、語長に関係なく、語末からテキストセッティングが行われることを意味している。語末から計算が行われるのは東京方言のアクセント規則でも用いられている方策であり (2.1.2 節)、珍しい計算方法ではない。その一方で、語を均等に分けるのではなく、最後のモーラか音節だけを切り出して 2 つ目の音符に付与するという点は興味深い。たとえば 6 モーラや 7 モーラの長さの語であっても、〔3 モーラ + 3 モーラ〕や〔4 モーラ + 3 モーラ〕という形で楽譜 (音符) への連結がなされるのではなく、〔最終モーラ／音節以外 + 最終モーラ／音節〕という不均衡な形で分節が行われるのである。これは (14) に示した英語のテキストセッティングともある程度共通する特徴であるが、英語の場合にはアクセント (強勢) の影響が大きく、ターゲットとなる 2 音符に 5 音節や 6 音節があてがわれることはない。よって、英語のデータからは明確には見えてこなかった方策である。
　(15) の中でもっとも興味深いのが (15c) である。3.1 節で見たように、日本語 (東京方言) はアクセント規則などの音韻現象でもモーラを主体的に用いる言語―モーラ言語―であり、リズムの面でもモーラを基調としたリズム (モーラ拍リズム) を有している (Ladefoged 1975, Han 1994)。それゆえテキストセッティングにおいても、一貫してモーラを使って語を分節することが予想されるのであるが、Happy Birthday のテキストセッティングでは「語が短ければモーラで、語が長くなると音節で分節する」という方策がとられている。

一方、日本語の1音節は通常1モーラか2モーラの長さを持つことから、音節≧モーラという長さの関係が成り立つ。このため、入力が短ければモーラを使って、入力が長くなると音節を使って語を分節するというのは必ずしも不自然なことではない。興味深いのは、その境界が3モーラ語と4モーラ語の間にあるという点である。Kubozono and Mizoguchi (2023) は109個の実験語彙の中で重音節（自立拍＋特殊拍）で終わる語を抽出し、ターゲットとなる2つ目の音符に、最後のモーラと最後の音節のどちらが割り当てられているかを調べた。その結果をまとめたのが次の図である。

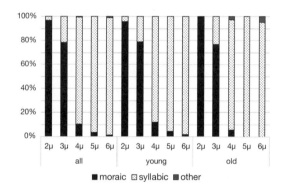

図1　2つ目の音符に付与される要素：モーラ vs. 音節

図1は20人の話者全員（all）の数値（左側）と若中年層話者（young）15人分の数値（中央）、老年層話者（old）5人分の数値（右側）の3種類のデータをまとめている。全員分のデータを見て分かるように、入力が2モーラ語と3モーラ語の場合にはモーラによる分節（黒塗りの棒線）が、音節による分節（点の棒線）よりも圧倒的に多い。ところが入力が4モーラ以上の場合にはこの割合が完全に逆転し、音節による分節が圧倒的に多くなる。つまり、3モーラまでの語からは最後のモーラを切り出し、4モーラ以上の語からは最後の音節を切り出すという方策が観察されるのである。

これは図1の中央に示された若中年層でも、右側に示された老年層の話者でも同じである。つまり、話者の年齢（世代差）に関係なく、「3モーラの長さまでの語は最後のモーラを切り出し、4モーラ以上の長さの語は最後の

音節を切り出す」という共通した方策―すなわち (15c) ―が用いられている。(18) – (21) に 2〜5 モーラの例をあげる。

(18)　2 モーラ語の分節

    a.　軽音節＋軽音節 (＝自立拍＋自立拍)

        マ - マ、バ - バ (婆)、ヤ - ノ (矢野)、マ - ノ (間野)

    b.　重音節 (＝自立拍＋特殊拍)

        ジョ - ン、ジョ - イ、ジョ - ー

(19)　3 モーラ語の分節

    a.　軽音節で終わる語：(i)〔軽音節＋軽音節＋軽音節〕

        パメ - ラ、アキ - コ (明子)、アキ - オ (明夫)、オタ - ニ (小谷)

    a′　軽音節で終わる語：(ii)〔重音節＋軽音節〕

        ゴン - ザ、ライ - ト、ジョー - ジ、バー - バ、マー - ノ、カッ - ト

    b.　重音節 (自立拍＋特殊拍) で終わる語：〔軽音節＋重音節〕

        アラ - ン、タロ - ー (太郎)、ジミ - ー、ババ - ー、マノ - ー、マサ - イ

(20)　4 モーラ語の分節

    a.　軽音節 (自立拍) で終わる語

        ヤマガ - タ (山形)、オータ - ニ (大谷)、ジョージ - ア、ズレー - タ、モンゴ - ル、テヘン - ラ、テヘラ - タ、テンヘ - ラ

    b.　重音節 (自立拍＋特殊拍) で終わる語

        マゼ - ラン、ダー - ウィン、ベル - ギー、ベル - リン、テヘ - ラン、テン - ラン、マー - ノー

(21)　5 モーラ語の分節

    a.　軽音節 (自立拍) で終わる語

        ローザン - ヌ、ベイルー - ト、アーノル - ド、イスラエ - ル

    b.　重音節 (自立拍＋特殊拍) で終わる語

        ワシン - トン、オース - チン、クロマ - ティー、アンド - レイ、アンキ - ロイ

　既に述べたように、分節の単位がモーラか音節かが分かるのは (18b) –

190 | 第4章　歌謡と音韻構造

(21b) にあげた重音節で終わる語である。「アラン」や「マゼラン」がアラ‐ン、マゼラ‐ンと分節されていたらモーラによる分節ということになり、一方、ア‐ラン、マゼ‐ランという分節であれば、最後の音節を切り出しているということになる。結果として、「アラン」などの3モーラ語はアラ‐ンという分節、すなわち最終モーラを2つ目の音符に割り当てるパターンが圧倒的に多く[4]、一方「マゼラン」をはじめとする4モーラ以上の語はマゼ‐ランという分節、すなわち最終音節を2つ目の音符に割り当てるパターンが圧倒的に多かった。つまり、3モーラまでの長さと4モーラ以上の長さに対して、異なる分節単位が用いられているのである。

　実験語彙の中には、「アラン」や「マゼラン」「テヘラン」のような実在語と並んで、「マノー」や「マーノー」「テンラン」のような非実在語（無意味語）も含まれているが（それぞれ「間野」と「テヘラン」をもとにした造語）、この違いは実験結果に何ら影響を及ぼしていない。このことは (15c) の方策が音韻規則として日本語母語話者の脳内にあることを示唆している。

　3モーラまでの長さの語がモーラを使って分節されていることは、(18b) にあげた「ジョン」の分節結果からも裏付けられる。既に述べたように、子音で終わる英語の1音節語（たとえば Bill や Ken）は Bi-il や Ke-en のように2つ目の音符にも母音を含めて発音される。2つ目の音符に子音だけを付与することは許されないのである。これに対し日本語では、同じ音節構造の「ジョン」や「ケン（健）」がジョ‐ン、ケ‐ンのように分節される。すなわち入力の尾子音だけを2つ目の音符に割り当てることができる。これは、ジョンやケンがジョ‐ン、ケ‐ンという2モーラ語であることを考えると何ら不思議ではない。尾子音の部分（ここでは撥音のン）が語を分節する単位として独立した資格を与えられているために、単独でターゲットの音符に割り当てられるのである。

　ここまで (15c) の分節原理を考察してきたが、ここで「なぜモーラから音

4　ただし、(19b) の中でも特殊拍の種類によって若干の違いは見られ、二重母音の後部要素 (J) よりも撥音 (N) が、さらに撥音よりも長音 (R) が独立性が低く、音節単位での分節率が若干高くなる（J=10%、N=20%、R=25%）。と言っても、「太郎」や「ジミー」のように長音で終わる語でも、モーラ単位で分節されるパターン（タロ‐ー、ジミ‐ー）の方が音節単位で分節されるパターン（タ‐ロー、ジ‐ミー）より 3:1 の割合で多い。

節への転換が3モーラ語と4モーラ語の間で起こるのか」という素朴な疑問が生じる。「短い語がモーラで分節され、長い語が音節で分節される」としても、その境界は2モーラと3モーラの間にあっても、あるいは4モーラと5モーラの間にあってもおかしくないはずである。実際、2.3節や2.4節で見たように、日本語の音韻規則や形態規則の多くは4モーラと5モーラの間に大きな境界を示すことが多い（窪薗2004a, 窪薗・小川2005, 窪薗2023a）。たとえば複合語の短縮規則は (22a) のように入力となる2語の語頭から2モーラずつを切り取り、4モーラの長さの短縮語を生成する。特定の条件下では (22b) のように出力が3モーラとなることもあるが（窪薗2002a）、5モーラ以上の出力が生成されることはない。

(22) a.　ポケット - モンスター → ポケモン

　　　　キムラ - タクヤ（木村拓哉）→ キムタク

　　　　ケイセイ - サイミン（経世済民）→ ケイザイ（経済）

　　　　デパート - チカ → デパチカ（デパ地下）

　　 b.　テレホン - カード → テレカ

　　　　スマート - フォン → スマホ

　　　　ロイヤル - ホスト → ロイホ

　単純語の短縮規則でも、「入力は5モーラ以上、出力は4モーラ以内」という長さの制約が働き、4モーラと5モーラの間に大きな境界が生じる（2.4.2.1節）。（　）内の数字はモーラ長を表す。

(23)　ストライキ (5) → スト (2)

　　　テレビジョン (5) → テレビ (3)

　　　パンフレット (6) → パンフ (3)

　　　インスタグラム (7) → インスタ (4)

　　　リハビリテーション (8) → リハビリ (4)

　　　サブスクリプション (8) → サブスク (4)

　　　デモンストレーション (9) → デモ (2)

音韻規則を見ても、book を意味する「本」が複合語の中で連濁するか否か
は、語全体が 4 モーラ以内か (24a)、5 モーラ以上か (24b) によって決まる
(2.3.1.1 節)。複合語アクセント規則も語全体が 5 モーラ以上か 4 モーラ以内
かという違いによって、規則的に適用されるか否かが決まる (2.3.1.6 節)。

(24) a.　4 モーラ以内 → 連濁なし「＿ホン」

　　　　　絵本、見本、写本、抄本、古本、豆本、赤本、エロ本

　　 b.　5 モーラ以上 → 連濁あり「＿ボン」

　　　　　文庫本、単行本、漫画本、緑本、紫本、エッチ本

　このように日本語の多くの規則が 4 モーラと 5 モーラの違いに敏感に反
応するという事実から見ると、Happy Birthday のテキストセッティングが 3
モーラと 4 モーラの違いに反応するという図 1 の結果は、実に不思議であ
る。その一方で、完全に例外的な現象かというとそういうわけでもない。次
節 (4.4 節) で考察する野球の声援 (かっとばせ、○○○！) でも (15c) と同
じ方策が観察される。

　ここで話を (15) に戻すと、Happy Birthday のテキストセッティングにア
クセントが影響を及ぼさないという (15d) の観察は、英語の事実と対照的
である。英語では、主強勢がどこにあるかが問題となり、それより前の音節
はターゲットとなる小節の 1 つ前の小節に追い出された。(5) で見た弱起の
曲と同じ現象である。これに対して日本語ではアクセントの構造がテキスト
セッティングにまったく影響を及ぼさない。Kubozono and Mizoguchi (2023)
のデータには (25) のようなペアが含まれているが、(25a–c) のようにアク
セント核 (⌐) の有無で対立するペアも、(25d) のようにアクセント核の位置
が異なるペアも、語の分節パターンは同じである。強さアクセントである英
語の場合とは違い、日本語の高さアクセントはテキストセッティングに何も
影響を及ぼさないことが分かる。

(25) a.　マ⌐ - マ vs. ヤ - ノ⁰ (矢野)

　　 b.　ベル - ギ⌐ ー vs. ベル - リン⁰

c. アˉキ-コ（明子）vs. アキ-オ⁰（明夫）

d. テˉヘ-ラン vs. テヘˉン-ラ

（25）の各ペアは、分節パターンが同じであるだけでなく、Happy Birthday の歌では同じメロディーで歌われ、アクセント構造の違いが失われる（すなわち、アクセントの中和が起こる）。別の言い方をすると、語彙のアクセント情報が完全に無視され、歌がもともと持っている〔ミ レ〕というメロディーが優先されるのである。

アクセントと同様にテキストセッティングに影響を及ぼさないのが、（15e）で述べた語の形態構造である。Kubozono and Mizoguchi（2023）の実験語彙には、（26a）のように単一形態素から成る語と（26b）のように複数の形態素から成る語が含まれているが、同じモーラ長の語であれば分節パターンに違いは生じない。

（26）a. パメ-ラ、ジミ-ー、ピノキ-オ、イタリ-ア、アリ-バイ

b. アキ-コ（明子）、タロ-ー（太郎）、ヤマガ-タ（山形）、オータ-ニ（大谷）、オチ-アイ（落合）

日本語の研究では形態構造が音韻構造より優先されることがあると指摘されてきた。たとえばジャズ音楽家たちの言葉遊びであるズージャ語では、（27a）のように語の前半と後半を入れ代えて新語（逆さ言葉）が作り出されるが、入力が〔重音節＋軽音節〕の場合は（27b）のように例外的にモーラの逆読みが行われる。規則に従ってしまうと〔軽音節＋重音節〕（ツ.パン）という有標な韻律構造が産出されてしまうからである。ところが、同じ〔重音節＋軽音節〕という入力構造でも、（27c）の「銀座」のように複数の形態素から成る語では通常の規則が働いて〔軽音節＋重音節〕（ザ.ギン）という有標な韻律構造が作り出されてしまう（2.4.2.2 節）。後者は入力の形態素境界に従って 2 つの形態素を入れ代えた結果であり、韻律構造よりも形態構造が優先された結果である（Ito et al. 1996）。

194 | 第4章　歌謡と音韻構造

(27) a.　マ.ネー.ジャー → ジャー.マ.ネ

　　 b.　パン.ツ → ツン.パ、*ツ.パン

　　 c.　ギン.ザ（銀座）→ ザ.ギン、*ザン.ギ

　仮に Happy Birthday のテキストセッティングでも形態素境界が優先され
ていたら、「山形」や「大谷」はヤマ - ガタ、オー - タニと分節されたはず
である。実際にはそうならず、ピノキ - オやイタリ - アと同じパターンが用
いられるという事実は、Happy Birthday のテキストセッティングに形態素境
界が影響を及ぼさず、形態構造よりも「語末の1モーラ／音節を切り出す」
という音韻的な方策が優先されたことを意味している。

　ここまでアクセントと形態構造の役割を見たが、これらの要素が日本語の
テキストセッティングにまったく影響を及ぼさないのに対し、（15f）にあげ
た語末母音の無声化は少なからず影響を及ぼす。日本語では /s/ や /k/ のよ
うな無声阻害音に後続する高母音（i/u）は無声化する（つまり声帯が振動し
ない）傾向が強く、アクセント現象などにおいてもしばしば特殊拍と同じ振
る舞いを示す[5]。Kubozono and Mizoguchi（2023）のデータにも、（28a）のよう
に無声化母音で終わる語と、（28b）のように通常の有声母音で終わる語が含
まれているが、テキストセッティングにおいて両者は顕著な違いを見せる。

(28) a.　マルチ - ネス、フェルナン - デス、バングラ - デシュ、モーリ - シャス

　　 b.　マルチス - ネ、フェルナン - デ、アーノル - ド、マッサー - ジ

　具体的には、（28b）の語が最後の1̇音節を切り出してターゲットの2音符
目に割り振られるのに対し、（28a）の語では、最後の2̇音̇節̇が2音符目に付
与される。たとえば「マルチネス」と「マルチスネ」のペアを比べると、表
4.3のような顕著な違いが見られる（（　）内の数値は20人の話者の内訳を
示す）。ちなみに（28a）の語について末尾母音を明瞭に発音することを求め

5　たとえば同じ軽音節の連続で終わる4モーラ語でも、モナリザやアイオワが平板化する
　のに対し（2.3.2.3節）、語末が /su/ で終わるインダスやアイリスは、特殊拍で終わるボー
　ダーやサイレンと同じように平板化しない。

ると、(28b) と同じ結果が得られ、たとえばマルチネ - ス、フェルナンデ - スという分節パターンが現れる。語末母音が無声化するか否かで、分節パターンが異なってくるようである。

表 4.3　末尾母音の無声化と分節パターン

分節パターン 実験語彙	最後の 2 音節	最後の 1 音節
マルチネス	マルチ - ネス (14 人)	マルチネ - ス (6 人)
マルチスネ	マルチ - スネ (1 人)	マルチス - ネ (19 人)

　以上、日本語の Happy Birthday の歌に観察されるテキストセッティングの方策を考察した。(15a–f) にあげた 6 つの方策のうち、(15c) と (15d) は英語のテキストセッティングとは顕著に異なる特徴である。日本語のテキストセッティングがモーラと音節の両方の音韻単位を用い、3 モーラ以内の語ではモーラが、4 モーラ以上の語では音節が分節の単位となっている点は非常に興味深い。東京方言のアクセント規則がモーラと音節の両方の単位を用いて定式化されるということを想起させる (2.3.2 節、3.1 節)。また英語のアクセントがテキストセッティングに不可欠な役割を果たしているのに対し、日本語のアクセントがまったく役割を果たしていないという点も対照的である。強さアクセントと高さアクセントの違いを示すものと言えよう。

4.3.2.2　二重母音と超重音節

　テキストセッティングの方策とは別に、Happy Birthday のテキストセッティング研究は日本語の音韻構造に新しい知見を与えてくれる。とりわけ重要なのが二重母音と超重音節をめぐる次の論争である (Kubozono 1999c, 2015a, 2018c, 窪薗 2021)。

(29) a.　日本語に二重母音はいくつあるか？
　　 b.　日本語に超重音節は存在するか？

　後述するように (5.4.2 節)、二重母音とは「単一の音節に生じる、(音色

が異なる）母音連続」であり、/ai/ や /au/ が典型的な二重母音とされる。また (29b) の超重音節は「3 モーラから成る音節」と定義され (3.5 節)、ここでも「単一の音節に生じる」か否かが鍵となる。このように (29) の問題はともに音節構造に関する論争であるが、モーラを基調とする日本語（東京方言）では「音節」の定義があいまいで、たとえば「青」の /ao/ や「声」の /oe/ が 1 つの音節に収まっているのか、それとも 2 音節なのかを決定することが容易ではない。1 つの音節にまとまっているとすれば「二重母音」ということになり、母音間に音節境界があれば二重母音ではないという結論になるのであるが、それを決める基準が明確ではないのである。

　同様に (29b) の超重音節をめぐっても、ワインやデザイン、バレンタインの下線部 (ain) やコーン、リンカーンなどの下線部（長母音＋ン）が 1 つの音節に収まっているかどうかを見極めることは容易ではない。1 つの音節に収まっていれば「超重音節」という結論になるのであるが、それを決める手立てが明確ではないのである。

　このようにモーラを基調とする東京方言では音節という概念が明確ではなく、音節境界がどこにあるのかを特定することが容易ではない。日本語に (29) の論争が存在するのはこのためであるが、解決する手立てがないわけではない。日本語には鹿児島方言のように（モーラではなく）音節を単位に高音調が付与されるアクセント規則を有する方言が存在するし (3.2 節)、また、モーラを基調とする東京方言にも音節境界の情報を必要とする規則が存在する (2.3.2 節、2.4.2 節)。

　「音節」という単位は音声学的に初めから定められているのではなく、音韻論的な概念である。/ka/ や /kan/ が 1 音節、/kaka/ が 2 音節というのは、母音の数から判断しても議論の余地がない点であるが、/ai/ や /ain/ などの音連続はその点あいまいである。しかしこれらの音連続が /ka/ や /kan/ と同じ振る舞いをするか、それとも /kaka/ と同じ振る舞いをするかを調べることによって、1 音節か 2 音節かを確定することができる（窪薗 2021）。たとえば東京方言の複合名詞では、前部要素が 3 モーラ以上で、後部要素が 1〜2 モーラであれば、(30a) のように前部要素の末尾に複合語アクセント（アク

セント核) が置かれるのが一般的である[6]。後部要素が「川」以外の名詞でも同様のパターンが得られる。

(30) a. テ￢ムズ＋カワ￢ → テムズ￢-ガワ、*テム￢ズ-ガワ (テムズ川)
    b. ア￢マゾン＋カワ￢ → アマゾン￢-ガワ〜アマゾ￢ン-ガワ (アマゾン川)
    c. テ￢ンリュー＋カワ￢ → テンリュー￢-ガワ〜テンリュ￢ー-ガワ (天竜川)

　ところが、前部要素が (30b, c) のように重音節 (ゾン、リュー) で終わると、複合語アクセントが前部要素の末尾から 1 つ前のモーラにしばしば移動する (2.3.2.1 節)。これは撥音や長音などの特殊拍がアクセント核を担えないという東京方言の特徴であり、同じ音節の中で特殊拍から自立拍へとアクセント核が移動するアクセント調整規則である (McCawley 1968, 1978)[7]。このアクセント規則は音節内での調整規則であるから、(30a) のように前部要素 (テムズ) の最終モーラ (ズ) が単独で音節を形成する—すなわち軽音節である—場合には適用されない。テムズ￢-ガワはテム￢ズ-ガワとはならないのである。
　このように、モーラを基調とする東京方言であっても音節という単位への言及が必要な規則が存在する。そのような規則を使って、/ai/ や /au/ などの母音連続がどのように振る舞うかを調べると、どの母音連続が (30b, c) の「ゾン」や「リュー」と同じ振る舞いをするかを調べることができる。実際には、(31) の母音連続はこのような振る舞いを示すが、(32) の母音連続は (30a) と同じパターンを示す。このことから、(31) に示した 4 つの母音連続が日本語 (東京方言) では同一音節に属する—すなわち二重母音である—と

6　前部要素が 2 モーラ以下の長さになると、この複合語アクセントのパターンが得られにくくなる (ヨド-ガワ[0] (淀川)、キソ-ガワ[0] (木曽川)、キヌ-ガワ[0] (鬼怒川)) (2.3.1.6 節)。

7　この調整規則は東京方言では一般的な規則であり、複合語だけでなく単純語にも適用される (2.3.2.1 節)。単純名詞は語末から 3 つ目のモーラにアクセント核を付与されるが、このモーラが特殊拍の場合には、ほぼ自動的にアクセント核が直前の自立拍に移動する (アオ￢モリ (青森) vs. ロン￢ドン→ロ￢ンドン、オー￢イタ→オ￢ーイタ (大分))。同じ音節の中でアクセント位置が調整された結果である。

198 | 第4章 歌謡と音韻構造

推定することができる（窪薗 2021）[8]。

(31) 二重母音として振る舞う母音連続

    a. /ai/ ショー.ナイ˥ - ガ.ワ ～ ショー.ナ˥イ - ガ.ワ（庄内川）

    b. /oi/ オ.シ.ロイ˥ - バ.ナ ～ オ.シ.ロ˥イ - バ.ナ（白粉花）

    c. /ui/ カイ.スイ˥ - ヨ.ク ～ カイ.ス˥イ - ヨ.ク（海水浴）

    d. /ei/ スイ.エイ˥ - ブ～スイ.エ˥イ - ブ（水泳部）

(32) 二重母音として振る舞わない母音連続

    a. /au/ ド.ナ.ウ˥ - ガ.ワ、*ド.ナ˥ウ - ガ.ワ（ドナウ川）

    b. /ao/ ア.サ.ガ.オ˥ - イ.チ、*ア.サ.ガ˥オ - イ.チ（朝顔市）

    c. /ae/ オー.マ.エ˥ - ガ.ワ、*オー.マ˥エ - ガ.ワ（大前川）

    d. /eo/ ビ.デ.オ˥ - シ.ツ、*ビ.デ˥オ - シ.ツ（ビデオ室）

    e. /oe/ ア.ロ.エ˥ - イ.チ、*ア.ロ˥エ - イ.チ（アロエ市）

  同じ手法を用いて /ain/ のような〔母音連続＋撥音〕の音連続を調べてみると (33) の結果が得られる。(33a–d) は (31a–d) の母音連続に撥音の「ン」が付いたものであるが、複合語アクセントはこの3モーラ連続の頭まで移動することはない。たとえば「ライン川」はライン˥ - ガワもしくはライ˥ン - ガワと発音され、ラ˥イン - ガワと発音されることはない。アクセント辞典に載っているのはライ˥ン - ガワであるが、この発音から「ライン」は〔ライン〕という単一音節（すなわち超重音節）ではなく、〔ラ＋イン〕という2音節構造を有していることが分かる。(31) では /ai/ や /oi/ は二重母音として単一の音節に収まっていたが、その後ろに撥音のンが付くと /a+in/ や /o+in/ のように2音節に分かれてしまうのである。日本語が超重音節を避けようとしていることを示す事実である (3.5節)。

---

8 (31d) の /ei/ は [eː] と発音されることが多いことから、[ei] ～ [eː] の基底形を二重母音 /ei/ ではなく長母音 /eː/ とみなすことができる。この解釈に立つと、東京方言の二重母音は (31a–c) の3つということになる（窪薗 2021）。

4.3 Happy Birthday to You の分析 | 199

(33) a. /ain/ ラ.イン⌐ - ガ.ワ〜ラ.イ⌐ ン - ガ.ワ、*ラ⌐ イン - ガ.ワ
　　　　　　（ライン川）

　　 b. /oin/ コ.イン⌐ - ショー〜コ.イ⌐ ン - ショー、*コ⌐ イン - ショー
　　　　　　（コイン商）

　　 c. /uin/ ク.イン⌐ - ビー〜ク.イ⌐ ン - ビー、*ク⌐ イン - ビー

　　 d. /ein/ レ.イン⌐ - ボー〜レ.イ⌐ ン - ボー、*レ⌐ イン - ボー

　話を Happy Birthday の歌に戻すと、この歌を使って (30) – (33) に示した
アクセントテストと同様の音韻テストを行うことができる。既に述べたよう
に、この歌では 4 モーラ以上の長さの語に対して音節を用いた分節が用いら
れる。すなわち、(12) の楽譜においてターゲットとなる 2 つの音符の 2 つ目
に語の最終音節を連結し、残りの部分を 1 つ目の音符に連結するという方策
が用いられる。この方策を利用して、日本語の二重母音と超重音節に関する
テストを行うことができるのである。たとえば「ピノキオ」の /io/ が二重母
音として単一の音節にまとまるのであれば、マゼ - ランやテヘ - ラン、ベル -
ギーなどと同じようにピノ - キオという分節パターンを示すはずである。一
方、単一音節にまとまらない場合には、ヤマガ - タ（山形）やオータ - ニ（大
谷）と同じようにピノキ - オという分節パターンを示すはずである。

　以上の前提をもとに Kubozono and Mizoguchi (2023) は、様々なタイプの
母音連続を語末に有する 4 モーラ語を、Happy Birthday の歌に乗せて被験者
に歌わせてみた。この結果、(34) に示すように、(31) の 4 つの母音連続だ
けがマゼ - ランやテヘ - ランと同じ分節パターンを示し、残りの母音連続は
(35) に示すようにヤマガ - タやオータ - ニと同じ結果が得られることを報告
している。ちなみに、実験語彙には「オチアイ（落合）」のように複数の形
態素から成るものと、「マキロイ」のように単一の形態素から成るものがあ
るが、既に述べたように、この形態構造の違いは問題のテキストセッティン
グには影響を及ぼさない。

(34) a. /ai/ オチ - アイ（落合）

　　 b. /oi/ マキ - ロイ

200 | 第 4 章　歌謡と音韻構造

    c.　/ui/ キン - スイ（金水）

    d.　/ei/ アド - レイ

(35) a.　/ae/ オーマ - エ（大前）

    b.　/ao/ アサガ - オ（朝顔）

    c.　/oe/ カワゴ - エ（川越）

    d.　/eo/ マイネ - オ

    e.　/ia/ イタリ - ア

    f.　/ua/ マナグ - ア

    g.　/ea/ エクレ - ア

    h.　/oa/ エカノ - ア

    i.　/io/ ピノキ - オ

    j.　/ie/ ヨリイ - エ（頼家）

    k.　/uo/ アカウ - オ（赤魚）

    l.　/ue/ タメス - エ（為末）

　(34) – (35) の結果は、20 人の話者の半数以上が選んだパターンを示した
ものであり、話者間の揺れまでは含んでいない。実際には話者間で選好パ
ターンが異なる場合もあり、たとえば (34a) の「落合」は 20 人のうち 13
人がオチ - アイというパターンを好み、6 人がオチア - イというパターンを
選んでいる（残る 1 名はオー - チアイと回答）。(35a) の「大前」も 20 人中 15
人がオーマ - エを、残る 5 人がオー - マエというパターンを選んでいる。こ
のように若干の個人差は観察されるものの、20 人の分布を見てみると偏り
は歴然としており、(34) の 4 つの母音連続は単一音節（すなわち二重母音）
としての振る舞いを見せ、一方 (35) の母音連続は 2 音節の振る舞いを見せ
る。これは (31) – (32) に示したアクセントテストの結果と同じである。

　アクセントテストの結果と唯一異なるのが、/au/ という母音連続であっ
た。アクセントテストでは、(32a) のように /a.u/ という 2 音節であるとい
う結果が得られていたが、Happy Birthday のテキストセッティング分析では
(36a) のように 2 音節に分断して処理する話者と、(36b) のように 1 音節に
まとめて歌う話者の数が拮抗している。面白い結果である。

（36）　/au/

    a.　リンダ - ウ（11 人）

    b.　リン - ダウ（9 人）

　最後に、/ain/ や /oin/ のように超重音節の可能性がある 3 モーラ連続の場
合を見てみよう。Kubozono and Mizoguchi（2023）の実験語彙にはこのような
3 モーラ連続で終わる語がいくつも含まれているが、これらの語の分節結果
は表 4.4 に示す通りである。ここで「パターン A」は語末の 3 モーラ連続が
〔1 モーラ＋2 モーラ〕の 2 音節に分かれる分節パターンであり、「パターン B」
は 3 モーラが 1 音節にまとまるパターンである（別のパターンを選んだ話者
がいるため、2 つのパターンを合計しても 20 人にはならないことがある[9]）。

表 4.4　超重音節に関わる語の分節パターン

3 モーラ連続の種類	モーラ長	パターン A	パターン B
/ain/	4	コカ - イン（20 人）	コ - カイン（0 人）
	5	キャロラ - イン（19 人）	キャロ - ライン（0 人）
	6	バレンタ - イン（14 人）	バレン - タイン（5 人）
	7	アインシュタ - イン（14 人）	アインシュ - タイン（1 人）
/oin/	4	ヒロ - イン（20 人）	ヒ - ロイン（0 人）
	5	サーロ - イン（20 人）	サー - ロイン（0 人）
/uin/	4	マグ - イン（18 人）	マ - グイン（1 人）
	5	マナグ - イン（19 人）	マナ - グイン（1 人）
/ein/	4	マケ - イン（19 人）	マ - ケイン（0 人）
	5	マネケ - イン（18 人）	マネ - ケイン（2 人）
/aun/	4	ブラ - ウン（20 人）	ブ - ラウン（0 人）
/aan/	5	リンカ - ーン（5 人）	リン - カーン（14 人）
/iin/	5	ハロウィ - ーン（6 人）	ハロ - ウィーン（14 人）
/een/	5	ハリケ - ーン（10 人）	ハリ - ケーン（9 人）
/oon/	6	トロンボ - ーン（4 人）	トロン - ボーン（16 人）

9　例外的に観察されるのが最終モーラを第 2 音符に連結するパターン（たとえばキャロラ
　　イ - ン、バレンタイ - ン）である。これは /ain/ や /oin/ を /ai+n/、/oi+n/ というように〔2
　　モーラ＋1 モーラ〕に分節するパターンであるが、このパターンが好まれないのは、語末
　　の子音（ン）だけで音節を形成するのを嫌うためであろう。

202 ｜ 第4章　歌謡と音韻構造

　表4.4から次の2点を読み取ることができる。まず第一に、/ain/ のように異なる音色の母音連続 /V$_i$V$_j$/ に撥音 /n/ が付く場合には、圧倒的にパターンAが好まれる。つまり、/ain/, /oin/, /uin/, /ein/, /aun/ などの3モーラ連続は単一の音節として処理されず、2音節の連続—/V$_i$+V$_j$n/—として機能する。これは、(34) に示した分節パターンと対照的である。(34) では /ai, oi, ui, ei/ の4つの母音連続が単一音節に収まるという結果が得られていたが、これらの母音連続に撥音 /n/ が付くと、/V.Vn/ のように母音と母音の間に音節境界が生じる。つまり閉音節になった瞬間に、問題の3モーラ連続が〔1モーラ音節＋2モーラ音節〕として処理されるのである。ここからもまた、日本語が超重音節を避けようとしていることが分かる。これは東京方言の超重音節に関する他の分析結果とも一致する (3.5節)。

　これに対し、撥音の直前の母音が /aan/ や /een/ のように同じ音色である場合、これらの3モーラ連続は1音節として処理される傾向を示す。たとえば「リンカーン」の最終音節を「カーン」と処理する話者の方が「ーン」と処理する話者よりも多い。唯一の例外が「ハリケーン」であり、この場合にはパターンA（10人）とパターンB（9人）が拮抗している。これを除くと、〔長母音＋撥音〕の3モーラ連続は2音節ではなく1音節として処理される傾向が強い。このことは、/ai/ や /oi/ などの母音連続とは違い、長母音は分割されにくく、この結果〔長母音＋撥音〕の3モーラ連続が超重音節を形成しやすくなることを示唆している。

　このように、テキストセッティングの研究は単にテキストセッティングの仕組みを明らかにしてくれるだけでなく、二重母音や超重音節をはじめとする音韻構造をめぐる一般的な問題に知見を与えてくれる。これは、次節で紹介する野球の声援に関するテキストセッティング研究にも当てはまる。

4.4　野球の声援の分析

4.4.1　基本構造

　Happy Birthday の歌より複雑な様相を呈しているのが (37) にあげる野球の声援音頭である（田中 1999, Ito et al. 2019, Kubozono 2020, 窪薗 2021, 2023a）[10]。

10　楽譜は田中 (2008) からの引用。！は四分休符（間）に対応する。

(37) 4/4 ｜かっとばせ！｜ＸＸＸ！｜

　前節で論じた Happy Birthday のテキストセッティングでは2つのスロット（2つの四分音符）に名前を入れることが求められたが、この音頭ではターゲット位置に3つのスロット（XXX）が設定されており、この中に様々な長さの名前を入れることが求められる。表4.5にモーラ長と、重音節（H）／軽音節（L）の構造に分けた分節パターンと具体例をあげる。

表 4.5　野球の声援音頭の分節パターン

モーラ長	音節構造	分節パターン
1モーラ	L	リ - ー - ー（李）
2モーラ	LL	ヤ - ー - ノ（矢野）
	H	バ - ー - ン（伴）
3モーラ	LLL	カ - ケ - フ（掛布）、ロ - ペ - ス
	HL	バ - ー - ス、ウ - ッ - ズ
	LH	ア - レ - ー - ン、ロ - ジャ - ー
4モーラ	LLLL	ナ - ガ シ - マ（長嶋）
	HLL	オ - ー タ - ニ（大谷）
		モ - イ ネ - ロ
	LHL	ズ - レ - ー - タ
	LLH	イ - チ - ロ ー、ク - リ - リン
	HH	ダ - ー - ウィン、マ - ー - トン
5モーラ	LLLLL	イス - ラエ - ル
	LLHL	キタ - ベッ - プ（北別府）
		ペタ - ジー - ニ
	HLLL	シン - シナ - ティ
	LHLL	ア - レック - ス
	HHL	イン - ファン - テ
	LLLH	ク - ロマ - ティー
		ア - ルト - マン
	LHH	バ - レン - ティン
		ブ - ライ - アン
	HLH	オ - ース - チン

204 | 第4章　歌謡と音韻構造

6モーラ	LLLLLL	マクド - ナル - ド
	HHH	アン - ダー - ソン
	LHLH	ロ - バート - ソン
	LHHL	ブライ - アン - ト
	LLLHL	デスト - ラー - デ
	LLHLL	フェル - ナンデ - ス

　表4.5の分析から見えてくるテキストセッティングの仕組みは次の通りである。

(38) a. 1モーラの名前は母音を2モーラ分伸ばして3モーラの語長にし、各モーラを3つの音符にそれぞれ連結する。

　　 b. 2モーラの名前は第1モーラの母音を伸ばして3モーラの語長にし、各モーラを3つの音符にそれぞれ連結する（5.3.3.3節）。

　　 c. 3モーラの名前は、各モーラを3つの音符にそれぞれ連結する。

　　 d. 4モーラの名前は、

　　　 (i) まず最終音節を第3音符と連結する。

　　　 (ii) 残りの部分が3モーラであれば最初の1モーラを第1音符に、残りの2モーラを第2音符に連結する(ナ - ガシ - マ、オ - ータ - ニ)。

　　　 (iii) 残りの部分が2モーラであれば、各モーラを第1音符と第2音符に連結する（イ - チ - ロー、ダ - ー - ウィン）。

　　 e. 5モーラ以上の名前は、

　　　 (i) まず最終音節を第3音符と連結する。

　　　 (ii) 残された部分の末尾から2モーラ（LL, H）もしくは3モーラ（HL）を第2音符に入れる。

　　　 (iii) 残りを第1音符に連結する（マクド - ナル - ド、キタ - ベッ - プ、ロ - バート - ソン）。

　(38a, b) は母音の伸長を除けば基本的に (38c) と同じ方策で、ターゲットとなる各音符にモーラを1つずつ連結する作業である。ここでは音節という単位が何ら役割を果たしておらず、とりわけ「ア.レン」や「ロ.ジャー」

のような LH 構造の 3 モーラ語は 2 つ目の音節（レン、ジャー）が二分され、各モーラが第 2 音符と第 3 音符に連結される。

　これに対し (38d, e) は、一転して音節に基づくテキストセッティングである。この 2 つに共通しているのは、入力の最終音節（たとえばイチローの「ロー」、アンダーソンの「ソン」）がまず第 3 音符に連結され、残りの部分が第 1 音符と第 2 音符に連結される点である。また「残りの部分」についても、第 2 音符に末尾の 2 モーラ（ナガシマの「ガシ」、オータニの「ータ」（＝オタ）、アンダーソンの「ダー」）が優先的に連結され、残された部分が第 1 音符に連結される。明らかに第 3 音符を優先し、語末から語頭に向けてテキストセッティングが行われている。第 2 音符に 2 つのモーラが割り当てられない唯一の例はイ - チ - ローのように、最終音節を除いて 2 モーラしか残らない場合、すなわち第 2 音符に 2 モーラを連結してしまうと第 1 音符が空（Ø）になってしまう場合である。両者を比べると (39) のようになる。

(39) a.　アン - ダー - ソン

　　　b.　イ - チ - ロー、*Ø - イチ - ロー

　第 2 音符には 2 モーラが優先的に連結されると述べたが、5 モーラ以上の長さの語では 3 つのモーラが連結されることもある。(40a) や (40b) のように、語末が...HLL もしくは...HLH で終わっている場合であり、この場合には語末から 3 音節目の H が途中で分断されることはない。4 モーラ語では (40c, d) のように HLL 構造の語（オー.タ.ニやモイ.ネ.ロ）が H（オー、モイ）の途中で第 1 音符と第 2 音符に分断されるが、これは HL の 3 モーラを第 2 音符に連結してしまうと第 1 音符が空になってしまうからである。テキストセッティングの大前提として、3 つの音符のいずれも空にしてはいけないという強い制約が働いているために生じる例外的な構造と言えよう。

(40)　...HLL#. ...HLH#

　　a.　ア - レック - ス、*アレック - ス

　　b.　ロ - バート - ソン、*ロバ - ート - ソン

206 | 第 4 章　歌謡と音韻構造

    c.　オ - ータ - ニ、*Ø - オータ - ニ
    d.　モ - イネ - ロ、*Ø - モイネ - ロ

　ちなみに (40) の例では第 1 音符に 1 モーラだけ連結されているため、実際には長く—たとえば (40a) はアー - レック - ス、(40c) はオー - オタ - ニと—発音される。この長音化は Happy Birthday の歌でも観察された音声的な母音伸長であり、語の長さに関わらず、1 音符に 1 モーラだけ連結される場合に起こる一般的な現象である。

　ここで (38) にまとめたテキストセッティングの全体を俯瞰してみると、入力が 3 モーラと 4 モーラの間で方策が大きく変わっていることが分かる。1〜3 モーラの場合には入力の語頭を第 1 音符に揃えることが優先され、各音符に連結される単位はモ̇ー̇ラである。これに対し、入力が 4 モーラ以上の長さの場合には、入力の語末を第 3 音符に揃えることが優先され、その音符に連結される単位はモーラではなく音̇節̇である。これを入力語の分節パターンとして捉えると、3 モーラ以内の語はモ̇ー̇ラを単位とし、4 モーラ以上の語は音̇節̇を単位として分節が行われていることになる。

　この違いは、重音節で終わる語を比較するとよく分かる。ア.レンという 3 モーラ語はモーラ単位（ア - レ - ン）で分節されるのに対し、イ.チ.ローという 4 モーラ語は音節単位（イ - チ - ロー）で分節されている。ア.レンを音節単位で分節して、表 4.5 の「矢野」と同じように、第 1 音節の母音を伸ばしてアー - - レンと分節することもできたはずであるが、この方策は好まれない。

　面白いことに、「3 モーラ語まではモ̇ー̇ラ単位で分節し、4 モーラ以上の語は音̇節̇で分節する」というのは前節 (4.3 節) で見た Happy Birthday のテキストセッティングと同じ方策である。Happy Birthday の歌は入力となる語を 2̇つ̇の音符に連結し、野球の声援音頭は同じ入力を 3̇つ̇の音符に割り振りするという違いはあるものの、モーラから音節へ転換する境界は共通している。この共通性は両者の分節パターンを比較してみるとよく分かる。表 4.6 に示すように、野球の声援の第 1 音符と第 2 音符が、Happy Birthday では 1 つの音符に統合されている。逆の言い方をすると、Happy Birthday の第 1 音符が野球の声援では 2 つの音符に分割されている。

表 4.6　Happy Birthday と野球の声援のテキストセッティング比較

モーラ長	テキストセッティングの分節パターン	
	Happy Birthday	野球の声援
1 モーラ	リ _ ー _ ー	リ _ ー _ ー _ ー（李）
2 モーラ	ヤ _ ー _ ー _ ノ	ヤ _ ー _ ー _ ノ（矢野）
	バ _ ー _ ン	バ _ ー _ ー _ ン（伴）
3 モーラ	カ _ ケ _ フ、ロ _ ペ _ ス	カ _ ケ _ フ（掛布）、ロ _ ペ _ ス
	バ _ ー _ ス、ウ _ ッ _ ズ	バ _ ー _ ス、ウ _ ッ _ ズ
	ア _ レ _ ン、ロ _ ジャ _ ー	ア _ レ _ ン、ロ _ ジャ _ ー
4 モーラ	ナ _ ガ _ シ _ マ	ナ _ ガ _ シ _ マ（長嶋）
	オ _ ー _ タ _ ニ	オ _ ー _ タ _ ニ（大谷）
	モ _ イ _ ネ _ ロ	モ _ イ _ ネ _ ロ
	ズ _ レ _ ー _ タ	ズ _ レ _ ー _ タ
	イ _ チ _ ロー	イ _ チ _ ロー
	ダ _ ー _ ウィン	ダ _ ー _ ー _ ウィン
	マ _ ー _ トン	マ _ ー _ ー _ トン
5 モーラ	イ _ ス _ ラ _ エ _ ル	イ _ ス _ ラ _ エ _ ル
	キ _ タ _ ベッ _ プ	キ _ タ _ ベッ _ プ（北別府）
	ペ _ タ _ ジ _ ー _ ニ	ペ _ タ _ ジ _ ー _ ニ
	シ _ ン _ シ _ ナ _ ティ	シ _ ン _ シ _ ナ _ ティ
	ア _ レッ _ ク _ ス	ア _ レッ _ ク _ ス
	イ _ ン _ ファ _ ン _ テ	イ _ ン _ ファ _ ン _ テ
	ク _ ロ _ マ _ ティ _ ー	ク _ ロ _ マ _ ティ _ ー
	ア _ ル _ ト _ マ _ ン	ア _ ル _ ト _ マ _ ン
	バ _ レ _ ン _ ティ _ ン	バ _ レ _ ン _ ティ _ ン
	ブ _ ラ _ イ _ ア _ ン	ブ _ ラ _ イ _ ア _ ン
	オ _ ー _ ス _ チ _ ン	オ _ ー _ ス _ チ _ ン
6 モーラ	マ _ ク _ ド _ ナ _ ル _ ド	マ _ ク _ ド _ ナ _ ル _ ド
	ア _ ン _ ダ _ ー _ ソ _ ン	ア _ ン _ ダ _ ー _ ソ _ ン
	ロ _ バ _ ー _ ト _ ソ _ ン	ロ _ バ _ ー _ ト _ ソ _ ン
	ブ _ ラ _ イ _ ア _ ン _ ト[11]	ブ _ ラ _ イ _ ア _ ン _ ト
	デ _ ス _ ト _ ラ _ ー _ デ	デ _ ス _ ト _ ラ _ ー _ デ
	フェ _ ル _ ナ _ ン _ デ _ ス[12]	フェ _ ル _ ナ _ ン _ デ _ ス

11　語末母音 /o/ を発音しない場合には、ブライ - アント（burai-ant）という分節が許容される。英語に馴染みのある話者にはこのパターンも見られる。

12　4.3 節で述べたように、Happy Birthday の歌では「フェルナンデス」の「ス」の母音が無声化を起こし、フェルナン - デスと分節されることが多かった。野球の声援では母音の無声化が起こりにくくフェル - ナンデ - スと分節されるのが一般的であるが、これは野球声援の第 3 音符内でピッチ下降が起こり（後述）、語末母音が明瞭に発音されるためと考えられる。

208 | 第4章　歌謡と音韻構造

ここでもまた、「なぜ3モーラと4モーラの間に音韻的な境界が生じるのか」という基本的な疑問が出てくる。たまたま Happy Birthday と野球の音頭に観察される境界なのか、それとも日本語のテキストセッティング（あるいは言語現象）における一般的な原理なのかどうか、2曲の分析だけでは分からない。今後の研究を待つ必要がある。

4.4.2　アクセントの中和

ここで野球の声援音頭におけるテキストセッティングと語アクセントの関係について考察してみる。4.3節で見たように、Happy Birthday の歌では歌詞（楽譜に連結される単語）のアクセント構造はテキストセッティングに何ら関与せず、語のアクセント核の有無や位置が実際の旋律に反映されることはなかった。つまり、歌の旋律が語アクセントより完全に優先される形でテキストセッティングが行われていた。

入力となる語のアクセント構造がテキストセッティングに影響を及ぼさないという点は野球の音頭も同じである。(41)に示すように、語の韻律構造が同じである限り、アクセント核を持つ語も持たない語も、ターゲットとなる3つの音符への分節パターンは変わらない。たとえば LLH という構造の4モーラ語では、アクセント核を有するク˥.リ.リンと平板型のイ.チ.ロー⁰は同じテキストセッティングのパターンを示す。

(41) a.　ク˥ - リ - リン vs. イ - チ - ロー⁰

　　 b.　ロ˥ - ペ - ス vs. カ - ケ - フ⁰（掛布）

　　 c.　ソ˥ - ー - ト（ソ˥ト）vs. ヤ˥ - ー - ノ⁰（矢野）

　　 d.　ス - ギ˥ - モ - ト（杉本）vs. ナ - ガシ - マ⁰（長嶋）

では入力のアクセント構造がまったく表層に現れないかというと、そういうわけではない。Happy Birthday の歌とは違い、野球の声援では (41) にあげたようなアクセントの違いは保持される。つまりアクセントはテキストセッティングの分節パターンそのものには影響を及ぼさないものの、アクセント核の有無や位置の情報は、実際の音頭に保持される。というのも、野球

4.4 野球の声援の分析 | 209

の声援ではターゲットとなる 3 つの音符のすべてにメロディーが定まっているわけではなく、第 2 音符の高さは自由である。

第 1 音符と第 3 音符の高さは楽譜の上で定まっており、また第 3 音符内でピッチが下降するということも定まっている―後者は呼びかけイントネーションの下降音調である―(5.2.4 節)。これに対し、第 2 音符の高さは指定されておらず、第 1 音符より低くなるか、それとも同じ高さを保つかは入力のアクセント構造によって決まる。(41) を例にとると、(41a–c) のク⌐-リ-リン、ロ⌐-ペ-ス、ソ⌐-ト (ソ⌐-ー-ト) のアクセント核 (ピッチ下降) は第 1 音符と第 2 音符の間に実現し、また (41d) のス-ギ⌐モ-トのアクセント核は第 2 音符の内部で実現する。これに対し (41) にあげた平板語 (イチロー^0、カケフ^0、ヤノ^0、ナガシマ^0) では第 2 音符が低くならず、第 1 音符と同じ高さに実現する。「クリリン」と「イチロー」を例にその違いを図示すると次のようになる。

(42) a. ク＼／リ　　　　　b. ⎺⎺⎺イチロ＼
　　　　　　リ　ン　　　　　　　　　　　　⎽

このように、野球の声援では入力のアクセント構造の違いが表層に反映される。この例外となるのが、(43) のように第 3 音符に連結される部分―つまり語末音節―にアクセント核を持つ語である。このような場合には、ベ.ル.ギ⌐ーのように入力にアクセント核があっても、ベ.ル.リン^{0}のようにアクセント核がなくても、実際の音頭では同じように発音される。ベ.ル.リン^{0}のような平板型の語でも、第 3 音符内で (42) に示した呼びかけイントネーションのピッチ下降が生じるため、ベ.ル.ギ⌐ーではこの下降がアクセント核のピッチ下降と重なってしまい、両者の区別がつかなくなる。ベ.ル.ギ⌐ーとベ.ル.リン^{0}の区別がなくなってしまうということは、前者が持っていたアクセント核の効果が消えてしまうことを意味している。この結果、(43) のような場合にはアクセントの対立が失われ、中和が起こってしまう。

210 | 第4章　歌謡と音韻構造

(43) a.　ベ - ル - ギ ⌐ ー vs. ベ - ル - リ ン⁰

　　b.　ヒ - ゲ - ジ ⌐ ー（髭じい）vs. イ - チ - ロ ー⁰

(44) a.　‾‾‾‾‾‾‾‾‾‾
　　　　ベ - ル - ギ ＼
　　　　　　　　　　ー

　　b.　‾‾‾‾‾‾‾‾
　　　　ベ - ル - リ ＼
　　　　　　　　　　　ン

4.4.3　二重母音と超重音節

　4.3 節で論じた Happy Birthday の歌と同じように、野球の音頭も二重母音と超重音節をめぐる問題に重要な知見を与えてくれる。上で見たように、野球の音頭も 4 モーラ以上の語を音節単位で分節し、最後の音節を最後の音符に連結するという規則性を持っていた。これを利用して語末に母音連続を持つ語を (37) の野球の音頭に乗せてみると、(45)–(46) の結果が得られる（窪薗 2021）。これは基本的に Happy Birthday の分析結果—(34)–(35)—と同じであり、語を 2 分割するか（Happy Birthday）、3 分割するか（野球の音頭）という違いはあるものの、最後の音符に安定して入る要素は (45) の 4 つの母音連続だけである。また Happy Birthday の分析であいまいな結果を示していた /au/ も、(47) に示すように野球の音頭では (46) のオ - ーマ - エやマ - イネ - オと同じ分節パターンを示すようである。この結果、/ai/, /oi/, /ui/, /ei/ の 4 つが 1 音節に収まる—よって二重母音と認定できる—という結論が得られる。

(45) a.　/ai/　オ - チ - アイ（落合）

　　b.　/oi/　マ - キ - ロイ

　　c.　/ui/　キ - ン - スイ（金水）

　　d.　/ei/　ア - ド - レイ

(46) a.　/ae/　オ - ーマ - エ、*オ - ー - マエ（大前）

　　b.　/ao/　ア - サガ - オ、*ア - サ - ガオ（朝顔）

　　c.　/oe/　カ - ワゴ - エ、*カ - ワ - ゴエ（川越）

　　d.　/eo/　マ - イネ - オ、*マ - イ - ネオ

　　e.　/ia/　イ - タリ - ア、*イ - ー - タ - リア

　　f.　/ua/　マ - ナグ - ア、*マ - ナ - グア

4.4 野球の声援の分析 | 211

    g. /ea/ エ - クレ - ア、*エ - ク - レア

    h. /oa/ エ - カノ - ア、*エ - カ - ノア

    i. /io/ ピ - ノキ - オ、*ピ - ノ - キオ

    j. /ie/ ヨ - リイ - エ、*ヨ - リ - イエ（頼家）

    k. /uo/ ア - カウ - オ、*ア - カ - ウオ（赤魚）

    l. /ue/ タ - メス - エ、*タ - メ - スエ（為末）

（47） /au/

    a. リ - ンダ - ウ、*?リ - ン - ダウ

    b. ニシ - ドナ - ウ、*?ニ - シド - ナウ（西ドナウ）

    野球の音頭を用いた音韻テストは、超重音節の存在についても重要な知見を与えてくれる（窪薗 2021: 145）。/ain/ や /oin/ などの3モーラ連続で終わる語を野球の音頭に乗せてみると、これらの3モーラ連続がそのまま最後の音符に連結されるのは稀である。語彙間あるいは話者間で多少の揺れは見られるものの、3モーラを /a+in/, /o+in/ のように〔1モーラ＋2モーラ〕という形に分割して、最後の2モーラを第3音符に連結するパターンが一般的であり、/ai+n/, /oi+n/ のように〔2モーラ＋1モーラ〕に分割するパターンがそれに続く。前者は二重母音を構成するはずの母音連続を2つの音節に分離してしまうパターンであり、後者は二重母音をそのまま単一の音節に収めるパターンである。いずれも、3モーラから成る音節（超重音節）を忌避していることを示している。

（48）a. /ain/

    デ - ザ - イン、?デ - ザイ - ン、*デー - ー - ザイン

    コ - カ - イン、?コ - カイ - ン、*コ - ー - カイン

    キャ - ロラ - イン、?キャロ - ライ - ン、*キャ - ロ - ライン

    バ - レンタ - イン、?バレン - タイ - ン、*バ - レン - タイン

    アイン - シュタ - イン、?アインシュ - タイ - ン、*ア - インシュ - タイン

212 | 第4章 歌謡と音韻構造

   b. /oin/

     ヒ - ロ - イン、?ヒ - ロイ - ン、*ヒ - ー - ロイン

     サ - ーロ - イン、?サー - ロイ - ン、*サ - ー - ロイン

   c. /uin/

     マ - グ - イン、?マ - グイ - ン、*マ - ー - グイン

     マ - ナグ - イン、?マナ - グイ - ン、*マ - ナ - グイン

   d. /ein/

     ス - ペ - イン、?ス - ペイ - ン、*ス - ー - ペイン

     マ - ケ - イン、?マ - ケイ - ン、*マ - ー - ケイン

     マ - ナケ - イン、?マナ - ケイ - ン、*マ - ナ - ケイン

これに対し、(49) のような〔長母音＋撥音〕の 3 モーラ連続は、/VV+n/ という形に分割されて最後の撥音だけが第 3 音符に連結されるか、もしくは 3 モーラ丸ごと第 3 音符に連結されるパターンが一般的であり、/V+Vn/ に 2 分割されることは稀である（Kubozono 2015c）。Happy Birthday の場合と同じように、ここでは、同じ音色を持つ母音連続を 1 つにまとめようとする力が強く働いていると考えられる。そこに、3 モーラ音節を忌避しようとする力が加わると /VV+n/ の方策が用いられ、そうでなければ 3 モーラ音節を許容する /VVn/ の方策が用いられるということであろう。いずれにしても、超重音節という構造は限られた音韻環境だけに現れる—別の独立した力が強く働く場合だけに許容される—ということが分かる。

(49) a.　リン - カー - ン～リー - ン - カーン、*リー ンカ - ーン

    b.　ハリ - ケー - ン～ハ - リ - ケーン、*ハ - リケ - ーン

4.4.4　他の現象との共通性

（38）にまとめたテキストセッティングの方策と表 4.5 にあげた具体例は、4 モーラ以上の長さの語が次の 3 つの部分に分割されていることを示している。この 3 つの部分を（50）のように前項（Pre-head）、主要部（Head）、末尾（Tail）と呼ぶならば、野球の音頭におけるテキストセッティングは、この

3つの部分―{ }{ }{ }―を楽譜上の3つの音符に割り当てる作業である。5モーラ語で例示すると(51)のようになる。

(50) 語の3分割構造

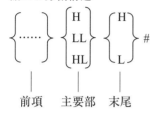

前項　主要部　末尾

(51) a. {LL}{LL}{L} イス - ラエ - ル
　　b. {LL}{H}{L} キタ - ベッ - プ
　　c. {H}{LL}{L} シン - シナ - ティ
　　d. {L}{HL}{L} ア - レック - ス
　　e. {H}{H}{L} イン - ファン - テ
　　f. {L}{LL}{H} ア - ルト - マン
　　g. {L}{H}{H} バ - レン - ティン
　　h. {L}{LL}{H} オ - ース - チン[13]

　ターゲットとなる楽譜に3つの音符があるから、そこに連結される語も3分割されるのはごく当然のことであるが、語が3等分されるわけではないのは意外と言えば意外である。既に述べたように、実際のテキストセッティングでは、第3音符に最後の音節がその軽重に関わらず割り振られる。第2音符にはその前の2モーラ(LLかH)ないしは3モーラ(HL)が連結され、残りの部分が第1音符に割り振られるという仕組みである。第2音符に2モーラが付与されるのは、日本語において2つのモーラが1つのまとまり(フット)を作り出すという現象と一致するが、その一方でHLの3モーラまでも同じ音符に連結されるのは意外である。同じ3モーラでもLHであればHだけが第2音符に連結され(キ.タ - ベッ - プ)、LHが同じ音符に連

13　オースチンの「オー」は辞書的には1音節(H)であるが、野球の声援では(51f)のア - ルト - マン(L-LL-H)と同じようにオ - オス - チンと発音される。

214 | 第4章　歌謡と音韻構造

結されることはない（*キ - タ.ベ゛ - プ）。HL と LH はモーラ数は同じでも、音韻的な振る舞いが明らかに異なっている[14]。

　このような疑問を突き詰めていくと、（50）の3分割構造が日本語においてどのような役割を果たしているのかという素朴な疑問にたどり着く。「かっとばせ」の野球音頭だけに有効な構造なのだろうか、それとももっと一般的な原理を具現しているのであろうか。この問題をアクセントとの関係で分析したのが田中（2008）である。

　田中（2008）は（50）の構造が東京方言の外来語アクセント規則と符合することを指摘している。このことを理解するために外来語に提唱された2つのアクセント規則を検討してみよう。外来語アクセント規則と言えば、まず McCawley（1968）が提案した（52）が有名である。

（52）　語末から3つ目のモーラを含む音節にアクセント核を置く。

「−3（マイナス3）の規則」とも呼ばれるこのアクセント規則については次の3点に留意する必要がある。まず第一に、外来語であっても「アスパラ゛ガス」のような単純語には通用するが、「プロパン - ガ゛ス」のような複合語には通用しない。後者は後部要素（ガ゛ス）のアクセント核が出力に保持される、典型的な複合語アクセントパターンである（2.3.1.6節）。

　次に、（52）の規則は外来語だけでなく和語や漢語の単純語にも適用される。和語や漢語には平板型が多く、また比較的長い和語や漢語は複合語アクセント規則の適用を受けるためにこの規則の効果が明確には見えてこないが、平板型のものや長い複合語を除くと、和語や漢語もその大半は（52）の規則に従う（Kubozono 2006a）。つまり、（52）は外来語のために特別に生じたアクセント規則ではなく、和語や漢語のアクセント規則が外来語にも適用されたものである。外来語は平板型が稀なために、規則の効果が特に明確に見えるだけである。

　（52）の規則についてもう1点留意すべき点は、現代東京方言にはこの規

14　HL から2モーラを切り取ろうとすると、H の音節を分断するしかない。この音節の分断を忌避したという可能性もある。

4.4 野球の声援の分析 | 215

則に従わない単純語も少なくないという点である。特に体系的な例外を作るのが、語末が〔軽音節＋重音節〕で終わる単純語で、この場合には (52) の規則が予測するよりも 1 つ前の音節にアクセント核が置かれることが多い。定量的な先行研究によると、「前進型」と呼ばれるこのアクセント型の方が、旧来の規則 (52) が予測する型よりもはるかに生産性が高い (Kubozono 1996, Katayama 1998)。(53) に前進型の例を、(54) に −3 の規則に合致する例を、(55) に両方のアクセント型で揺れを示す語をあげる。ちなみに 4 モーラ以上の長さの単純語で、重音節で終わる語はほとんど外来語である。

(53) a.　...LLH#
　　　　ビ﹁.ギ.ナー、ト﹁.ロ.フィー、ス﹁.リ.ラー、ア﹁.ト.ピー、ア﹁.マ.ゾン、テ﹁.ヘ.ラン、メ﹁.ラ.ニン、ラ﹁.マ.ダン(〜ラ.マ.ダンº)、カ.テ﹁.ゴ.リー、ク.レ﹁.ム.リン

　　 b.　...HLH#
　　　　オー﹁.ス.チン、ブー﹁.メ.ラン、イ﹁ン.タ.ビュー、ゴー﹁.リ.キー、タ﹁ン.バ.リン、サ﹁ン.ト.リー、ト.ラ﹁ン.ポ.リン

(54) a.　...LLH#
　　　　ビ.タ﹁.ミン、ア.セ﹁.アン(ASEAN)、ブ.ラ﹁.ボー、ピ.カ﹁.チュウ、ス.ズ﹁.ラン、パ.ト﹁.カー、イ.エ﹁.メン

　　 b.　...HLH#
　　　　バー.ベ﹁.キュー、クー.デ﹁.ター、カン.ガ﹁.ルー、レン.タ﹁.カー、ホー.チ﹁.ミン(〜ホー﹁.チ.ミン)

(55) a.　...LLH#
　　　　ド﹁.ラ.ゴン〜ド.ラ﹁.ゴン、エ.ネ﹁.ル.ギー〜エ.ネ.ル﹁.ギー、ア.レ﹁.ル.ギー〜ア.レ.ル﹁.ギー、レ﹁.バ.ノン〜レ.バ﹁.ノン

　　 b.　...HLH#
　　　　ミュー﹁.ジ.シャン〜ミュー.ジ﹁.シャン、エ﹁ン.デ.バー〜エン.デ﹁.バー、カー﹁.ディ.ガン〜カー.ディ﹁.ガン、ラン.デ﹁.ブー〜ラン.デ﹁.ブー、ハン.ガ﹁.リー〜ハン.ガ﹁.リー、ア.コー﹁.デ.オン〜ア.コー.デ﹁.オン

（53）と比較して分かるように、（54）のパターンを示す語彙の多くはビタミンのような古い外来語か、スズラン（鈴＋蘭）、パトカー（パト＋カー）、クーデター（クー＋デ＋ター）、レンタカー（レンタ＋カー）のような複合語である（窪薗 2023a）。また（55）の揺れは話者の年齢と相関し、年齢の高い話者ほど−3 の規則が予測する型を好み、年齢が若くなるほど前進型を好むようである。最近の外来語や無意味語のほとんどが（53）の前進型アクセントをとる事実を見ても[15]、…LH# の構造の語は（52）の規則が予想するアクセント型ではなく、（53）のような前進型をとると一般化した方が妥当である。

　この前進型のアクセントが英語のアクセントをそのまま反映したものでないことは、ビギナー、トロフィー、ドラゴン、ミュージシャンなどが英語のアクセント（begínner, tróphy, drágon, musícian）とは異なることからも明らかである。すなわち、前進型のアクセントは英語のアクセントを借用したものではなく、日本語のアクセント規則によって作り出されている。

　以上のことを踏まえて東京方言のアクセントを俯瞰してみると、この方言の単純語は（56）のアクセント型をとることが分かる。（52）の−3 の規則と異なるのは（56e, f）の 2 つである。（56）のアクセント型を定式化すると（57）の規則が得られる（Kubozono 1996, 1999c）。音節をベースにしたこの規則は、実はラテン語や英語のアクセント規則と同一のものである（Kubozono 2006a, 2008a）。同じ規則をフットの概念を用いて再分析すると、「語末に接しない最右端のフット（rightmost, non-final foot）にアクセント核を置く」と定式化できる（2.8 節、Kubozono 2008a, 窪薗 2023a）。

（56）　東京方言の単純語のアクセント

　　　a.　…HHH　コンピュ¬ーター、アンダ¬ーソン、ハンバ¬ーガー

　　　b.　…LHH　ワシ¬ントン、アルゼ¬ンチン、エレベ¬ーター

　　　c.　…HHL　マッサ¬ージ、ハンバ¬ーグ、ガンダ¬ーラ

　　　d.　…LHL　パレ¬ード、ベラル¬ーシ、シンガポ¬ール

15　初代ポケモンの名前 151 個を分析した Kubozono（2002b）の研究でも、ニ¬ドランやゴ¬ーリキーの前進型が圧倒的に多く、ピカ¬チュウやハク¬リューのような−3 型は少ない（後者はピカ＋チュウ、ハク＋リューという複合語である）。

e.　...HLH　オ￢ースチン、ブ￢ーメラン、ブロ￢ッコリー

f.　...LLH　ア￢マゾン、ビ￢ギナー、ト￢ロフィー、アリ￢ガトウ

g.　...HLL　ア￢ップル、アレ￢ックス、ガ￢ンジス、コロ￢ンブス

h.　...LLL　バ￢ナナ、クリス￢マス、アイウ￢エオ、ホトト￢ギス

(57)　語末から2つ目の音節が重音節 (H) の場合には、この音節にアクセント核が置かれ、この音節が軽音節 (L) の場合には1つ前の音節にアクセント核が置かれる。

　ここで、(57) のアクセント規則を (50) の3分割構造と照合してみると、驚くべき一致が浮かび上がる。すなわち、(57) のアクセント規則が予測するアクセント核の位置（表4.7の太字下線部）は、(50) で「主要部」[16]と呼んだ位置（太字の { }）と完全に一致する。田中 (2008) が示したのはこの一致である。

表4.7　アクセント規則と3分割構造の比較

韻律構造	アクセント規則 (57)	3分割構造 (50)	語例
(56a) ...HHH#	...H(**H**)H#	{...}{**H**}{H}	アン - ダ - ￢ー - ソン
(56b) ...LHH#	...L(**H**)H#	{...}{**H**}{H}	バ - レ￢ン - ティン
(56c) ...HHL#	...H(**H**)L#	{...}{**H**}{L}	イン - ファ￢ン - テ
(56d) ...LHL#	...L(**H**)L#	{...}{**H**}{L}	キタ - ベ￢ッ - プ
(56e) ...HLH#	...(**H**)LH#	{...}{**HL**}{H}	ロ - バ￢ート - ソン
(56f) ...LLH#	...(**LL**)H#	{...}{**LL**}{H}	ク - ロ￢マ - ティー
(56g) ...HLL#	...(**H**)LL#	{...}{**HL**}{L}	ア - レ￢ック - ス
(56h) ...LLL#	...(**LL**)L#	{...}{**LL**}{L}	マクド - ナ￢ル - ド

　この一致が偶然のものでないことを指摘したのが Kubozono (2020) である。この研究は (50) の構造がアクセントだけでなく短縮語形成のパターンとも一致することを指摘した。

16　Kubozono (2020) がこの部分を「主要部」と名付けた主な理由はここにある。アクセント核は語の中核として語全体を束ねる機能を持つ。このためアクセント核が置かれるモーラ／音節／フットは英語でも 'head mora', 'head syllable', 'head foot' と呼ばれる。

218 | 第4章　歌謡と音韻構造

　日本語の短縮語には (58) のような単純語の短縮と (59) のような複合語
句の短縮の2種類があり、さらに複合語句の短縮は、一方の要素を残し他
方を全面的に削除する「ケータイ」タイプ (59a) と、両要素の一部ずつを
切り取って結合する「ポケモン」タイプ (59b) がある (窪薗 2002a, 2023a)。
ここで問題とするのは (58) の短縮語形成である。

(58)　単純語の短縮形

　　　ストライ~~キ~~、チョコレー~~ト~~、テロリ~~ズム~~、デモンスト~~レーション~~、ロ
　　　~~ケーション~~、テレビ~~ジョン~~、パンフ~~レット~~、シンポ~~ジウム~~、ローテー
　　　~~ション~~、アプリ~~ケーション~~、メンテナンス、マクドナル~~ド~~[17]、インス
　　　タ~~グラム~~、インフ~~レーション~~、イラスト~~レーション~~、リハビリ~~テー
　　　ション~~、サブスク~~リプション~~

(59)　複合語句の短縮形

　　a. 「ケータイ」タイプの短縮形
　　　　携帯#~~電話~~、仮設#~~住宅~~、学童#~~保育~~、スーパー#~~マーケット~~、キ
　　　　ロ#~~グラム~~、キロ#~~メートル~~、カッター#~~シャツ~~、カッター#~~ナイ
　　　　フ~~、スコッチ#~~ウイスキー~~、バレー#~~ボール~~、インター#~~チェン
　　　　ジ~~、セブン#~~イレブン~~

　　b. 「ポケモン」タイプの短縮形
　　　　ポケッ~~ト~~#~~モン~~スター、スマー~~ト~~#~~フォン~~[18]、ツアー#~~コンダク~~タ
　　　　ター~~、ミス#~~コン~~テスト、ボディー#~~コン~~シャス、カラー#~~コン~~タ
　　　　クト~~、コミックブック#~~コン~~ベンション、オワッタ#~~コン~~テンツ、
　　　　シネマ#~~コン~~プレックス、オフ#~~レコード~~、ガクセ~~イ時代に~~#チカ
　　　　ラ~~を入れたこと~~

　(58) のタイプの短縮語形成には、次の5つの制約が働くことが知られて
いる (2.4.2.1 節)。このうち (60a) は入力に課される制約 (入力条件)、一方

17　東京方言などで使われる「マック」は英語の短縮語 (~~McDonald's~~) の借用形であろう。

18　フォンがホとなるのは、日本語ではフォで終わる語が十分に許容されないからであろう。

4.4 野球の声援の分析 | 219

(60b–d) は出力に課される制約（出力条件）である。

(60) a. 短縮語の入力は 5 モーラ以上の長さを持つ[19]。

(例) アメリカ → *アメ、イタリア → *イタ[20]

b. 短縮形（出力）は 4 モーラ以下の長さを持つ。

(例) サブスクリプション → サブスク、*サブスクリ

c. 1 モーラの短縮形は許容されない。

(例) ストライキ → スト、*ス

d. 1 音節の短縮形は許容されない。

(例) ローテーション → ローテ、*ロー

e. 〔軽音節＋重音節〕で終わる短縮形は許容されない。

(例) ロケーション → ロケ、*ロケー

　これらの制約はいずれも一般性を持ったものであり、短縮語形成だけに課されるものではない。たとえば (60a, b) の条件が意味する 4 モーラと 5 モーラの間の境界は日本語の諸現象に見られるものである（2.3.1.6 節、2.8 節）。また (60c) は広範囲な言語に観察される語の最小性を表す制約である（Hayes 1995）。(60d) と (60e) の制約も日本語の語形成に課される一般的な条件である（2.4.2 節、5.3 節）。

　このように日本語の単純語短縮を支配している (60) の制約はいずれも独立した動機付けを持つものであるが、その一方でこれらの 5 つの制約だけで短縮の出力形が正確に予測できるわけではない。(61) に示すように、1 つの入力に対して複数の出力候補が予測される例は多い。これは (60b–e) の出力条件が 2〜4 モーラという幅のある出力形を許容することによる。たとえば (61a) の例では実際の「スト」だけでなく、「ストラ」という 3 モーラ形や「ストライ」という 4 モーラ形も出力候補として予測されてしまう。ここから見えてくるのは、どのようなメカニズムで複数の候補の中から実際

19　4 モーラ語の短縮も皆無ではないが、ネガティチ、アマチュチのような例が散見されるだけである。

20　「アメリカ」や「イタリア」は複合語の構成要素となると短縮の対象となる（2.4.2.1 節）。

220 | 第4章　歌謡と音韻構造

の出力形が選ばれるのかという問題である。

(61) a.　ストライキ → スト、?ストラ、?ストライ

　　 b.　テレビジョン → テレビ、?テレ、?テレビジョ

　　 c.　インスタグラム → インスタ、?インス

　この問題に対して複数の仮説が提案されているが（窪薗 2023a）、その中の1つが (50) の分析、すなわち語の基底構造が (50) に示した3つの部分からできているという考え方―基底3分割構造説―である（Kubozono 2020）。(58) の短縮語を (50) の構造に合わせて分析すると次のようになる（例外については後述する）。

(62) a.　2モーラ形

　　　　{スト}~~{ライ}~~~~{キ}~~、{チョコ}~~{レー}~~~~{ト}~~、{テロ}~~{リズ}~~~~{ム}~~

　　 b.　3モーラ形

　　　　{パンフ}~~{レッ}~~~~{ト}~~、{シンポ}~~{ジウ}~~~~{ム}~~、

　　　　{アプリ}~~{ケー}~~~~{ション}~~、{メンテ}~~{ナン}~~~~{ス}~~、

　　　　{マクド}~~{ナル}~~~~{ド}~~

　　 c.　4モーラ形

　　　　{インスタ}~~{グラ}~~~~{ム}~~、{イラスト}~~{レー}~~~~{ション}~~、

　　　　{リハビリ}~~{テー}~~~~{ション}~~、{サブスク}~~{リプ}~~~~{ション}~~

　(62) の例では (50) の3分割構造の {主要部} と {末尾} が削除され、{前項} の部分が残されている。{主要部} が削除の対象となるのは (59a) にあげた「ケータイ」タイプの複合語短縮と共通する特徴であり、(59a) では意味的主要部である後部要素が、(62) では音韻的主要部（以降）が削除されている。

　その一方で、(62) の分析が誤った予測をしてしまう例もある。

(63) a.　{デモンスト}~~{レー}~~~~{ション}~~

　　 b.　{ロ}~~{ケー}~~~~{ション}~~

c. {テ} ~~レビ~~ ~~ジョン~~

d. {インフ} ~~レー~~ ~~ション~~

e. {ハンカ} ~~チー~~ ~~フ~~

　このうち (63a) は 5 モーラ以上の出力を予想してしまう例である。これは (60b) の制約に反するため、(64) のようにさらなる短縮プロセスを経ることになるが、結果的に「デ」という 1 モーラの出力形を予想してしまう。これは (60c) の最小性条件に反する形である。

(64)　{デ} ~~モンス~~ ~~ト~~

　Kubozono (2020) はこの問題に対し、最小修正 (Minimal Repair: MR) という考え方を提案している。これは出力候補が (60b–e) の出力制約に違反する場合には、最小の修正が施されるという分析である。たとえば (60c, d) の最小性条件に反する場合には、さらに 1 モーラ分が付加されることになる。短縮は長い語を短くするプロセスであるから、1 モーラが短すぎるのであれば入力からもう 1 モーラとって、合計 2 モーラを残すというのは至極自然な操作であろう。MR の根底にあるのは、このような考え方である。

　この MR の考え方を採用すると、(64) からは「デモ」という出力形が予測されることになる。同様のメカニズムで、(63b) も「ロ」ではなく「ロケ」という短縮形が生成される。

　ところが (63c–e) の例は、MR の考え方を援用しても実際の短縮形を産出できない。たとえば、(63c) から予測されるのは「テレ」という 2 モーラ形である。この問題については田中 (2023) のデータが重要な示唆を与えてくれる。この研究では、カタカナ語辞典に掲載された 5 モーラ以上の外来語の短縮形 (155 語) を入力の韻律構造と出力の韻律構造に着目して分析した。この結果、「テレビジョン」と同じ入力構造 (LLLH) を持つ外来語には語頭の 3 モーラ (LLL) を残すものと 2 モーラ (LL) を残すものがあり、前者より後者がはるかに多いことが分かった。実際には前者の例は (65a) の「テレビ」のみであり、後者は (65b) のように多数にのぼる。この結果は、{L}

222 | 第 4 章　歌謡と音韻構造

{LL} {H} という入力形から出てくる基本的な短縮形は LL という 2 モーラ
形であり、「テレビ」は例外的な出力形であることを示している。つまり、
(62) の分析は正しい語形を予測するのである。

(65) 〔入力 = LLLH〕の出力形

    a.　出力 = LLL

        テレビ~~ジョン~~

    b.　出力 = LL

        エコ~~ロジー~~、キャパ~~シティー~~、キャラ~~クター~~、コネ~~クション~~、

        デマ~~ゴギー~~、デリ~~バリー~~、ヒス~~テリー~~、レジ~~スター~~、レズ~~ビアン~~

  (63d, e) の「インフ」と「ハンカ」についても田中 (2023) のデータは同
様の説明をしてくれる。「インフレーション」は HLHH、「ハンカチーフ」
は HLHL という韻律構造を持っているが、この構造の入力形から多く生成
される出力形は HLL という韻律構造ではない。(66) – (67) に示すように、
母数は少ないものの HLHH という入力形から産出されるのは「インフレ」
のような 4 モーラ形ではなく、「コンビ」のような 3 モーラ形 (HL) である。
同様に、HLHL という入力構造から多く産出される短縮形は「ハンカチ」の
ような 4 モーラ形ではなく、「サンド」や「コーデ」のような 3 モーラ形
(HL) である。

(66) 〔入力 = HLHH〕の短縮形

    a.　出力 = HLL

        インフレ~~ーション~~

    b.　出力 = HL

        コンビ~~ネーション~~、シンセ~~サイザー~~、シンパ~~サイザー~~

(67) 〔入力 = HLHL〕の短縮形

    a.　出力 = HLL

        ハンカ~~チーフ~~、コンク~~リート~~、テンプ~~レート~~

b. 出力 = HL

サンド~~イッチ~~、パンフ~~レット~~、コンプ~~リート~~、パーマ~~ネント~~、
ハンディ~~キャップ~~、コーディ~~ネート~~、インポ~~テンツ~~、メンテ~~ナンス~~

　以上のことから、(63c–e) の例外は (50) の 3 分割構造を用いた (62) の分析への反例というより、短縮規則そのものへの例外であることが分かる。見方を変えると、(50) の基底構造は (63c–e) の短縮パターンが短縮過程の例外であるということを正しく予測するのである。

4.5　まとめ

　この章では、歌詞（テキスト）と楽譜の対応関係を定めるテキストセッティングの仕組みを対照言語学の視点を交えて考察した。日本語にも、先に定められた歌詞に音符を付与するタイプと、先に定められた楽譜に歌詞が付与されるタイプの 2 種類のテキストセッティングがある。前半で分析したのは、最初のタイプのテキストセッティングであり、この分析から、日本語の歌謡が 1 モーラに 1 音符を割り振ることを基調とする一方で、特殊拍の中でも促音（ッ）は自立性が低く、モーラよりむしろ音節を単位に音符が付与されていることが分かった。また日本語の高さアクセントはテキストセッティングに影響を及ぼさず、小節の最初の音符にアクセント（核）が置かれるモーラ／音節を連結しなくてはいけないという制限は見られないことも確認した。この点において、語アクセントがテキストセッティングに強い制約を及ぼし、よって弱起の曲が頻繁に現れる英語のテキストセッティングとは大きく異なっている。高さアクセントと強さアクセントの違いを示すものである。

　本章の後半では、先に定められた楽譜に歌詞を割り振るタイプのテキストセッティングを考察した。音符の数とメロディーが先に決まっているために、歌詞（単語）が短い場合にはいずれかの母音を長くし、歌詞が長い場合には逆に 1 つの音符に複数のモーラ／音節を連結することが求められる。具体的には、2 つの音符に歌詞を連結する Happy Birthday の歌と、3 つの音符に歌詞を連結する野球の声援音頭を分析した。前者のテキストセッティン

224 | 第4章　歌謡と音韻構造

グでは連結する語を2つに分節する作業が、後者では3つに分節する作業が求められる。この分析から見えてきたのは、(68a–c)の3つの方策である。

(68) a.　音符の数に関わらず語の最後の部分を最後の音符に付与する。
　　 b.　その「最後の部分」が最終モーラであるか最終音節であるかは語の長さによって決まる。
　　 c.　3モーラの長さの語では基本的に最終モーラを最後の音符に連結し、4モーラ以上の語では最終音節を最後の音符に連結する。

　ターゲットの位置に3つの音符を有する野球の音頭では、さらに語の残された部分を2つの音符（第1音符と第2音符）に分割することが求められる。そこでは2つ目の音符に2モーラを連結し、残りを最初の音符に連結するという方策が基本であった。4.4.4節で述べたように、長い語をこのような形で3分割した構造は野球の声援音頭だけに当てはまるものではなく、アクセントや短縮語の生成の規則とも符合する。他にも、この3分割構造で説明できる現象がないか、今後の検討課題である。

　Happy Birthday の分析では、語のアクセント構造（アクセント核の有無や位置）や形態構造（形態素境界の有無や位置）が上記の方策に影響を及ぼすことはなく、その一方で語末母音の無声化は影響を及ぼす―無声化した母音は撥音や長音などの特殊拍と同じ振る舞いを見せる―ことが明らかとなった。楽譜に付されたメロディー（旋律）と歌詞が持つ語アクセントの関係では、前者が優先され、その結果、入力が持つアクセントの違いは完全に中和される。アꜛキコ（明子）とアキオ⁰（明夫）やベルギꜛーとベルリン⁰などのペアに見られるアクセント核の有無の違いや、テꜛヘランとテヘꜛンラに見られるようなアクセント核の位置の違いは失われるのである。

　一方、野球の音頭でも、語のアクセントはテキストセッティングのパターンに影響を及ぼさない。この点において日本語のテキストセッティングは、英語やドイツ語のテキストセッティング（Liberman 1975/1979, Ladd 1996）とは明らかに異なっている。その一方で、野球の音頭では入力が持つアクセントの有無や位置の違いが、特定の場合を除いて出力に保持される。これは

楽譜のメロディーが完全に指定されていないことによる。具体的には、ベルギ¬ーのように語末音節にアクセント核を有する場合にはその効果が失われ、ベルリン⁰のような平板型の語と区別がなくなるが、その一方で、ア¬キコ（明子）とアキオ⁰（明夫）のような核の有無の違いや、テ¬ヘランとテヘ¬ンラのような核の位置の違いは表層に現れる。

　Happy Birthday の歌や野球の音頭のように、先に定められた楽譜に様々な歌詞（語）が後から連結されるタイプのテキストセッティングの研究は、単にテキストセッティングの仕組みを明らかにしてくれるだけでなく、二重母音や超重音節といった音節に関わる基本的な問題についても重要な知見を与えてくれる。Happy Birthday の歌でも野球の音頭でも、4 モーラ以上の長さの語では「最後の音節が最後の音符に連結される」ことが分かったが、この規則性を利用して、どのような母音連続が最終音符に連結されるかを調べることにより、1 音節にまとまる母音連続（すなわち二重母音）とそうでない母音連続を見極めることができる。この分析から見えてくるのは、/ai/, /oi/, /ui/, /ei/ の 4 つの母音連続だけ（/ei/ を長母音の /e:/ と見なせば /ai/, /oi/, /ui/ の 3 つだけ）が日本語の二重母音であるという知見である。Happy Birthday の歌では /au/ も話者によっては二重母音扱いされるものの、基本的な点は Happy Birthday も野球の音頭も一致しており、またアクセント規則などを使ったこれまでの音韻テストの結果（窪薗 2021）とも一致する。

　日本語の音韻研究では、/ain/ や /aan/ のような 3 モーラの連続が 1 つの音節―すなわち超重音節―を形成するかということも大きな論点となっていた。Happy Birthday や野球の音頭の分析は、この問題についても重要な知見を与えてくれる。/ain/ や /oin/, /uin/, /ein/ で終わる語の分節パターンを分析すると、これらの 3 モーラ連続がそのままターゲットとなる楽譜の最終音符に連結されることは稀であり、最後の 2 モーラを最終音節と対応させることが一般的である。これは、問題の 3 モーラ連続が /a+in/ や /o+in/, /u+in/, /e+in/ という 2 音節構造を有することを示唆している。/ai/ や /oi/, /ui/, /ei/ の母音連続だけであれば 1 つの音節にまとまるのに対し、そこに子音が付いて 3 モーラの連続になると、母音連続の間に音節境界が生じてしまうのである。超重音節は多くの言語で忌避されることが報告されているが（Árnason

1980, Prince and Smolensky 1993/2004)、日本語のテキストセッティングの研究は同じ制約が日本語にも働いていることを示している。これは日本語諸方言のアクセント分析の結果とも一致する（窪薗 2021）。

　その一方で、/aan/ や /een/ のような同じ音色の母音連続に撥音が連続する構造は、少し様相が異なる。Happy Birthday の歌でも野球の音頭でも、これらの 3 モーラ連続が最終音符に連結されることが許容されるようになる。このことは母音連続が長母音である場合には 3 モーラの音節が許容されること、別の言い方をすると、長母音のまとまりを保つために結果的に 3 モーラ音節が許容されるという知見が得られる。この結果もまた、諸方言におけるアクセントテストの結果とある程度符合する。

　このように、テキストセッティングの研究は音韻研究と深く結びついている。とは言え、日本語のテキストセッティングに関する言語研究はまだ歴史が浅く、体系的な研究は少ない。とりわけ、先に定まった楽譜の中に歌詞を入れていくタイプのテキストセッティングの研究は数少ない。素材が少ないわけではない。たとえば (69) – (70) をはじめとする歌では、下線部に様々な単語を入れることができる。Happy Birthday の歌や野球の声援音頭のようなテキストセッティングが必要とされるのである。

(69)　日本全国酒飲み音頭
　　　1 月は<u>正月</u>で酒が飲めるぞ、酒が飲める飲めるぞ、酒が飲めるぞ
　　　2 月は<u>豆まき</u>で酒が飲めるぞ、酒が飲める飲めるぞ、酒が飲めるぞ
　　　3 月は<u>ひな祭り</u>で酒が飲めるぞ、酒が飲める飲めるぞ、酒が飲めるぞ
　　　…

(70)　いい湯だな
　　　いい湯だな、いい湯だな…ここは<u>北国</u>、<u>登別</u>の湯
　　　いい湯だな、いい湯だな…ここは<u>上州</u>、<u>草津</u>の湯
　　　いい湯だな、いい湯だな…ここは<u>南国</u>、<u>別府</u>の湯
　　　…

　このような替え歌風の楽曲について、音符と音韻単位（モーラ、音節、

フット）の対応関係、アクセントや形態構造の影響、二重母音の問題など
など、体系的な研究が可能であろう。歌の数だけ研究が必要となる。また
Happy Birthday のような国際性のある歌であれば、本格的な対照言語研究も
可能となる。日本語や英語、ドイツ語以外の言語でどのようなテキストセッ
ティングがなされ、そこにどのような言語間の異同が見られるのか興味深
い。言語の数だけ研究ができるこのテーマは、大きな発展性を秘めた研究分
野と言える。

第 5 章

プロミネンスの衝突

アクセント（accent）は「語」が持っている際立ち（プロミネンス）の特徴
である。日本語では「雨」と「飴」のようなペアがしばしばアクセントで区
別される。たとえば東京方言では雨が高低（アメ）、飴が低高（アメ）と区別
され、鹿児島方言では逆のパターン—雨（アメ）と飴（アメ）—で区別される。

自然言語のアクセントには主に強さ（intensity）で際立ちを表す強さアク
セント（stress accent）と、主に高さ（pitch）を使って際立ちを表す高さア
クセント（pitch accent）の 2 タイプがあるとされる（金田一 1967, Beckman
1986）。前者の代表が英語であり、後者の代表が日本語である。このうち英
語のように強さアクセントを持つ言語では、アクセント—強勢（stress）—が
置かれて強く発音される音節（強勢音節）と、アクセントが置かれず弱く発
音される音節（弱音節）のメリハリが顕著となる。後者では母音の音色があ
いまいとなり、いわゆる「あいまい母音」（schwa）が生じる。また強さア
クセントの言語では、文のレベルで強勢音節がほぼ等間隔に現れることに
よって拍子がとられることが多い。強勢拍リズム（stress-timed rhythm, stress
timing）と呼ばれるリズムである（Abercrombie 1967, Dauer 1983）。

英語のような強さアクセントと日本語のような高さアクセントはあいま
い母音の有無など、いくつか顕著な違いを見せる（Fry 1958, 窪薗 1998a, 窪
薗他 2025）。あいまい母音と並んで強さアクセントに特徴的なのがリズム
規則（rhythm rule）と呼ばれる現象で、強勢音節が隣接する環境では衝突
する強勢の一方が消える（音声的に弱化する）（Liberman and Prince 1977,
Gussenhoven 1991）。たとえば (1a) の例では下線部に生じた強勢の衝突
(stress clash) を解消するために、York の強勢が弱化する（アクセントの記号
は、é のような上向き記号が主強勢を、è のような下向き記号が第 2 強勢を

表す)。New York だけであれば York に主強勢が置かれ Nèw Yórk〔弱強〕というパターンで発音されるのに対し、後ろに City が来ると York の強勢が失われ、同じ語が Nèw York〔強弱〕と発音されるようになるのである。

(1) a. Nèw Yórk Cíty → Nèw York Cíty (ニューヨーク市)
　　 b. Jàpanése péople → Jàpanese péople (日本人)
　　 c. thìrtéen mén → thìrteen mén (13人の男たち)
　　 d. Dàndée mármalàde → Dàndee mármalàde (ダンディー産マーマレード)
　　 e. Wàterlóo Státion → Wàterloo Státion (ウォータールー駅)
　　 f. Tènnessée Wílliams → Tènnessee Wílliams ((劇作家)テネシー・ウィリアムズ)

　この現象は強勢の衝突を避けるために起こるものであり、強さアクセントに特徴的に生じる現象とこれまで解釈されてきた (Liberman and Prince 1977)。強勢音節の産出には大きなエネルギー(発話努力)が必要となるから、そのような音節を連続して作り出すのは難しいというわけである。スポーツでたとえるならば、100mダッシュを休憩なしに続けるような状況に等しい。エネルギーの大きさを○で表すと、(1) の現象は (2) のように表すことができる。

(2) 　New York City → New York City

　(1) の現象は英語が強さアクセントを持つために起こるものと考えられてきたが、日本語のような高さアクセントでは本当に起こらないのだろうか。強さアクセント(強勢)の産出に大きなエネルギーが必要であるのと同じように、高さアクセント—すなわち高音調 (high tone) —を作り出すのにもそれなりのエネルギーが必要となるはずである。そうであれば高さアクセントの言語では高音調の連続や隣接を嫌う現象が観察されてもおかしくない。本章はこの疑問を出発点として、日本語に見られるプロミネンス(際立ち、卓

立）の衝突（prominence clash）の現象を分析する。

第1節（5.1節）では英語が強勢の衝突をどのように避けているかを概観した上で、第2節（5.2節）では日本語の近畿方言や甑島方言、鹿児島方言において高音調の衝突を避けようとする現象が観察されることを指摘する。とりわけ鹿児島県の離島方言である甑島方言では、(1) に示した英語のリズム規則と瓜二つの現象が観察される（5.2.3節）。強さアクセント言語において強勢の衝突が忌避されるのと同じように、高さアクセント言語である日本語でもプロミネンスの衝突（ここでは高音調の衝突）を避けようとする力が働いているのである。

第3節（5.3節）ではこの分析をモーラレベルに拡張する。周知のように、日本語には自立拍と特殊拍の2種類のモーラがある。後者は撥音（ン）や促音（ッ）、長音（ー）、二重母音の第2要素（イ）を総称したもので、伝統的な音声研究ではそれぞれ N, Q, R, J の記号で表されることが多かった。語頭に立たず、（東京方言では）アクセントを担いにくいという共通した特徴を持っている。マやテのような自立拍が、語頭に立つことができ、アクセントを担うこともできるのに比べて、特殊拍は音韻的に弱いモーラである。音韻的な強さを○の大きさで表すと、たとえば〔自立拍＋特殊拍＋自立拍＋特殊拍〕という4モーラ構造を有する「東京」という語は○○○○という構造を持っていることになる。

自立拍が連続する構造は、音韻的に強いモーラが連続する構造である。第3節ではこの構造が日本語の中で忌避されることを、マンマやダッコといった赤ちゃん言葉や、「昭和」や「平成」などの元号などを例に示す。赤ちゃん言葉にバーバがあってもババーがないのはこのためであり、また「明治」や「昭和」のように〔自立拍＋特殊拍＋自立拍〕の3モーラ元号はあっても「和銅」や「嘉永」のような〔自立拍＋自立拍＋特殊拍〕の構造の元号が極めて少ないのもこのためである。第2節で論じる高音調の衝突と合わせて考えると、プロミネンスが大きい要素が連続する構造——プロミネンスの衝突——を避けようとする一般的な原理が働いていることになる。

続く第4節（5.4節）と第5節（5.5節）では「プロミネンスの衝突」という概念をさらに発展させ、母音や子音といった分節音（セグメント）のレベル

232 | 第5章　プロミネンスの衝突

でも同じ原理が働いている可能性を論じる。音節は母音と子音が結合して作り出す音韻単位であるが、そこでは子音より母音の方が卓立した要素として働く。音節の中心となるのは母音であり、母音だけで音節を形成することはできても―たとえば日本語の「胃 (i)」や「絵 (e)」、英語の eye [ai] や ear [iə] など―、子音単独で音節を作ることは通常できない[1]。つまり母音は子音より音韻的に強い要素である。そうであれば母音が連続する構造は言語一般に忌避されることが予想されるが、実際、この構造は母音連続 (hiatus) と呼ばれ、日本語や英語を含む多くの言語で忌避されることが知られている。第4節では母音連続をプロミネンスの衝突として捉える新しい見方を提示する。

　第5節 (5.5節) では、プロミネンスの概念をさらに拡大し、子音と子音の結合様式を分析する。子音の中にもより聞こえ度が大きい子音と、小さい子音との間に強さの違いが観察される。頭子音や尾子音の位置に生起する子音連続は子音結合 (consonant cluster) と呼ばれているが、「強い子音」同士の結合や、強さが同程度の―聞こえ度が近い―子音同士の結合が避けられる傾向があることを指摘する。

5.1　英語の「強勢の衝突」

　(1) において、英語では強勢が衝突した時に片方の強勢が弱化 (消失) することを見た。強勢の衝突を解消するために起こる現象であるが、衝突を避ける方法は実はリズム規則だけではない。英語は (3) にあげる複数の方法で衝突を避けようとする (詳しくは窪薗・溝越 1991 の第4章参照)。

(3)　a.　リズム規則 (片方の弱化)

　　　　○○○○○　→　○○○○○

　　b.　余剰要素の挿入

　　　　○○○○○　→　○○○○○○

1　例外もある。英語では lit.tle [lɪtl], can.dle [kændl], rhyth.m [rɪðm] などの2音節目に子音が音節の主音―成節子音 (syllabic consonant) ―として現れる。また北アフリカで話されているベルベル語 (Berber) では母音の代わりに子音が音節を形成することが珍しくないという (Dell and Elmedlaoui 1985, Goldsmith 2011)。同様の観察が日本の琉球語でも報告されている (Karimata 2015: 126)。

5.1 英語の「強勢の衝突」 | 233

c. 語の選択（言い換え）

d. 語順の選択

このうち (3b) の余剰要素の挿入は、強勢音節の間に意味のない要素―(4)
の二重下線部―を入れることにより、強勢音節が連続することを避けようと
する現象である。

(4) a. Money makes the mare go. → Money makes the mare <u>to</u> go.
    （諺「地獄の沙汰も金次第」「金がものをいう」）

b *John was made work. → John was made <u>to</u> work.
    （ジョンは働かされた）

c. without doubt ～ without <u>a</u> doubt（疑う余地なく）

d. outside cities ～ outside <u>of</u> cities（都市の外で）

e. a bit <u>of</u> bread, *a bit bread（少しばかりのパン）
    cf. a little of bread ～ a little bread（少しばかりのパン）

f. a gross <u>of</u> eggs, *a gross eggs（12 ダースの卵）
    cf. a dozen of eggs ～ a dozen eggs（1 ダースの卵）

　(4a, b) は使役動詞の make の用法に関するもので、(4a) の諺では、目的
語（mare）と動詞（go）の間に余剰的な to を入れて強勢の衝突を避けようと
している。make は to をとらない使役動詞であるから to を入れると文法的
には不適格な文となるが、諺や詩ではリズムを整えるためにこのような例外
的なことが許容される。いわゆる poetic license（詩的逸脱、詩的破格）の 1
種である。(4b) は能動態では必要とされない to が受動態において強制的に
挿入されるもので、こちらは余剰的な to の挿入が正用となっている。

　動詞の前の余剰要素が to であるのに対し、名詞の前では (4c) のように冠詞
の a や、(4d–f) のように前置詞の of が挿入される。(4c, d) では余剰的な a や
of が任意に挿入され、(4e, f) では of が強制的に挿入される。a little (of) bread
や a dozen (of) eggs では little や dozen が〔強弱〕○○という構造の 2 音節語で
あるために、後続の名詞（bread, eggs）との間で強勢の衝突は生じず、よって

234 | 第5章　プロミネンスの衝突

of の挿入は任意であるが、little, dozen と同義（類義）の bit や gross は 1 音節語であるため、そのままでは後続名詞と強勢の衝突を引き起こしてしまう。余剰的な of を挿入することにより、強勢の衝突を回避しているのである。

　次に (3c) にあげた語の選択とは、強勢の衝突を避けるために同義の別の語で置き換える現象である。たとえば (5) – (8) では (a) が形容詞の叙述用法、(b) が限定用法（後ろに名詞を伴う用法）を表しているが、限定用法では後続の名詞との間に強勢の衝突が生じてしまうため、それを避けようとして〔強弱〕(drunken, living, blazing) や〔強弱弱〕(similar) の構造を持つ同義語に置き換えられる。(9b) の例でも、後ろに名詞を伴う限定用法では〔強弱〕の構造を持つ hidden が選択される。

(5)　a.　He is drunk. (酔っぱらっている)

　　　b.　*Look at the drunk man. → Look at the drunken man.
　　　　　(あの酔っ払いを見ろ)

(6)　a.　The mammoth is still alive. (マンモスはまだ生きている)

　　　b.　*It's an alive animal. → It's a living animal. (まだ生きている動物だ)

(7)　a.　We saw a house ablaze. (家が燃え上がるのを見た)

　　　b.　*We saw an ablaze house. → We saw a blazing house.
　　　　　(燃え上がる家を見た)

(8)　a.　The brothers look alike. (あの兄弟は似ている)

　　　b.　*They have alike looks. → They have similar looks. (よく似た顔をしている)

(9)　a.　They have hid(den) the treasures. (宝物を隠した)

　　　b.　*They are looking for hid treasures.　→ They are looking for hidden treasures. (隠された宝物を探している)

　語の選択は形容詞の比較級・最上級にも観察される。現代英語には -er, -est というゲルマン系の語形（英語が先祖から受け継いだ語形）と、more, most というロマンス系の言語から借用した形が共存している。big や pretty

5.1 英語の「強勢の衝突」 | 235

のような 1〜2 音節の長さの形容詞は -er, -est という屈折語尾を取り[2]、beautiful のような 3 音節以上の形容詞は more, most という形をとるというのが原則であるが、1 音節の形容詞が more big, most big にならない背景には、強勢の衝突を避けようとする力が働いていると想像できる。more, most をとってしまうと、(10b) に示すように後続名詞との間に強勢の衝突（下線部）が生じてしまう恐れがあるからである。

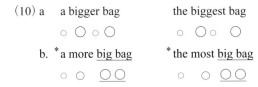

最後に (3d) の語順の選択は、語順を変えることによって強勢の衝突を避けようとする現象である。たとえば (11) – (12) のような A, B and C という 3 項表現では、(a) のように 1 音節語である Paul や stone を and の前に置くことによって〔強弱強弱強弱〕という規則的なパターン（2 拍子）を作り出している。(b) のように 1 音節語を最初に置いてしまうと、強勢の衝突が起こってしまうからである。

(11) a.　Peter, Paul and Mary（アメリカの歌手グループ）[3]

　　　b.　Paul, Peter and Mary

(12) a.　paper, stone and scissors（グーチョキパー）[4]

2　2 音節語の形容詞には common のように両方の形 (commoner/commonest と more common/most common) をとるものがある。後者の形が増えている印象を受ける。

3　Peter と Mary はともに〔強弱〕の 2 音節であるが、Peter と Paul で頭韻を踏ませるために (11a) の語順となる。

4　アメリカでは rock, paper, scissors とも言う。

b.　stone, paper and scissors

　　○　○　○　　○　　○○

ちなみに A and B や A or B のような2項表現に働くのは強勢の空き (stress lapse) を避けようとする力であり、たとえば (13) では (a) の〔強弱強弱〕(2拍子) の語順が (b) の〔強弱弱強〕よりも好まれ、また (14) でも (a) の〔強弱弱強弱弱〕(3拍子) の語順が、(b) の〔強弱弱弱強弱〕のような繰り返しのない語順よりも好まれる (Bolinger 1965)。

(13) a.　Tom and Jerry, men and women, time and money

　　　　○　　○　○○

　　 b.　Jerry and Tom, women and men, money and time

　　　　○○　○　○

(14) a.　ladies and gentlemen, Simon and Garfunkel

　　　　○　○　○　○○○

　　 b.　gentlemen and ladies, Garfunkel and Simon

　　　　○　○　○　　○　○○

　この他、語順の選択は形容詞や副詞の語法にも現れている。英語では a big boy, the two boys のように〔冠詞＋形容詞／数量詞＋名詞〕という語順が定型であるが、all (すべての) と half (半分の) という1音節の数量詞は (15) のように〔形容詞＋冠詞＋名詞〕という変則的な語順を好む。ここにも強勢の衝突を避けるという力が見て取れる。

(15) a.　a half hour → half an hour (30分)

　　　　○○　○　　　○　○　○

　　 b.　the all people → all the people (すべての人々)

　　　　○　○　○○　　○　○　○○

　同じ現象が副詞に関わる語順にも見られる。副詞が形容詞を修飾する場

合、英語は very long や quite long のように〔副詞＋形容詞〕という語順をとる。それゆえ、形容詞に名詞が後続する用法（限定用法）では a very long river のような〔冠詞＋副詞＋形容詞＋名詞〕という語順が文法的となる。ところが quite や such のような 1 音節の強調副詞は quite a long river, such a long river のように冠詞と副詞が入れ代わった変則的な語順—つまり〔副詞＋冠詞＋形容詞＋名詞〕—をとることが知られている。英語の形容詞は名詞と同じように強勢音節で始まるものが多いため、〔冠詞＋副詞＋形容詞＋名詞〕という文法的な語順では 1 音節の副詞と形容詞との間に強勢の衝突が生じてしまう。〔副詞＋冠詞＋形容詞＋名詞〕という変則的な語順にすると、その問題が解消されることになる。

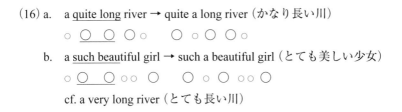

(16) a.　a quite long river → quite a long river（かなり長い川）
　　　　○ ◯ ◯ ◯ ○　　◯ ○ ◯ ◯ ○
　　b.　a such beautiful girl → such a beautiful girl（とても美しい少女）
　　　　○ ◯ ◯ ○ ○ ◯　　◯ ○ ◯ ○ ○ ◯
　　cf. a very long river（とても長い川）

　ちなみに、同様の衝突は very の場合には生じない。この副詞が強弱（○○）という 2 音節の構造を持ち、弱音節がクッションの役割を果たしてくれるからである。enough という〔弱強〕の 2 音節副詞が、an enough good reason（弱弱強強強弱）から a good enough reason（弱強弱強強強弱）あるいは a reason good enough（弱弱強弱強弱強）という変則的な語順を作り出すのも、強勢の衝突を避けてリズムを整えるためと考えれば納得がいく。ちなみに enough と同義の sufficiently（弱強弱弱）では後続する形容詞との間に強勢の衝突が生じないため a sufficiently good reason という正規の語順がとられる。
　以上の議論から分かるように、強勢の衝突を避けるために英語では様々な方策がとられている。一見すると無関係に思えるような諸現象が、「強勢の衝突を避ける」という単一の原理に還元できるのである。

238 ｜ 第5章　プロミネンスの衝突

5.2　日本語の「高音調の衝突」

　前節では、英語が様々な手段で「強勢の衝突」を避けようとしていることを見た。強さアクセントゆえに生じる現象とされてきたが、この節ではピッチアクセント言語である日本語に類似の現象が見られることを指摘する。この節で考察するのは近畿方言（5.2.1節）、鹿児島県の離島方言である甑島方言（5.2.2〜5.2.3節）、鹿児島市を中心とする薩摩半島で話されている鹿児島方言（5.2.4〜5.2.5節）である。いずれの方言でも高音調が連続する構造—高音調の衝突—を避けようとする現象が観察される。

5.2.1　近畿方言における高音調衝突
5.2.1.1　低起無核型

　京都や大阪で話されている近畿方言は東京方言より多くのアクセント型が観察される。東京方言と同じように、急激なピッチ下降（つまりアクセント核）の有無とその位置でアクセントの対立を示すのに加え、語が高く始まる（高起式）か低く始まる（低起式）かという「式」の対立も有する[5]。(17)のような例である。

(17) a.　高起：￣ナツヤスミ￣（夏休み）、￣キャベツバタケ￣（キャベツ畑）
　　　b.　低起：ハル￣ヤスミ（春休み）、ヤサイバタ￣ケ（野菜畑）

　東京方言と同じように、この方言でも語や文節の音調が連結して句や文の音調が決まるのが原則である。たとえば(18)では構成要素が持つアクセントの型がそのまま句の音調として受け継がれる。

(18) a.　￣ナツヤスミトハル￣ヤスミ（夏休みと春休み）
　　　b.　￣キャベツバタケトヤサイバタ￣ケ（キャベツ畑と野菜畑）

　ところが、近畿方言にはこの原則が破られるケースが存在する。ネズ￣ミ、

5　高起式と低起式はそれぞれ「平進式」「上昇式」と呼ばれることもある（中井 2012）。

5.2　日本語の「高音調の衝突」│ 239

ネズミヲのような低く始まり語句末だけが高く発音されるアクセント型―いわゆる低起無核型―に、ミタのような高起式の語が続く場合である。

(19) a.　ネズミ￣ミタ、*ネズミ￣ミ￣タ（鼠見た）
　　　　ネズミヲ￣ミタ、*ネズミヲ￣ミ￣タ（鼠を見た）
　　b.　ネズミ￣ミ￣ル、*ネズミ￣ミ￣ル（鼠見る）
　　　　ネズミヲ￣ミ￣ル、*ネズミヲ￣ミ￣ル（鼠を見る）
　　c.　オ￣トコ￣ミタ、*オ￣トコ￣ミ￣タ（男見た）
　　　　オ￣トコヲ￣ミタ、*オ￣トコヲ￣ミ￣タ（男を見た）

　（19）はネズミ￣、オ￣トコ、ミ￣ル、ミ￣タの4語から作られる文であるが、これらの中で、高音調で終わる語句（鼠、鼠を）に高音調で始まる語（見た）が後続する（19a）の場合に限り、前の要素の高音調が消えてしまう。つまり、前の語句末にある高音調と後続語句の頭にある高音調が衝突した場合に限り、前者の高音調が消えるのである。この現象は同じアクセント構造の語句連続では規則的に起こり、（20）の例でも文節境界で高音調の衝突が起こり、前の音節の高音調が消えることになる。図示すると（21）のような変化である（H＝高音調）。

(20)　ウサギ二￣。ウサギニ￣アタッタ（兎に当たった）。
　　　スズメ￣ガ。スズメガ￣ト￣ンダ（雀が飛んだ）。
　　　ウミ二￣。ウミニ￣キタ（海に来た）。
　　　ウス￣ヲ。ウスヲ￣ハコンダ（臼を運んだ）。
　　　ハシ￣ヲ。ハシヲ￣オ￣イタ（箸を置いた）。
　　　カタ￣ヲ。カタヲ￣カリタ（肩を借りた）。
　　　キツネ￣ヲ。キツネヲ￣サ￣ガシタ（狐を探した）。
　　　ソラ￣ガ。ソラガ￣アオイ（空が青い）。
　　　ウナギ￣。ウナギ￣ウマイ（鰻旨い）。
　　　ナニ￣ヲ。ナニヲ￣ミ￣タンヤ（何を見たんや）。
　　　アカンボー￣ガ。アカンボーガ￣オル（赤ん坊がおる）。

240 | 第5章 プロミネンスの衝突

(21)　ネズミヲ ミタ　→ネズミヲ ミタ
　　　　　￤ ￤　　　　　　　￤
　　　　　H H　　　　　　　H

　近畿方言に観察されるこの高音調消失の現象は、(1) – (2) で見た英語の
リズム規則に似ている。高音調か強勢かという違いはあるものの、音韻的に
卓立した音節が連続する環境で、前の方の音節がプロミネンスを失ってい
る。プロミネンスの衝突を避けようとして一方が消えてしまう現象と一般化
できる。
　ここで、(21) のような高音調消失の現象が日本語のどの方言でも起こる
わけではないことを付言しておきたい。たとえば鹿児島方言でも近畿方言と
同じように2つの文節間で高音調が衝突することがあるが、一方の高音調
が消えるということはなく、2つの高音調が問題なく共存する。方言によっ
て高音調の衝突を容認できる度合いが異なるのか、あるいは方言間で高音調
の音韻的性格が異なるのか、複数の可能性が考えられる。

(22)　鹿児島方言
　　　スズメガトブ、*スズメガトブ（雀が飛ぶ）
　　　ハシヲオイタ、*ハシヲオイタ（箸を置いた）
　　　トーキョーニイク、*トーキョーニイク（東京に行く）

5.2.1.2　高起二型

　低起無核型の語に加え、近畿方言ではもう1つ高音調の衝突を避けよう
とする現象が観察される。「高起二型」と呼ばれるアクセント型である。
　既に述べたように、近畿方言の語彙はアクセント核の有無（および位置）
に加え、語が高く始まるか低く始まるかという指定を受ける。このため東京
方言より多くのアクセント型を許容することになるが、1モーラ目から高く
始まり2モーラ目にアクセント核を有する型（高起二型）は少なく、また安
定しないことが知られている（中井 2002）。たとえば (23) のような変化が
報告されている。

5.2 日本語の「高音調の衝突」 | 241

(23) 高起二型のアクセント変化
    a. $\overline{アタマ}$ → ア$\overline{タマ}$ (頭)
    b. $\overline{オトコ}$ → オ$\overline{トコ}$ (男)
    c. $\overline{カガミ}$ → カ$\overline{ガミ}$ (鏡)

高起二型を避ける傾向は外来語にも観察され、「ワシ˺ントン」や「スフィ˺ンクス」のように 2 モーラ目にアクセント核を有する語は低起で始まる（田中 2017）。低起式であれば 2 モーラ目にアクセント核がくる型（低起二型）も 3 モーラ目にアクセント核がくる型（低起三型）も許されるのに、高起式の場合には 2 モーラ目にアクセント核がくる型は許容されないのである。

(24) 外来語のアクセント

式 ＼ 核の位置	2 モーラ目	3 モーラ目
高起	（なし）	クリスマス プロポーズ
低起	ワシントン スフィンクス	チョコレート コンクール

このように近畿方言において高起二型は避けられる傾向がある。この事実を高嶋（2024）は次の OCP（Obligatory Contour Principle, 必異原則）という制約で説明しようとしている。

(25) OCP（Tone-H）
    出自の異なる H トーン同士が連続していてはならない。

この制約は、本書でこれまで提案してきた高音調衝突の考え方と同じものである。つまり、高起を表す高音調（H_R）[6] とアクセント核を表す高音調（H）

6　H_R の R は register（式）を表す。

242 | 第5章　プロミネンスの衝突

が隣り合う音節に現れたため、この衝突を解消するために (23a, b) ではアクセント型の変化 (核の移動) が起こり、(23c) や (24) では高起から低起への変化—H_R の消失—が起こったということである。

(26)　高音調の衝突とその解消

 a.　アタマ → アタマ (頭)
   H_RH   H

 b.　カガミ → カガミ (鏡)
   H_RH   H

   ワシントン → ワシントン
   H_RH   H

　高嶋 (2024) は、高起二型を避ける傾向が複合語にも観察されることを指摘している。近畿方言では複合語にも高起／低起の区別があり、前部要素が高起であれば複合語も高起となり、前部要素が低起であれば複合語も低起となる (3.2 節)。いわゆる式保存の法則 (和田 1942) である。この特徴を除けば、近畿方言の複合語アクセント規則は東京方言の規則によく似ており、ピッチ下降—つまりアクセント核—の有無と位置については東京方言とほぼ一致する。たとえば (17) の複合語では、東京方言と同じ位置でピッチ下降が起こる。また前部要素が3〜4モーラの長さで後部要素が2モーラの場合には、東京方言と同じように前部要素の末尾に複合語アクセントが置かれるのが一般的である。

(27)　近畿方言の複合語アクセント
 a.　タカラ + ハコ → タカラ - バコ (宝箱)
 b.　クスリ + ハコ → クスリ - バコ (薬箱)

　このように〔3〜4モーラ + 2モーラ〕の複合語は、東京方言と同じように前部要素の末尾にアクセント核が置かれ、前部要素と後部要素の間でピッチが下降することになる。伝統的な近畿方言では、この型が前部要素が特殊拍

5.2 日本語の「高音調の衝突」 | 243

で終わる場合にも生じる。特殊拍がアクセント核を担うこのアクセント型は「特殊拍アクセント」と呼ばれ、直前の自立拍へ核を移動させる東京方言のパターン（2.3.2.1 節）とは対照的である（〔　　〕内は東京方言のアクセントを示す）。

(28)　近畿方言の複合語アクセント
　　　a.　前部要素＝高起
　　　　　イショー-バコ〔東京：イショー-バコ〕（衣装箱）
　　　　　トクヒョー-リツ〔東京：トクヒョー-リツ〕（得票率）
　　　b.　前部要素＝低起
　　　　　イチョー-ヤク〔東京：イチョー-ヤク〕（胃腸薬）
　　　　　ニンギョー-ゲキ〔東京：ニンギョー-ゲキ〕（人形劇）

　特殊拍がアクセント核を担うという特徴は (29) のような短い語彙にも見られるものであるが、その一方で、近畿方言を特徴づけていたこのアクセント型は徐々に失われつつあることが報告されている（金水 1999）。

(29)　コーチャ（紅茶）、インド、シンリ（心理）、キンテツ（近鉄）

　高嶋 (2024) は、特殊拍アクセントが失われつつあるというこの傾向に着目し、〔3〜4 モーラ＋2 モーラ〕という構造を持つ複合語のアクセントを分析した。分析対象としたのが、杉藤 (1995) のアクセント辞典に収められた戦前世代（1916〜1932 年生まれ）と戦後世代（1962〜1964 年生まれ）の各 3 名の大阪方言話者である。杉藤 (1995) から 30 年経った今では、後者の世代も既に高年層となっている。
　この分析によると、戦前世代の話者は (28) に示した伝統的な型を忠実に守っている。すなわち、高起の複合語では前部要素末の特殊拍まで高くなり、低起の複合語では前部要素末の特殊拍だけが高くなる。特殊拍アクセントを守っているわけである。これに対し、戦後世代の話者は特殊拍アクセントを避け、1 モーラ前の自立拍にアクセント核を移動させる傾向を示す。具

244 | 第5章　プロミネンスの衝突

体的には、前部要素が3モーラの場合（表5.1）でも、4モーラの場合（表5.2）でも、全体的に後ろから4モーラ目の自立拍にアクセント核を移動させる型（−4型）の方が、語末から3モーラ目（すなわち前部要素の最終モーラ）の特殊拍にアクセント核を置く型（−3型）よりも優勢になっている（表5.1–5.2は高嶋2024より一部改変）。たとえば表5.2の〔前部要素＝高起〕では、アクセント核が自立拍に移動した−4型の方が、特殊拍に残っている−3型よりも3倍近く多い（70.5%対24.5%）。この結果は、複合語においても特殊拍アクセントが衰退しつつあること、すなわち特殊拍（◎）がアクセント核を担えなくなり、東京方言に似た体系に変化しつつあることを意味している。

表5.1　〔3モーラ＋2モーラ〕の複合語における特殊拍アクセント（戦後世代）

複合語ア 前部要素	高起 −4型 ○○◎□□	高起 −3型 ○○◎□□	低起 −4型 ○○◎□□	低起 −3型 ○○◎□□	計
高起	82 (16.0%)	223 (43.6%)	164 (32.1%)	42 (8.2%)	511 (100%)
低起	4 (0.6%)	22 (3.5%)	344 (54.3%)	263 (41.5%)	633 (100%)

表5.2　〔4モーラ＋2モーラ〕の複合語における特殊拍アクセント（戦後世代）

複合語ア 前部要素	高起 −4型 ○○○◎□□	高起 −3型 ○○○◎□□	低起 −4型 ○○○◎□□	低起 −3型 ○○○◎□□	計
高起	1575 (70.5%)	547 (24.5%)	83 (3.7%)	28 (1.3%)	2233 (100%)
低起	34 (11.5%)	13 (4.4%)	157 (53.2%)	91 (30.8%)	295 (100%)

　このように複合語においても特殊拍アクセントは衰退しているのであるが、この流れの例外となっているのが表5.1の〔前部要素＝高起〕の場合である。前部要素が高起であるから式保存の法則によって複合語も高起となるのは自然なところであるが、表5.1では高起 −4型（たとえばイショー-バコ）よりも高起 −3型（たとえばイショー-バコ）の方が3倍近く多い（16.0%対43.6%）。つまり前部要素が3モーラの場合には、特殊拍アクセント衰退の流

れに逆らって、前部要素末の特殊拍がアクセント核を担っているのである。

　ここで、なぜこの場合に特殊拍アクセントが許容されているかという疑問が生じるが、高嶋（2024）はこれを高起二型を避けるためと解釈している。すなわち、（30b）のように特殊拍アクセントを避けてアクセント核を直前の自立拍に移動してしまうと、高起を表す語頭の高音調とアクセント核の高音調が衝突してしまう。これに対し、（30a）のようにアクセント核を移動しない型（つまり特殊拍アクセント）であれば、2つの高音調が衝突することはない。音声的には（30a）の H_R は 2 モーラ目にまで拡張することになるが、音韻的には第 1 モーラに付与されており、アクセント核を表す高音調と衝突することはないのである。特殊拍アクセントを避けようとする全体的な流れに抗おうとする背景に、高起二型を避けようとする力、すなわち高音調の衝突を避けようとする力が働いているというのが高嶋（2024）の分析である。

（30）　複合語における高起二型

　　　a.　イショー - バコ（衣装箱）　　　　　b.　イショー - バコ（衣装箱）
　　　　　│　　　　│　　　　　　　　　　　　　　│　│
　　　　　H_R　　　H　　　　　　　　　　　　　H_R H

5.2.1.3　式の変化

　表 5.1 のデータの中でもう 1 つ注目すべきが、〔前部要素＝高起〕の場合に観察される式の転換である。これは高嶋（2024）が指摘していない点であるが、表 5.1–5.2 に示された戦後世代話者のデータでも、前部要素の式（高起／低起）を複合語に保存する力―式保存の法則―が明確に観察される。たとえば表 5.2 の〔前部要素＝高起〕の場合には複合語の 95%（70.5%＋24.5%）が高起となっている。同表の〔前部要素＝低起〕の場合でも、全体の 84%（53.2%＋30.8%）が低起となっている。表 5.1 でも〔前部要素＝低起〕であれば、95.8%（54.3%＋41.5%）が低起となっている。

　同じ流れでいけば、表 5.1 の〔前部要素＝高起〕の場合にも式保存の法則によって複合語が高起となることが予想されるが、実際にはそうなっていない。高起となっているのは 59.6%（16.0%＋43.6%）に過ぎず、残りの 40.3%（32.1%＋8.2%）は式保存の法則を破って低起となっている。なぜこの場合だけ式

246 | 第5章　プロミネンスの衝突

保存の法則が忠実に守られていないのか。その答えもまた高音調の衝突にある。

　表5.1のデータは〔前部要素＝高起〕の場合に複合語の4割が低起となり、そこでは全体の流れに従って特殊拍アクセントを避けようとする力が働いていることを示している。具体的には(31a)の方が(31b)よりも4倍近く多い(32.1%対8.2%)。つまり、(31a)のように H_R を消去して高起から低起へと式を転換すれば、特殊拍アクセントを避けながら高起二型のアクセントも避けることができるのである。これに対し、特殊拍アクセントを保持した(31b)では2種類の高音調が隣接しておらず、式の変化を引き起こす力が弱い。このように見ると、(31a)の変化は(26b)のカガミ(鏡)やワシントンに起こった変化と同質のものであることが分かる。複合語に見られる式の変化もまた、2種類の高音調の衝突を避けた結果と解釈できるのである。

(31) a.　イショー - バコ → イショー - バコ (衣装箱)
　　　　　￨　￨　　　　　　　￨
　　　　　H_R H　　　　　　　H

　　 b.　イショー - バコ → イショー - バコ (衣装箱)
　　　　　￨　　￨　　　　　　　￨
　　　　　H_R　　H　　　　　　　H

　以上の議論から、近畿方言には高起二型を避ける方法が2つあることが分かる。1つは(32a)に示したアクセント核の移動を阻止する方法、すなわち特殊拍アクセントを温存する方法であり、残る1つは(32b)のように、特殊拍アクセントを避けながら、式保存の法則を破って複合語を高起から低起に変える方法である。この環境では、式保存の法則を守りながら特殊拍アクセントを避けようとすると、2つの高音調の間で衝突が起こってしまう。2つの力を両立させることができないため、いずれかを犠牲にしたというわけである。いずれの方策も、高起を表す高音調 (H_R) とアクセント核を表す高音調 (H) が衝突する高起二型の発生を避ける効果を持っている。

5.2 日本語の「高音調の衝突」 | 247

(32) 高音調の衝突を避ける 2 つの方策

イショー - バコ → (a) イショー - バコ（アクセント核移動の阻止）
H_R H   H_R   H

(b) イショー - バコ（式の転換）
H

5.2.2 甑島方言の文節内の高音調衝突

　高音調の衝突を避けようとする現象は鹿児島県の離島方言である甑島方言でも観察される。この方言は薩摩半島の西 30〜40 キロの東シナ海に浮かぶ甑島列島（上甑島、中甑島、下甑島）で話されている方言であり、推定話者数が 1,000〜1,500 人ほどの危機方言である（Kubozono 2022c）。系統的には長崎方言や鹿児島方言と同じ九州西南部方言に属し、両方言と同じように 2 つのアクセント型（A 型と B 型）を持つ。すなわちすべての語が、ピッチが下がる A 型か下がらない B 型のいずれかに属する。3 方言が姉妹関係にあることは、(33) のような短い語が同じ音調で発音されることからも分かる。

(33) a.　A 型（高低）

　　　日が、柄が、飴、型、鼻、鳴る、裂く、突く、拭く、行く、聞く

　　b.　B 型（低高）

　　　火が、絵が、雨、肩、花、成る、咲く、着く、吹く、来る、見る

　その一方で、甑島方言は姉妹方言とは異なり、重起伏という特徴を示す。重起伏とは、1 つの語に 2 つのアクセントの山（高音調）が生じる現象であり、甑島列島では中甑島の唯一の集落である平良集落（3.3 節の地図 2）を除き、すべての集落がこの特徴を示す。1937 年（昭和 12 年）に上村孝二氏が行った調査（上村 1937, 1941）によると、この時代から既に平良集落以外の集落では重起伏の特徴が観察されている。現在の平良集落および鹿児島市のアクセントと比較すると表 5.3 のようになる。

表5.3　1937年当時の甑島方言、現在の甑島平良方言、鹿児島方言の比較

アクセント型	甑島方言（上村1941）	甑島平良方言	鹿児島方言
A型	アマザケ	アマザケ	アマザケ（甘酒）
	ナツヤスミ	ナツヤスミ	ナツヤスミ（夏休み）
	ジョーキセン	ジョーキセン	ジョーキセン（蒸気船）
B型	オトコ	オトコ	オトコ（男）
	アサガオ	アサガオ	アサガオ（朝顔）
	ハルヤスミ	ハルヤスミ	ハルヤスミ（春休み）
	イナビカリ	イナビカリ	イナビカリ（稲光）

　上村の記述によると、甑島方言の重起伏体系では語末モーラ（B型）か語末から2つ目のモーラ（次語末モーラ、A型）に主たるアクセントの山が現れ、語頭から2つ目のモーラに副次的なアクセントの山が現れるという。つまり、この体系では語末付近の山がアクセントの弁別に関わる特徴であり、語頭付近の山は弁別性を持たない、句音調的なもの—語句の始まりを示す句音調—と分析できる。現在の甑島平良方言や鹿児島方言と比較すると、語末付近の山が主アクセントであり、語頭付近の副次的な山は平良方言以外の甑島方言で独自に発達したものと見るのが妥当であろう。

　ここで注目すべきは、A型の4モーラ語とB型の3モーラ語が示す音調である。これらの語でも、A型は語末から2モーラ目に、B型は語末モーラに主アクセントが現れ、ともに語頭から2モーラ目に副次アクセントを持つことが予想される。ところが実際に副次アクセントが現れるのは語頭から2モーラ目ではなく1モーラ目である。比較すると表5.4のようになる。

表5.4　甑島方言（上村1937, 1941）の重起伏体系

アクセント型	予測される音調	実際の音調
A型	アマザケ	アマザケ（甘酒）
	カマボコ	カマボコ（蒲鉾）
B型	オトコ	オトコ（男）
	ハタケ	ハタケ（畑）

表 5.4 の予想形がそのまま実現せず、語頭モーラに副次アクセントが生じるという事実は、主アクセントを表す高音調（H_1）と副次アクセントを表す高音調（H_2）が連続できないことを示している。つまり、高音調の衝突を避けるために副次アクセントの高音調が 1 モーラ前に（語頭の 2 モーラ目から 1 モーラ目へ）移動しているのである。図示すると次のようになる。

(34)　アマザケ　→　アマザケ
　　　　｜｜　　　　　｜　｜
　　　　$H_2 H_1$　　　　H_2　H_1

　(21) に示した近畿方言の高音調消失現象とは違い、(34) では文節間ではなく同一語句（文節）内で高音調の衝突が起こっている。また近畿方言では一方の高音調が消えるのに対し、甑島方言では一方の高音調が 1 つ前に移動する。このような違いはあるものの、高音調の衝突を避けようとするという動機・要因は共通しており、また衝突する 2 つの高音調の中で前の方が変化—消失もしくは移動—を受けるという点も酷似している。

　以上述べたのは 80 余年前の甑島方言で観察された現象であるが、高音調の衝突を避けるという原理は現在の甑島方言にも観察される。現在の甑島のほとんどの集落では、語頭付近に生じる副次的な高音調が、主アクセントを表す高音調と連動する形で現れる（Kubozono 2016, 2019a, 2022c）。すなわち、主アクセントの位置が定まった後で、1 音節もしくは 1 モーラ空ける形で副次アクセントの高音調が生じる。主アクセントの高音調は今でもなお単一のモーラに実現するが、副次アクセントの高音調は長い語では複数の音節に拡張して実現する。この結果、A 型と B 型の区別—たとえば「夏休み」と「春休み」の違い—が、主アクセントだけでなく副次アクセントにも現れることになる。表 5.5 に下甑島の 2 つの集落のアクセントパターンを示す。

250 | 第5章　プロミネンスの衝突

表5.5　現在の甑島方言の重起伏体系

アクセント型	甑島手打方言	甑島瀬々野浦方言	語彙
A型	アマザケ	アマザケ	甘酒
	ナツヤスミ	ナツヤスミ	夏休み
	カザイモン	カザイモン	飾り物
	カザリモン	カザリモン	飾り物（丁寧）
	ニギーメシ	ニギーメシ	握り飯
	ニギリメシ	ニギリメシ	握り飯（丁寧）
	ジョーキセン	ジョーキセン	蒸気船
B型	オトコ	オトコ	男
	アサガオ	アサガオ	朝顔
	ハルヤスミ	ハルヤスミ	春休み
	ニワトイバ	ニワトイバ	鶏を
	ニワトリバ	ニワトリバ	鶏を（丁寧）

　表5.5の例からも分かるように、2つのアクセントの山の間に手打方言では1音節分の低音調が、瀬々野浦方言では1モーラ分の低音調が現れている。1音節か1モーラかという違いはあるものの、2つの高音調が衝突しない形で現れていることが分かる。高音調の衝突を避けるという点では、表5.4に示した80余年前の上村の記述と共通している。

　面白いことに現在の甑島方言には、表5.5とは異なる特徴を示す集落もある。上甑島の西北部に位置する桑之浦集落と下甑島の東海岸中央に位置する長浜集落（p.145の地図2参照）の2つで、この2集落は甑島列島の中でも2つのアクセントの山が連動しない。表5.6の例からも分かるように、長浜方言では語頭の1モーラに、桑之浦方言では基本的に語頭の2つのモーラに副次アクセントの高音調が現れる（「蒸気船」の例からも分かるように、語頭から音節ではなくモーラで数えている）。

表 5.6　甑島桑之浦方言と長浜方言

アクセント型	甑島桑之浦方言	甑島長浜方言	語彙
A 型	アマザケ	アマザケ	甘酒
	ナツヤスミ	ナツヤスミ	夏休み
	カザイモン	カザイモン	飾り物
	カザリモン	カザリモン	飾り物（丁寧）
	ニギーメシ	ニギーメシ	握り飯
	ニギリメシ	ニギリメシ	握り飯（丁寧）
	ジョーキセン	ジョーキセン	蒸気船
B 型	オトコ	オトコ	男
	アサガオ	アサガオ	朝顔
	ハルヤスミ	ハルヤスミ	春休み
	ニワトイバ	ニワトイバ	鶏を
	ニワトリバ	ニワトリバ	鶏を（丁寧）

　表 5.6 の 2 方言の中では桑之浦方言が面白く、この方言は高音調の衝突を許容するという変わった特徴を持つ（Kubozono 2019a, 2022c）。つまり、直後に主アクセントの高音調が現れても、80 余年前の体系のような高音調の移動—（34）—は起こらず、「甘酒」や「男」などでは 2 つの山が連続することになる。主アクセントと副次アクセントの高音調が低音調を挟まずに連続するのである。副次アクセントが主アクセントと連動しない点は上村（1937, 1941）が報告した 80 余年前の体系や現在の長浜方言と共通しているが、高音調の衝突を許容する点がこれらの体系とは根本的に異なる。ちなみに桑之浦方言のカザイモンやニギーメシで 2 つの高音調が連続しているのは、副次アクセントの高音調が音節の途中で切れること—つまり同一音節内でのピッチ下降（下降曲線音調）—が許容されず、3 モーラ目まで高音調が続いていることによる。

　表 5.6 の 2 体系を表 5.5 の 2 体系と比較すると、現在の甑島列島の中でも（i）主アクセントと副次アクセントが連動するか、（ii）2 つの山（高音調）の衝突を許すか、（iii）2 つの山の間が 1 音節か 1 モーラか、以上の 3 点において地域差（バリエーション）が見られることが分かる。80 余年前の体系も含

めると表5.7のようにまとめることができる（「主流」は上村（1941）が甑島方言の重起伏体系全般に対して用いた用語である）。小さな甑島列島の中にこのようなバリエーションが観察されること自体、興味深いことである。

表5.7　甑島方言の重起伏体系（方言内のバリエーション）

特徴 ＼ 方言	80余年前	現在			
	‘主流’方言	桑之浦	長浜	手打	瀬々野浦
主アクセントと副次アクセント	連動しない	連動しない	連動しない	連動する	連動する
高音調の衝突	許容しない	許容する	許容しない	許容しない	許容しない
2つの山の間	—	—	—	1音節	1モーラ

5.2.3　甑島方言の文節間の高音調衝突

　前節では甑島方言の重起伏体系が、語句（文節）の中で生じる高音調の衝突にどのように対応するか考察した。面白いことに、この方言は文節をまたぐ環境でも高音調の衝突を避けようとする。その様相は（1）–（2）で見た英語のリズム規則に酷似している（窪薗 2012a, Kubozono 2012b, 2022c）。

　既に見たように、甑島方言の重起伏体系ではA型であれば4モーラ以上の長さの語に、B型の場合には3モーラ以上の語に2つの山が生じる（表5.5）。語句が単独で発話される時（1語の平叙文）と文末に現れる時—つまり上野（2012）が「言い切り形」と呼んだ環境—に現れる発音である。たとえば現在の手打集落や里集落では（35）のような音調形が観察される（句点（。）は文末を表す）。この環境では、（35c）のように1つの山しか持たない発音は許容されない。

(35) a.　アマザケ。アマザケが。ナツヤスミ。ナツヤスミが。
　　 b.　オトコ。オトコが。ハルヤスミ。ハルヤスミが。
　　 c.　*アマザケ。*アマザケ。*オトコ。*オトコ。

　これに対し、別の語が後続する場合（つまり文末以外の位置に現れる時）には、しばしば語句末近くに現れる高音調—主アクセントを表す高音調—が

5.2 日本語の「高音調の衝突」 | 253

消えてしまう。上野 (2012) が言う「接続形」に該当する発音であるが、この場合 (35a, b) のような 2 つの山を残す発音も許容される一方で、(36) のように 2 つ目の山が消えた発音もごく自然に聞かれる。

(36) a. アマザケ　ヤネエ (甘酒だねえ)。
　　　　アマザケガ　ヨカ (甘酒がいい)。
　　 b. オトコ　ヤネエ (男だねえ)。
　　　　オトコヲ　ミタ (男を見た)。
　　　　オトコガ　イク (男が行く)。

　この高音調消失現象は同じ文の中で繰り返し起こる。たとえば (37d) では「山田」と「花子」の両方でこの現象が起こっている。

(37) a. ヤマダ (山田)。ハナコ (花子)。ヤネエ (だねえ)。
　　 b. ハナコ ヤネエ (花子だねえ)。
　　 c. ヤマダ ハナコ (山田花子)。
　　 d. ヤマダ ハナコ ヤネエ (山田花子だねえ)。

　(37d) の文を例に高音調消失現象を表すと次のようになる。

(38)　ヤマダ ハナコ ヤネエ → ヤマダ ハナコ ヤネエ
　　　 |　 | |　 |　 |　　　　 |　　 |　　 |
　　　 H_2　H_1 H_2　H_1　H_1　　H_2　　H_2　　H_1

　入力では 3 つの文節から成る 1 文に高音調 (H_1 または H_2) が 5 つ付与されていたのに対し、出力では 3 つ、つまり各文節に 1 つずつ高音調が現れている。この現象は 5.1 節で紹介した英語のリズム規則と次の 4 点で酷似している。

　まず第一に、語が単独で発音される場合や文末に置かれる場合には、いずれの現象も起こらない。英語では Nèw Yórk も Jàpanése も文末では単独発音と同じく最後の音節に主強勢が生じ、Yórk や -nése の強勢が消えることは

254 | 第5章　プロミネンスの衝突

ない[7]。(36) – (38) に例示した甑島の高音調消失現象も、単独発音や文末位置で起こることはなく、常に後続要素の存在が必要となる。

　第二に、2つの語が連続する場合に変化を受けるのは、英語でも甑島方言でも前の要素であり、後ろの要素ではない。英語の場合、Nèw Yórk Cíty では Cíty ではなく Yórk が、Jàpanése péople では péo- ではなく -nése が変化を被る。甑島方言においても「山田花子」という連続で高音調が消失するのは「花子」ではなく「山田」の方である。

(39) a.　Nèw Yórk Cíty → Nèw York Cíty, *Nèw Yórk City

　　　　Jàpanése péople → Jàpanese péople, *Jàpanése people

　　b.　ヤマダ ハナコ → ヤマダ ハナコ、*ヤマダ ハナコ

　第三に、両現象が起こるためには、変化を受ける要素に副次的なアクセントが必要となる。英語では Nèw Yórk の Nèw、Jàpanése の Jàp- がそれぞれ第2強勢を持ち、甑島方言でも対象となる要素に副次アクセントが生じることが前提となる。(40) の例のように、前の要素が主アクセントしか持たない場合には、プロミネンスの消失現象は生じない。

(40) a.　thrée mén → *three mén

　　　　Japán mármalàde → *Japan mármalàde

　　b.　オナゴ ヤネエ → *オナゴ ヤネエ（女だねえ）。

　　　　アメ ヤネエ → *アメ ヤネエ（雨だねえ）。

　　　　ヤマ ハナコ → *ヤマ ハナコ（山花子）。

　別の見方をすると、英語のリズム規則も甑島方言の高音調消失現象も、主アクセントと副次アクセントの2つのプロミネンスを持つ語を1つのプロミネンスしか持たない語に変えるという共通点を持っている。

　ここで、英語のリズム規則でも甑島の高音調消失現象でも、変化を受ける

7　ただし Is he a Chinese or Japanese? のような対比を含む構文（この文では Chi と Japa の対比）では -nése の主強勢が消えて Jápanese と発音されることが多い。

要素の中で主アクセントと副次アクセントが逆転しているという点が興味深い。言うまでもなく、副次アクセントは常に主アクセントを前提に存在する。Jàpanése の第2強勢 (Jàp-) や「山田」の語頭に生じる副次的な高音調は、後ろに存在する主アクセント (-nése や「田」の高音調) を前提に生起しているのである。にも関わらず、弱化／消失するのは主アクセントの方である。つまり主アクセントに依存している副次アクセントの方が生き延びて、副次アクセントを支えてきた主アクセントの方が消えてしまう。(41) に示すように、文末と非文末とで語内の主従関係が逆転していることになる (…は非文末位置であることを示す)。軒を貸して母屋を取られるといった様相の逆転現象である。

(41) a. 文末

　　　 Jàpanése.　$\overline{ヤマダ}$。

　　 b. 文中

　　　 Jàpanese...、$\overline{ヤマダ}$…

　最後に、英語のリズム規則が引き起こす強勢の消失現象も甑島方言の高音調消失現象も、発話速度に依存するという特徴を示す。すなわち、発話速度が速くなるほど両現象は起こりやすく、逆にゆっくりした発話になるほど起こりにくくなる。これは、プロミネンスの衝突が多分に音声的な側面を持っていることを示唆している。

　以上、英語と甑島方言の間に見られる共通点を指摘したが、このような共通性をどのように解釈したらいいのだろうか。既に述べたように、英語の場合には2つの語の強勢同士が衝突して、それを解消するために前の要素の主強勢が消失／弱化したと考えられている。そうであれば、甑島方言の現象も2つの語のアクセント (高音調) が衝突した時に生じる現象で、その衝突を解消するために起こったと解釈するのが自然であろう。

　この解釈に対して、甑島方言では2つの高音調が必ずしも衝突していないのではないかという反論が予想される。(36) - (38) の例からも分かるように、同方言の高音調消失現象は2つの高音調が直接隣り合った音節 (もし

256 | 第5章　プロミネンスの衝突

くはモーラ）に現れなくても生じる。高音調を与えられた2つの音節／モーラ
が厳密な意味で衝突していなくても問題の消失現象は起こっているのである。
　この反論に対しては、次のような英語の例が1つの示唆を与えてくれる。
(42)の例では2つの強勢音節が隣り合った位置にはなく、2つの強勢音節
の間に弱音節（下線）が介在している。それにも関わらず、実際にはリズ
ム規則の適用を受けて、前の要素の主強勢が弱化する（Liberman and Prince
1977)。

(42) a.　Chìnése cantéen → Chìnese cantéen

　　 b.　internátional cónference → intenational cónference

　　 c.　ànaphóric réference → ànaphoric réference

　英語のリズム規則が、2つの強勢音節が連続していない環境でも生じると
いう事実は重要である。この事実を甑島方言の分析に援用すると、この方言
に観察される高音調の消失現象もまた高音調の衝突によって生じるという可
能性を示唆することになる。
　この解釈を支持するもう1つの証拠が、「か」や「よ」などの1モーラ文末
詞で終わる文の音調から得られる。「か」は疑問を表す文末詞、「よ」は断定
を表す文末詞であり、いずれも主に男性話者に特徴的なぞんざいな表現を作
り出す。音声的には、姉妹方言である鹿児島方言と同様に（5.2.5節）、通常
は低音調（L%）で現れる要素である。これらの文末詞が付くと直前の要素は
既に文末ではなくなる。非文末という条件を満たすから、この要素の語末高
音調は消失されそうなものであるが、実際には高音調消失現象が起こること
はない。たとえば(43)の文では「男」の語末にある高音調が消えることはな
い。まるで文末に現れているかのような振る舞いであるが、後続する文末詞
が常に低音調で現れることを考えると納得がいく。後続要素の高音調が現れ
ないために、先行要素との間に高音調の衝突が起こらず、よって、高音調の
消失も起こらないのである（％の記号はイントネーションの音調であることを
表す）。

5.2 日本語の「高音調の衝突」 | 257

(43)　オトコ　カ？（＝男か？）
　　　￣｜￣｜　￣｜
　　　H₂　H₁　L%

　　　オトコ　ヨ。（＝男だ）
　　　￣｜￣｜　￣｜
　　　H₂　H₁　L%

　ちなみに、同じ文末詞でも「やねえ」（＝だねえ）のような複数モーラのものでは先行要素の高音調が普通に消失する。文末詞が高音調を含んでいるために、先行要素との間に高音調の衝突が起こり、たとえば（44）では「男」の語末にあった高音調（H₁）が自然発話で消えてしまう。

(44)　オトコ　　ヤネエ。　→オトコ　　ヤネエ。
　　　￣｜￣｜　￣｜　　　　￣｜￣　　￣｜
　　　H₂　H₁　H₁　　　　H₂　　　H₁

　話を英語との比較に戻すと、英語のリズム規則に関与するのは強弱によって作り出される強さアクセントであり、強勢の衝突である。一方、甑島方言の高音調消失に関与するのはピッチの高低によって作り出される高さアクセントであり、高音調の衝突である。英語と甑島方言の比較から見えてくるのは、強さアクセント／高さアクセントという体系の違いを超えて、プロミネンスの衝突が忌避されるという一般的な構図であり、2 要素間のプロミネンスの衝突が一方のプロミネンス消失を引き起こすというメカニズムである。
　非文末位置における高音調の消失をこのように捉えると、副次アクセントが主アクセントと連動しない体系では、副次アクセントが語の弁別に役立たないため、この種の現象が起こらないのではないかという推論が成り立つ。たとえば表 5.5 に示した両アクセントが連動する重起伏体系では、仮に主アクセントが消えても副次アクセントによって A 型と B 型の区別が保たれる。(45) に示す手打方言や里方言の体系がこれに該当する。

(45)　A 型　￣￣￣￣￣￣　　→￣￣￣￣￣￣
　　　　　　ナツヤスミ…　　　　ナツヤスミ…

　　　B 型　￣￣￣￣￣￣　　→￣￣￣￣￣￣
　　　　　　ハルヤスミ…　　　　ハルヤスミ…

258 | 第5章　プロミネンスの衝突

　これに対し、表5.3に示した80余年前の上村（1937, 1941）の体系や、表5.6に示した現在の桑之浦方言と長浜方言の体系では、同じような高音調の消失は起こらないのではないかと推測される。起こってしまうと、(46) – (48)に示すようにA型とB型の区別が失われ、アクセントの中和が起こってしまうからである。

(46)　80余年前の重起伏体系（仮想の変化）
　　　A型　ナツヤスミ…　→ *ナツヤスミ…
　　　B型　ハルヤスミ…　→ *ハルヤスミ…
(47)　現在の甑島桑之浦方言の重起伏体系（仮想の変化）
　　　A型　ナツヤスミ…　→ *ナツヤスミ…
　　　B型　ハルヤスミ…　→ *ハルヤスミ…
(48)　現在の甑島長浜方言の重起伏体系（仮想の変化）
　　　A型　ナツヤスミ…　→ *ナツヤスミ…
　　　B型　ハルヤスミ…　→ *ハルヤスミ…

　80余年前については、上村（1937, 1941）に(46)のような変化をうかがわせる記述はない。この古い文献には、文中で主アクセントの高音調が消えてしまうという記述はなく、逆に主アクセントの方が副次アクセントより卓立して発音されると記されている（現在の甑島方言では必ずしもそうではない）。文中において主アクセントが消えていたとは考えにくい。

　では現在の桑之浦方言と長浜方言ではどうかというと、面白いことにこの2方言ではB型の方だけに高音調の消失が起こる。つまり(49)と(50)に示すように、文中においては主アクセントの高音調が消えず重起伏となるか（A型）、主アクセントが消えて副次アクセントだけの単起伏になるか（B型）という形で、アクセント型の対立が守られている。文の中では、重起伏で現れたらA型、語末付近の主アクセントが消えたらB型という奇抜な仕組みが成り立っていることになる。

5.2 日本語の「高音調の衝突」 | 259

(49) 現在の甑島桑之浦方言の重起伏体系（文中）
　　　A型　　ナツヤスミ…　→ *ナツヤスミ…
　　　B型　　ハルヤスミ…　→ ハルヤスミ…

(50) 現在の甑島長浜方言の重起伏体系（文中）
　　　A型　　ナツヤスミ…　→ *ナツヤスミ…
　　　B型　　ハルヤスミ…　→ ハルヤスミ…

　ここで両方言において高音調消失がB型の方にだけ起こるという事実は重要な意味を持つ。仮にアクセント型の区別を保つのが目的であれば、A型で主アクセントが消失し、B型では消失しないという逆の組み合わせもありえたはずである。ところが実際にはB型の方だけで主アクセントが消えてしまう。

　桑之浦方言と長浜方言が示すA型／B型の不均衡な状態は、主アクセントの消失が後続要素（…）との高音調の衝突によって起こると考えると無理なく説明がつく。この両方言だけでなく、甑島方言の重起伏体系においてA型とB型の違いは主アクセントの高音調が語末に起こるか（B型）、語末から1つ前の位置に起こるか（A型）という違いである。つまり、B型の主アクセントの方がA型の主アクセントよりも後続要素の高音調により近い位置にある。A型とB型のいずれかで高音調消失が起こるとすれば、2要素の高音調同士がより近接した―つまり衝突の度合いが大きい―B型の方で先に起こることが予想される。現在の桑之浦方言と長浜方言では、まさにこの予測通りに高音調消失が起こっている。

　この分析はまた、主アクセントと副次アクセントが連動する表5.5の体系でも、A型とB型の間に類似の違いが見られることを予想する。(45)のように2つのアクセント型がともに高音調消失を見せる体系であっても、B型の方がA型よりも主アクセントを表す高音調の位置が1モーラ後ろにあるため、後続する要素の高音調との音韻的距離が短く、高音調衝突の程度が大きい。このため、同じ文中でもB型の方が高音調の消失を受けやすいと予測される。面白いことに、手打方言や瀬々野浦方言などでは、実際にこの予測通りの揺れが観察される。たとえば(45)のような文中ではA型の「夏休

み」よりも「春休み」の方が語末付近の主アクセント（高音調）が消えやすい。この事実もまた、甑島方言の重起伏体系に見られる高音調の消失現象が、後続要素の高音調との衝突によって引き起こされるという分析を支持している。

5.2.4　鹿児島方言の呼びかけイントネーション

　前節（5.2.3 節）で見た甑島方言の高音調消失現象は、語句（文節）が単独もしくは文末で発音された時ではなく、別の文節が後続する場合に起こる現象であった。文末では起こらず文中で起こるということは、この現象が文末か否かを明示する働きを持っていることを示唆している。主アクセントが消えるとその文節が文末ではないこと―文がまだ続くこと（文の non-finality）―を示し、主アクセントが残ると文末であること―文がそこで終わること（文の finality）―を表すというわけである。高音調消失という現象自体は語のアクセント構造を変える現象であるから、その意味では「アクセント」の現象であるが、その一方で、果たす機能は文レベルのものなのである。後続要素の存在を必要としているという意味で、文レベルの音調（つまりイントネーション）としての特徴を持っていることになる。これは 5.2.1 節で論じた近畿方言の高音調消失現象にも共通する性格である。

　このような文のレベルの音調現象に視野を広げると、他の方言にも高音調の衝突を避けようとする現象があることに気づく。たとえば鹿児島方言では、5.2.1.1 節の (22) で述べたように、文節をまたいで高音調が連続しても何も変化は見られなかった。ところが同じ方言体系でも、語に呼びかけや強調のイントネーションが加わると、高音調の衝突を避けようとする現象が観察される。

　既に述べたように、鹿児島方言は語句末の音節が高くなる B 型と、後ろから 2 つ目の音節（次語末音節）が高く、その後でピッチが急下降する A 型の 2 つのアクセント型を持つ。(51) に例示するように、人の名前や愛称にも A 型のものと B 型のものがある[8]。

8　人の名前や愛称が複数の形態素から成る場合、その名前がどちらのアクセント型をとるかは複合法則によって決まり、語頭形態素のアクセント型が継承される。「夏男」「婆ちゃ

5.2　日本語の「高音調の衝突」｜ 261

(51) a.　A 型　ナツオ（夏男）　　　バーチャン（婆ちゃん）
　　　　　　　　　｜H　　　　　　　　　　｜H

　　 b.　B 型　ハルオ（春男）　　　オバーチャン！（お婆ちゃん）
　　　　　　　　　　　｜H　　　　　　　　　　　｜H

　では人に呼びかける時にはどうなるかというと、文末を下げることによって呼びかけの意味が生じる。A 型の語では語末がさらに低く（同時に高音調が通常より高く）発音され、B 型の語では語末音節に下降が生じる。呼びかけイントネーションの低音調を L% の記号で表すと、次のように表示することができる（文末の！は呼びかけ文であることを表す）。

(52) a.　A 型　ナツオ！（夏男）　　　バーチャン！（婆ちゃん）
　　　　　　　　｜H ｜L%　　　　　　　　｜H　　｜L%

　　 b.　B 型　ハルオ！（春男）　　　オバーチャン（お婆ちゃん）
　　　　　　　　　　｜H L%　　　　　　　　　　H L%

　このように、呼びかけのイントネーションが加わると A 型も B 型も音調下降を伴って発音されるのであるが、それでも 2 つのアクセント型は明確に区別されている（窪薗 2021）。A 型では語末の 2 音節間でピッチが下がるのに対し、B 型では語末音節内でピッチが下がる。つまりピッチ下降が起こる位置によってアクセント型が区別されるのである。ちなみに、「春男」のように B 型の語末が 1 モーラ音節（ここではオ）の場合には、語アクセントの高音調（H）と呼びかけイントネーションの下降（L%）を語末に実現するために、語末音節を 2 モーラの長さに伸ばしてハルオーと発音される。「お婆ちゃん」のように語末音節（チャン）が初めから 2 モーラの長さを持っている場合には、この音節を伸ばす必要はない（オバーチャンとなる）。1 モーラが H や L% などの音調を最大 1 つしか担えないことを示唆している（窪薗 2021、Kubozono 2022b）。

────────────────────────────────

ん」が A 型、「春男」と「お婆ちゃん」が B 型となるのは、「夏」「婆（バア、ババ）」が A 型、「春」「お」が B 型の形態素であるからである。

262 | 第5章　プロミネンスの衝突

　語末にピッチ下降が生じるという特徴は、(53) のような呼びかけの間投詞と共通したものである。人名に関わらず、文末の〔高低〕(HL) という音調が聞き手への呼びかけという意味—Ladd (1980) の言う 'intonational meaning'—を持っていることを示唆している。面白いことに (53) の音調は東京方言と鹿児島方言に共通するものである。呼びかけをピッチ下降で表すというのは、方言体系の違いを超えた特徴なのかもしれない。

(53) 　オイ！　オーイ！　コラ！　ネー！　ヨー！　ホラ！　モシ！
　　　モシモシ！　ヤイ！　ヤッホー！[9]

　ところで、(52) は通常の呼びかけイントネーションのパターンであるが、より感情がこもった親密な呼びかけ (affective vocative) になると、(54) のように A 型でも B 型でも語末音節内でピッチ下降が起こるようになる。これは「ねえ、ねえ、お婆ちゃん！」といった親近感を込めた呼びかけのパターンである。ここでは、A 型でも B 型でも語末 (＝文末) 音節において通常の呼びかけより急激な上昇と下降が起こる。記号で表すと HL% という〔高低〕の句音調が語末音節に付与されると分析できる。

(54) a.　A 型
　　　　ナツオ！　　　　バーチャン！
　　　　　HL%　　　　　　HL%
　　b.　B 型
　　　　ハルオ！　　　　オバーチャン！
　　　　　HL%　　　　　　　HL%

　ちなみに東京方言においても、(55) のように親しみを込めた呼びかけ文では、語末 (＝文末) 音節に〔高低〕の音調が付与される。(　) に示した語

9　ヤッホー！はピッチが下がる度合いが他の例ほど大きくない。これは下降の後ろに、疑問に近い上昇 (H tone) が加わることによる。東京方言にはこの種の呼びかけイントネーションのパターンがある (窪薗 2021)。

のアクセント型に、〔高低〕という呼びかけイントネーションの音調が加わった形であるが、鹿児島方言の親密な呼びかけ（54）に生じる文末音節（オ、チャン）のピッチ下降もこれと同種のものと言える[10]。

(55) a.　ねえねえ、オ$\overline{バー}$$\overline{チャ}$ン！（＜オ$\overline{バー}$チャン）
　　　b.　ねえねえ、オ$\overline{カムラ}$ー！（＜オ$\overline{カムラ}$）（岡村）

　面白いことに、鹿児島方言の親密な呼びかけイントネーションは、（54）に示すようにA型とB型が同じ音調パターンとなる。つまりアクセントの中和が起こる[11]。A型だけでなくB型でもピッチ下降が起こり、それが文末音節に実現するのである。ピッチ下降が起こるのはもともとA型の特徴であるが、これと同じ現象がB型でも起こる。ただし、このピッチ下降が文末の2音節間ではなく、文末音節内で起こるところがもともとA型が持っていた音調とは異なる。高音調（H）が語末音節に現れる点ではB型に似ていて、ピッチ下降が起こる点ではA型に似ているという、両型の特徴を組み合わせたような現れ方をしている。

　ここで問題となるのが、（52）と（54）の違いをどのように説明するかということである。語アクセントに文レベルの音調（イントネーション）が覆い被さるという一般的な考え方（Fujisaki 1992, 他）に基づくと、B型の方は次のように表すことができる。すなわち通常の呼びかけでは（56b）のように下降を表すL%が語末音節に加わり、親密な呼びかけ（56c）では同じ音節に急激な上昇下降を表す$\overline{HL}$%が語アクセントのHに付加されるという分析である。

10　（55a）のオバーチャン！ではバーのところにもピッチ下降（HL）が現れるが、これはこの語がもともと持っていた語アクセント（アクセント核）のピッチ下降である。

11　この方言ではB型がA型化する呼びかけパターンもある（たとえばハル$\overline{オ}$！ではルが高くなる）。ここでもA型の呼びかけ（ナツオ！）との間に中和が起こる（窪薗 2021, Kubozono 2022b）。

264 | 第5章　プロミネンスの衝突

(56) a.　単独発話（平叙文）

　　　　ハルオ。　　　オバーチャン。
　　　　　│　　　　　　　　│
　　　　　H　　　　　　　　H

　　b.　通常の呼びかけ

　　　　ハルオ！　　　オバーチャン！
　　　　　　│　　　　　　　　　│
　　　　　H L%　　　　　　H L%

　　c.　親密な呼びかけ

　　　　ハルオ！　　　オバーチャン！
　　　　　│　│　　　　　　　　│　│
　　　　　H HL%　　　　　　H HL%

　　問題は A 型の方である。B 型と同じ分析を用いると、次のように表される。

(57) a.　単独発話（平叙文）

　　　　ナツオ。　　　バーチャン。
　　　　　│　　　　　　　│
　　　　　H　　　　　　　H

　　b.　通常の呼びかけ

　　　　ナツ オ！　　　バー チャン！
　　　　　│　│　　　　　│　　　│
　　　　　H　L%　　　　H　　　L%

　　c.　親密な呼びかけ

　　　　ナツ オ！　　　バー チャン！
　　　　　│　│　　　　　│　　　│
　　　　　H　HL%　　　H　　　HL%

　　通常の呼びかけ (57b) では B 型と同じように語末音節に L% が加わることにより、単独発話（平叙文）より大きなピッチ下降が生じることがうまく説明できる。一方親密な呼びかけ (57c) では、語アクセントの H が語末から 2 つ目の音節（次語末音節）に現れ、語末音節に親密な呼びかけを表す HL% が現れることが予測されるが、実際には (54a) に示したように、次語末音節は B 型と同じように低く現れる。つまり、次語末音節の H は消えてしまうのである。この高音調消失現象は、高音調の衝突を解消するために左側の H—つまり語アクセントの H—が消えたと解釈するとうまく説明がつ

5.2　日本語の「高音調の衝突」 | 265

く。音調の変化として表すと次のようになる。

(58)　親密な呼びかけ文における高音調の衝突と消失 (A 型)

　　　ナツ　オ！　→　ナツオ！
　　　￣｜　￣｜　　　　　　　￣￣｜
　　　H　HL%　　　　　　　HL%

　　　バー　チャン！　→　バーチャン！
　　　￣｜　￣￣￣｜　　　　　　￣￣￣｜
　　　H　　　HL%　　　　　　　　HL%

　ちなみに、B 型の親密な呼びかけ―(56c)―についても同様の分析を展開することが可能である。ここでは同一音節内において高音調が衝突していることになるが、A 型と B 型を並行的に捉えようとするとこのような分析になる。

(59)　親密な呼びかけ文における高音調の衝突と消失 (B 型)

　　　ハルオ！　→　ハルオ！
　　　￣￣｜￣｜　　　　　　￣￣｜
　　　H　HL%　　　　　　HL%

　　　オバーチャン！　→　オバーチャン！
　　　　　￣￣￣｜￣｜　　　　　　　￣￣￣｜
　　　　　H　HL%　　　　　　　　HL%

　ここで見た鹿児島方言の高音調消失現象は、近畿方言で起こる同様の現象―(21)、(26)、(31a)―や甑島方言の語句間で起こる現象 (39b) と同じ性格のものとみなすことができる。これらに共通しているのは、高音調が「衝突」―甑島方言の語句間では「隣接」―する場合に、一方の高音調が消えてしまうという点である。ほとんどの場合に、消えるのが左側の高音調である点も興味深い。
　ところで鹿児島方言では (22) で見たように、語アクセントを表す高音調同士が衝突しても (58) のような消失現象は起こらなかった。文レベルのイントネーション（ここでは呼びかけイントネーション）が加わった時に、語アクセントの高音調とイントネーションの高音調が衝突し、その衝突を解消するために語アクセントの高音調が消えていることが分かる。

266 | 第5章 プロミネンスの衝突

5.2.5 鹿児島方言の強調イントネーション

鹿児島方言においては、疑問文のイントネーションでも同様の現象が観察される（窪薗 2021）。この方言は疑問文が文末のピッチ下降で現れることが知られており（木部 2010, 窪薗 2017a, Kubozono 2018a）、(60a) のような Wh 疑問文（疑問詞疑問文）でも、(60b) のような Yes/No 疑問文（真偽疑問文）でも、「か」や「け」などの疑問の文末詞が低く現れる。東京方言などとは逆に、文末を低く発音することで疑問文であることが明示されるのである。記号化すると次のようになる（ダイ（誰）は A 型、キタ（来た）とハナコ（花子）は B 型の語彙である）。

(60) a. Wh 疑問文

ダイガ　キタ カ？（誰が来た？）
　H　　　H　L%

ダイガ　ホン カ？（誰の本？）
　H　　　H　L%

　b. Yes/No 疑問文

ハナコワ　キタ カ？（花子は来た？）
　　H　　　H　L%

老年層の話者は今でも (60) のように文末を下げて発音するが、中高年層以下の話者では Wh 疑問文が (61a) のように文末が高くなる発音もしばしば聞かれる。特に「誰が」にフォーカスが置かれて強調して発音される場合に顕著に観察される発音である。

(61) a. ダイガ　キタ カ？（誰が来た？）
　　H　　　L　H%

　b. *ダイガ　キタ カ？
　　H　　　H　H%

面白いことに、文末詞が高く発音される場合には、文末詞の直前にある要

素―(61) の「来た」―がもともと持っていた語アクセントの高音調が失われてしまう。この結果、(61b) のように高音調が連続する発音は観察されない。つまり、(60a) のように文末詞が低く発音される場合には直前要素の高音調がそのまま現れるが、文末詞が高く発音されると、その高音調が消えてしまうのである。この現象も、語アクセントとイントネーションの高音調衝突を解消しようとして、前者が消えた現象と捉えることができる[12]。図式化すると次のようになる。

(62) a. ダイガ キタカ？ → ダイガ キタカ？
        | | | | |
        H   H H%   H   H%

    b. ダイガ ホンカ？ → ダイガ ホンカ？
        | | | | |
        H   H H%   H   H%

　この高音調の消失現象は、文末詞の直前の要素がA型である場合には起こらない。(63) に示すように、A型の要素―「した」「行った」など―は文末詞が高く発音されても、自らの高音調を失うことはない。A型では語末音節が低く発音されるため、文末詞との間で高音調の衝突が起こらず、よって高音調消失も起こらないと解釈できる。

(63) a. ダイガ シタカ？（誰がした？）
        | | |
        H   H H%

    b. ドケ イッタ カ？（どこへ行った？）
        | | |
        H   H   H%

　ちなみに、文末詞の直前で起こる (62) のような高音調消失現象は、Wh疑問文以外の構文でも起こる（Kubozono 2018d, 窪薗 2021）。(60b) の Yes/

12　疑問詞のアクセント型は問題とならない。「誰」や「いつ」はA型、「どこ」や「何」などはB型の疑問詞であるが、ドケキタカ？（どこへ来た？）、ナニョクタカ？（何を食べた？）などのように疑問詞がB型であっても、文末詞の直前の語がB型である限り、(62) に示した高音調消失現象は起こる。

268 | 第5章 プロミネンスの衝突

No 疑問文では「花子は」に通常フォーカスが置かれないために高音調消失が起こらないが、主語を「花子が」にしてそこにフォーカスを置くと――その部分を強調して発音すると――、文末詞を高く発音することが容認されるようになり、(62) と同様の高音調消失現象が起こる。たとえば (64) の例では、「来た」「見た」「なか」の語末音節に現れるはずの高音調が消える（二重下線はフォーカスを表す）。

(64) a. ハナコガ　キタカ？（本当に花子が来た？）

　　 b. モヘ　キタカ？（えっ、もう来た？）

　　 c. モヘ　キタド。（（まだ早いのに）もう来たぞ）

　　 d. タローヲ　ミタカ？（本当に太郎を見た？）

　　 e. タローヲ　ミタド。（思いがけず、太郎を見たぞ）

　　 f. ソデガ　ナゴ　ナカカ？（袖が長いと思うけど、長くないか？）

　以上の例から見えてくるのは、(i) 鹿児島方言において特定の要素が強調されると疑問の「か」や断定の「ど」などの文末詞が高音調で発音されるようになり、(ii) 直前の要素が B 型アクセントの場合には、その要素と文末詞の高音調が隣接するようになる、そして (iii) その構造を解消するために、B 型要素の高音調が消えてしまう、という一連のプロセスである。

　このうち (i) の現象は、強調される要素や文末詞の直前にある要素のアクセント型に関わらず起こる。このような文末詞が高音調で発音される現象――文末が上昇調で発音される現象――が老年層では観察されないことから、疑問文などを上昇調で発音する標準語（東京方言）の影響が背後にある可能性は否めない。その理由はともかくも、文末詞が高く発音されるようになったことが (ii) と (iii) の現象を引き起こしたことは確かなようである。

　その証拠に、「よ」のように常に低く現れる文末詞の前では中高年層以下でも高音調消失現象は起こらない。「よ」は「か」や「ね」などと同じく疑問を表す文末詞であるが、丁寧度がもっとも低く、男性話者が用いる乱暴な言い方である（丁寧度が低いという意味では、5.2.3 節で言及した甑島方言の断定の「よ」と同じ性格を持つ）。音調的には、文末詞が常に低く発音され

ることにより、直前のB型要素と高音調の衝突を起こすことはなく、よってその要素の高音調が消えることはない。(62) とは対照的な構造である。

(65)　コヤ　ダイガ　ホンヨ？（これは誰の本だ？）
　　　｜　　｜　　　｜　｜
　　　H　　H　　　H　L%

　ところで、老年層では (i) – (iii) の現象は起こらないと述べたが、それは音声産出において観察されることであり、知覚上は老年層話者も含め、高音調消失現象が起こった (61a) タイプの音調を自分たちの方言の自然なパターンとして許容する点を強調しておきたい。つまり、高く発音される文末詞の直前でB型の要素がその高音調を失う発音は、年齢の違いを問わず、広く鹿児島方言話者に受け入れられている発音である。

5.2.6　まとめ

　ここまで、日本語のいくつかの方言において高音調の連続が忌避されていることを見た。5.1 節で見た強さアクセントの言語における強勢の衝突現象と合わせて、「プロミネンスの衝突」を避けようとする一般的な力が働いていることをうかがわせる現象であるが、この節で分析したのは日本語の一部の方言に過ぎない。日本語にはアクセント体系が異なる方言が数多く存在する。それらの1つ1つについて、この節で見たような現象が存在するのか、存在するとすれば、近畿方言や甑島方言などとどのような点が共通しており、どのような点で異なるのか検討してみる価値がある。

　方言を比較していくと、日本語における高音調の衝突の一般的な特性が見えてくる可能性がある。たとえば、(i) どのような環境（条件）で高音調の衝突が起こるのか、(ii) 衝突する2つの高音調のうちどちらが勝つのか、(iii) その有標な構造がどのような手段で解消されるのか（高音調が消えるのか、それとも移動するのか）といった問題である。(ii) については、影響を受ける（負ける）のは前の高音調か後ろの高音調か、あるいはアクセントを表す高音調かイントネーションを表す高音調か、といった問いかけが可能となる。

　日本語は方言の宝庫であり、方言の数だけ研究ができる。研究の射程が広

270 | 第 5 章　プロミネンスの衝突

がるほど、上記の問題について何か一般的な傾向や原理が見えてくる可能性が高い。そうなれば、日本語という個別研究が言語一般の研究——一般言語学——にも大きな示唆を与える可能性が出てくる。今後の研究に期待したい。

5.3　モーラ間のプロミネンス衝突

　5.1 節では英語に観察される強勢の衝突とその解消方法を紹介し、続く5.2 節では、強さアクセントに特徴的とされてきたリズム現象と類似の現象が日本語のピッチアクセントにも観察され、両者が「プロミネンスの衝突」という形で一般化できることを示した。「強さ」にせよ「高さ」にせよ、大きなエネルギーを必要とするものを連続して産出することは生理的に難しいと思われる。そうであれば、「プロミネンスの衝突」はアクセント以外の現象でも観察されておかしくない。

　この節では (i) 日本語のモーラ連続にも類似の衝突現象が観察され、その構造を解消するために韻律構造に大きな偏りが現れること、(ii) その偏りが赤ちゃん言葉 (5.3.1 節)、元号 (5.3.2 節)、ズージャ語や外来語短縮をはじめとする様々な現象 (5.3.3 節) に観察されることを指摘してみたい。

5.3.1　赤ちゃん言葉のリズム

　赤ちゃん言葉は赤ちゃんと大人との会話で使われる特殊な語彙で、母親言葉 (motherese) や幼児語、育児語とも呼ばれる。英語にも (66) のような赤ちゃん言葉があるが (Ferguson 1964)、日本語 (東京方言) には (67) の例をはじめとして赤ちゃん言葉がことのほか多い (Kubozono 2019c)。その 1 つの理由は、日本語の赤ちゃん言葉に (67a) のようなオノマトペ由来のものと、(67b) のように大人の語彙から派生したものの、2 つのルーツがあるからである (2.7.1 節)[13]。

(66)　dóggy（ワンワン）、kítty（ニャンコ）、túmmy（ポンポン、お腹）、
　　　wéewee（しっこ）、póopoo（うんち）、télly（電話）、níght-night（お休み）

(67) a.　ワ ¬ ンワン（犬）、ニャ ¬ ンニャン、ニャ ¬ ンコ（猫）、ブ ¬ ーブー（車、

13　語源は定かではないがオッパイも赤ちゃん言葉である。

豚)、シ￢ッコ（小便）、ウ￢ンチ（大便）

b. マ￢ンマ（＜飯、食べ物）、オ￢ンブ（＜負ぶう）、ア￢ンヨ（＜歩む、足）、オ￢ンモ（＜表、外）、ダ￢ッコ（＜抱く）、ク￢ック（＜靴）、ポ￢ッケ（＜ポケット）、バ￢ーバ（＜婆、おばあちゃん）、ジ￢ージ（＜爺、おじいちゃん）、ハ￢イハイ（＜這う）、ナ￢イナイ（＜無い）

(66) – (67) の例からも分かるように、英語と日本語の赤ちゃん言葉は由来の違いに関わらず (i) 大半が 2 音節語である、(ii) 最初の音節にアクセントを持つという基本的な音韻構造を共有している。いずれも大人の言語にはない制限であるが、とりわけ (ii) は日本語において興味深く、大人の語彙の半数以上がアクセント核を持たないタイプ―「平板型」と呼ばれるアクセント型―であるという事実 (2.9 節) と対照的である。

　ここで日本語の赤ちゃん言葉を音節量という観点から分析してみると、さらに興味深い事実が見えてくる。音節量とは各音節がその構造によって特定の重さ―モーラ数―を持つという考え方であり、音節とモーラを組み合わせた概念である。一般に軽音節 (light syllable)、重音節 (heavy syllable)、超重音節 (superheavy syllable) の 3 種類が想定される (3.5 節)。日本語や英語では短母音が 1 モーラ、長母音や二重母音が 2 モーラを持ち、尾子音 (日本語では撥音の「ン」や促音の「ッ」) も 1 モーラの長さを持つと分析されている (窪薗 1995a, 本書 2.1 節)[14]。(68) に日本語の例をあげる。ここに示した 3 種類の音節量のうち、(68c) の超重音節は英語でも日本語でも起こりにくく有標とされる (3.5 節、4.3.2.2 節、4.4.3 節)。

(68)　音節量のタイプ

　　a.　軽音節

　　　　(C)V　te（手）、go（語、碁）、ma（間、魔）

　　b.　重音節

　　　　(C)VV　too（塔、党）、boo（棒、某）、tai（鯛、隊）

14　言語間の違いについては 2.1.1 節で紹介した Zec (1995) の研究を参照されたい。

272 | 第5章　プロミネンスの衝突

(C)VC　kan（缶、巻）、ron（論）、katto（カット）

c.　超重音節

(C)VVC　koon（コーン）、sain（サイン）、hoippu（ホイップ）

(C)VCC　rondonkko（ロンドンっ子）

　ここで、存在が疑問視されている超重音節を除いてみると、どの言語でも2音節語は次の4種類に分類できる（L=Light, 軽音節；H=Heavy, 重音節）。

(69) a.　軽音節＋軽音節（LL）

　　 b.　軽音節＋重音節（LH）

　　 c.　重音節＋軽音節（HL）

　　 d.　重音節＋重音節（HH）

　この視点から日本語の赤ちゃん言葉を分析してみると大きな偏りが見えてくる。すなわち、日本語の赤ちゃん言葉は（69c）と（69d）の2つの韻律構造に偏って分布し、（69a）と（69b）の構造はとらない[15]。（67a, b）の出自を問わず、赤ちゃん言葉は〔重音節＋軽音節〕と〔重音節＋重音節〕の2つに収束するのである。このことは大人の語彙から赤ちゃん言葉が作り出される過程を見てみるとよく理解できる（ドットは音節境界を表す）。入力（大人の語彙）は様々な韻律構造を持つが、出力（赤ちゃん言葉）は特殊拍（撥音、促音、長音）の添加や音節の繰り返しにより、〔重音節＋軽音節〕か〔重音節＋重音節〕という特定の構造を作り出している。

(70) a.　〔軽音節＋軽音節（＋軽音節)〕→〔重音節＋軽音節〕

　　　　マ.マ → マン.マ（食べ物）

　　　　オ.ブ.ウ → オン.ブ（負ぶう）

　　　　ア.ユ.ム → アン.ヨ（歩む、足）

　　　　オ.モ.テ → オン.モ（表、外）

15　例外的にオテテ（＜手）のようなLLL構造の赤ちゃん言葉もあるが、これは極めて例外的なパターンである。

5.3　モーラ間のプロミネンス衝突 | 273

　　　　ダ.ク → ダッ.コ（抱く）

　　　　ク.ツ → クッ.ク（靴）

　　　　バ.バ → バー.バ（おばあちゃん）

　　　　ジ.ジ → ジー.ジ（おじいちゃん）

　　b.　〔軽音節＋軽音節〕→〔重音節＋重音節〕

　　　　ハ.ウ → ハイ.ハイ（這う）

　　c.　〔重音節〕→〔重音節＋重音節〕

　　　　ナイ → ナイ.ナイ（無い）

　ここで生じるのが、赤ちゃん言葉がなぜこの2つの韻律構造を好み、逆に
なぜ〔軽音節＋軽音節〕と〔軽音節＋重音節〕を嫌うのかという疑問である。

　赤ちゃん言葉が好む2つの韻律構造に共通するのは、最初の音節が重音
節であるということ、伝統的な言い方をすると、2モーラ目が特殊拍（撥音
のン、促音のッ、長音のー、二重母音後半のイ）であるということである。
実際、（67）の例でもマンマやワンワンでは撥音が、ダッコやポッケでは促
音が、バーバやブーブーでは長音が、ハイハイやナイナイではイが入ってい
る[16]。これとは逆に、赤ちゃん言葉が嫌う（69a）と（69b）の2つの構造に共
通しているのは、自立拍が連続しているという特徴である。

　自立拍と特殊拍の違いは、文字通り前者の方が自立性が高いということに
他ならない。アやコのような自立拍は語頭に立つことができ、また東京方言
をはじめとする諸方言ではアクセント核を担うことができる。これに対し長
音や撥音などの特殊拍は語頭に生起することができず、またアクセント核を
担うことができない。「特殊拍」と呼ばれるゆえんである。

　このうちアクセント核に関する両者の違いは次のような例から理解できる。
東京方言の基本的なアクセント型は（71a）のように語末から3モーラ目にア
クセント核を持つ「−3型」―語末から3モーラ目と2モーラ目の間でピッチ
が急下降する型―であるが[17]、（71b）のように語末から3モーラ目が特殊拍の

16　大人の語彙から赤ちゃん言葉が生成される語形成規則については窪薗（2023a）の第7
　　章参照。

17　東京方言において生産的に起こるもう1つのアクセント型は平板型である。このアク

274 | 第5章　プロミネンスの衝突

場合は規則的に1つ前のモーラにアクセント核が移動する（2.3.2.1節）[18]。

(71) a.　ア¬キタ（秋田）、アオ¬モリ（青森）、イ¬ンド、パレ¬ード、
　　　　　バレンタ¬イン

　　 b.　オ¬ーイタ（大分）、エレベ¬ーター、ホッカ¬イドー（北海道）、
　　　　　ロ¬ンドン、ワシ¬ントン、サ¬ッカー

　このように特殊拍は自立拍に比べて音韻的な自立性が低い要素である。別の見方をすると、特殊拍は自立拍より音韻的に弱い要素と捉えることができる。ここで、その音韻的な強さを○の大小で表すと、(69) に示した4つの韻律構造は次のように表示することができる。

(72) a.　LL　　○○
　　 b.　LH　　○○○
　　 c.　HL　　○○○
　　 d.　HH　　○○○○

　このようにモーラレベルで捉えてみると、赤ちゃん言葉が (72a, b) の構造を嫌い、(72c, d) の構造を好む理由は自明のこととなる。(72a, b) では下線で示したように、強いモーラ（自立拍）が連続—つまり衝突—しているのに対し、(72c, d) ではそのような衝突が生じていない。後者では、弱いモーラ（特殊拍）がクッションの役割をしているのである。これはこれまでこの章で見てきた現象と非常によく似ている。

　5.1節で見たのは英語における強勢と強勢の衝突である。5.2節で見たのは日本語の諸方言における高音調と高音調の衝突であった。いずれもアクセント構造に関するものでプロミネンスの衝突として統一的に捉えることができたが、この節で分析した赤ちゃん言葉も同じように捉えることができる。

───────────────────────────

　セント型が生起する条件については窪薗 (2023a) の補遺を参照。

18　ビギナーやミュージシャンのように、語末から3モーラ目が特殊拍でなくてもアクセント型が前に移動するケース（前進型アクセント）もある（4.4.4節）。

5.3 モーラ間のプロミネンス衝突 | 275

英語のアクセントでは強勢というプロミネンスが2つの音節間で衝突し、日本語のアクセントでは高音調というプロミネンスが連続するモーラ間（鹿児島方言では音節間）で衝突し、(72a–b) では連続するモーラ間で自立拍というプロミネンスが衝突している。いずれにおいても、プロミネンスの衝突が起こり、それを忌避しようとしているのである。

5.3.2 元号のリズム

前節では、マンマやブーブーといった赤ちゃん言葉にプロミネンスの衝突を避ける力が働いていることを見た。赤ちゃんがお婆ちゃんやお爺ちゃんのことをババー、ジジーではなくバーバ、ジージと呼ぶ背景には、自立拍の連続を忌避する力が働いているのである。では、この力は大人の言語でも働いているのだろうか。本節以下ではこの問題を検討する。

　大人の語彙を見てみると、自立拍の連続には何も制約が働いていないような印象を受ける。実際、日本語は〔子音＋母音〕という基本的な音節構造の連続を好み、身体名称や親族名称などの基礎語彙は自立拍の連続から成っている。ここには自立拍の連続を避けようとする現象は見られない。

(73) a.　身体名称

　　　ha.na（鼻）、ku.ti（口）、mi.mi（耳）、a.si（足）、a.ta.ma（頭）…

　　b.　親族名称

　　　ha.ha（母）、ti.ti（父）、a.ne（姉）、a.ni（兄）…

　では大人の語彙に赤ちゃん言葉と同じ傾向がまったく見られないかというと、答えは否である。大人の言語でも新たな語彙を作り出す時にプロミネンスの衝突を避けようとする力が観察される。この節ではその1例として元号の音韻構造を分析する。

　日本の元号は、大化の改新（西暦645年）で知られる「大化」（645〜650年）に始まる。「大化」から「平成」まで、合計248個の元号が使われてきた。

276 | 第5章　プロミネンスの衝突

平均すると 5〜6 年ごとに元号が変わった計算であるが[19]、元号は一般に (i) 漢字 2 文字から成る、(ii) 漢字を音読みするという 2 つの特徴を持っている。文字数については、「天平勝宝」(749〜757 年) や「神護景雲」(767〜770 年) などの 4 文字の元号も 5 つあるが、残りの元号はすべて漢字 2 文字である。また文字数に関わらず、これらの元号は基本的に訓読みではなく音読みされる。たとえば「昭和」はアキカズではなくショーワ、「平成」もヒラナリではなくヘーセーと発音される。このように元号は基本的に 2 字漢語である。

　ところで、漢字の音読みには「1 文字 = 1〜2 モーラ」という長さの制限が強く働いている[20]。この制限のために、2 文字の漢語には次の 4 つの組み合わせしか存在しない。学校の科目名を例にとると次のようになる。

(74) a.　1 モーラ + 1 モーラ

　　　　地理、理科

　　 b.　1 モーラ + 2 モーラ

　　　　家庭、化学、技術、古典、社会、書道、地学、美術、保健

　　 c.　2 モーラ + 1 モーラ

　　　　英語、国語、政治、物理、倫理、歴史

　　 d.　2 モーラ + 2 モーラ

　　　　音楽、漢文、経済、算数、情報、数学、生物、体育、道徳

　(74a) の〔1+1〕の語が少ないように見えるが、これは偶然ではない。漢字の音読みでは 1 モーラより 2 モーラのものがはるかに多いため、2 文字を組み合わせると〔1+1〕という構造は他の構造よりも必然的に少なくなる。2 モーラの漢字が 1 モーラの漢字よりも多いことは、次のような歴史上のできごとの名称からも理解できる（下線を引いた文字は 1 モーラ、他は 2 モー

19　明治以降は 1 天皇 = 1 元号であるが、それ以前は地震や疫病などの天変地異によって改元されることが多かった。

20　訓読みの方は制限が緩やかで、テ (手) やメ (目) などの 1 モーラから、クチ (口)、ミミ (耳) のような 2 モーラ語、アタマ (頭) やミドリ (緑) のような 3 モーラ語、ムラサキ (紫) やミズウミ (湖) のような 4 モーラ語まで、種類が多い。

5.3　モーラ間のプロミネンス衝突 ｜ 277

ラ）。後述するように、2 モーラ＞1 モーラという事実は元号の音韻構造を
分析する上でも意味を持ってくる。

(75)　大化の改新、大政奉還、明治維新、廃藩置県、日露戦争、日英戦争、
　　　関東大震災、日中戦争、第二次世界大戦、太平洋戦争、安保闘争、東
　　　京五輪、万国博覧会

　(74) や (75) に出てくる 2 モーラの漢字は、さらに自立拍／特殊拍という観
点から、(76) の 2 種類に分けられる。特殊拍を 4 種類に分けて表示すると次
のようになる（R＝長音、J＝二重母音の後半、N＝撥音、Q＝促音）[21]。このうち
(76a) の構造は、もともと中国語で〔子音・母音・無声子音〕という 1 音節で
あったものが日本語に借用される過程で母音が加わり、〔子音・母音＋子音・
母音〕という 2 音節の構造――つまり〔自立拍＋自立拍〕――になったものである。

(76) a.　自立拍＋自立拍（軽音節＋軽音節）
　　　　　日（ニチ）、国（コク）、博（ハク）
　　 b.　自立拍＋特殊拍（重音節）
　　　　　R：政、奉、明、争、英、東、中、平、洋、闘、京
　　　　　J：大、改、廃、災、第、界、太、会
　　　　　N：新、還、藩、県、戦、関、震、安、輪、万、覧
　　　　　Q：日（ニッ）

　2 モーラの漢字に (76a, b) の 2 種類があることから、たとえば (74d) の構
造は次の 4 種類に下位分類できる。後述するように、この区分もまた元号
の分析に重要なものとなる（(74d) の例が入らない場合には（　）に一般語
彙を入れる）。

21　「政」「平」などの母音は長母音 [e:] とも二重母音 [ei] とも解釈できる。ここでは長母
　音に分類しているが、この違いは本節の議論には直接関わってこない。

278 | 第5章　プロミネンスの衝突

(77) a. 〔自立拍・特殊拍〕＋〔自立拍・特殊拍〕
　　　　　漢文、経済、算数、情報

　　 b. 〔自立拍・特殊拍〕＋〔自立拍・自立拍〕
　　　　　音楽、数学、生物、体育、道徳

　　 c. 〔自立拍・自立拍〕＋〔自立拍・特殊拍〕
　　　　　なし（育休、育苗、学生、楽団）

　　 d. 〔自立拍・自立拍〕＋〔自立拍・自立拍〕
　　　　　なし（学閥、独立、極楽、仏滅）

　ここで議論を元号の分析に戻すと、大化から平成までの元号（全248個）のうち、漢字2文字から成るもの243個を各文字のモーラ数によって(74)の4つのタイプに分け、さらにそれらを(76)のような音節量（韻律構造）を加味して細分類すると次の結果が得られる（μ＝モーラ）。

表5.8　モーラ数および韻律構造別の分類

タイプ	韻律構造	個数	小計	例
(74a) 1μ+1μ	L+L	0	0	なし
(74b) 1μ+2μ	L+H	12	17 (7%)	和銅、治承、嘉元、嘉永
	L+LL	5		治暦、嘉禄、嘉暦、至徳
(74c) 2μ+1μ	H+L	54	56 (23%)	大化、元治、明治、昭和
	LL+L	2		白雉、徳治
(74d) 2μ+2μ	H+H	135	170 (70%)	応仁、慶応、大正、平成
	H+LL	33		延暦、天福、興国、元禄
	LL+H	2		暦仁、暦応
	LL+LL	0		なし
合計		243	243 (100%)	

　表5.8の分析結果から、元号が好む（あるいは嫌う）構造として次の3点が浮かび上がってくる。まず第一に、(74a)の〔1モーラ＋1モーラ〕という

構造を持つ元号は皆無である。（74）で指摘したように、音読みの漢字は 1
モーラのものより 2 モーラのものが多い。しかしながら元号には「明治」や
「昭和」の「治」や「和」のように 1 モーラの漢字がいくつも使われている
から、「治和」や「和治」のような 2 モーラの元号が何個かあってもおかし
くないはずである。にも関わらず、実際にはこの構造の元号は皆無である。

　この〔1 モーラ＋1 モーラ〕を音節で計算すると、（69a）の〔軽音節＋軽音
節〕という構造に相当する。元号はこの構造を嫌っていることになる。これ
は、（74d）の〔2 モーラ＋2 モーラ〕という構造を持つものが 170 個（70%）
もあり、その中に〔重音節＋重音節〕という 2 音節構造のものが 135 個
（56%）もあるのと対照的である。同じ 2 音節構造であっても〔軽＋軽〕と
〔重＋重〕の間には大きな偏り（不均衡、asymmetry）があることを意味して
いる。

　表 5.8 に観察される 2 つ目の偏りは、同じ 3 モーラの元号でも（74b）のよ
うに〔1 モーラ＋2 モーラ〕という構造のものは、（74c）の〔2 モーラ＋1 モー
ラ〕のものより極めて少ない（17 個 vs. 56 個）という点である。とりわけ 2
音節構造のものに大きな偏りが見られ、（74b）の〔軽音節＋重音節〕の元号は
（74c）の〔重音節＋軽音節〕の元号の 1/4 以下（12 個 vs. 54 個）である。「明
治」や「昭和」のタイプの元号に比べ、「和銅」や「嘉永」のタイプの元号
が極端に少ないのである。過去 600 年間に絞ると、前者のタイプが 14 個も
あるのに対し、後者のタイプは「嘉永」（1848～1854 年）の 1 個のみである。

　表 5.8 に観察される 3 つ目の偏りは、（74d）の〔重音節＋軽音節・軽音節〕
（HLL）と〔軽音節・軽音節＋重音節〕（LLH）の間に見られる。同じ〔2 モー
ラ＋2 モーラ〕という 4 モーラの長さを持ちながら、両者の間には 16 倍（33
個 vs. 2 個）もの開きがある。「延暦」や「元禄」のタイプは多いのに、漢字
を入れ代えた「暦延」「禄元」といった元号は出てきにくいことが分かる[22]。

　このように、表 5.8 は 3 つの不均衡な状態が観察される。まとめると次の
ようになる。

22　これは筆者の講演に対する那須昭夫氏の指摘に負う。

280 | 第 5 章　プロミネンスの衝突

(78) a. 〔重音節＋重音節〕は数多いが、〔軽音節＋軽音節〕は皆無である。
（HH >>> LL）

　　 b. 〔重音節＋軽音節〕は多いが、〔軽音節＋重音節〕は少ない。（HL >> LH）

　　 c. 〔重音節＋軽音節・軽音節〕は数多いが、〔軽音節・軽音節＋重音節〕は極端に少ない。（HLL >>> LLH）

　既に述べたように重音節は〔自立拍＋特殊拍〕、軽音節は〔自立拍〕という構造を持っているから、自立拍と特殊拍の音韻的な強さの違いを○の大小で表すと、(78) の偏りは次のように表現できる。

(79) a.　HH（○○○○）vs. LL（○○）

　　 b.　HL（○○○）vs. LH（○○○）

　　 c.　HLL（○○○○）vs. LLH（○○○○）

　(79a)（=78a）でも（79b）（=78b）でも、元号が嫌う構造（LL と LH）では強いモーラ（自立拍）が衝突している。一方、元号が好む構造（HH と HL）はそのような衝突を含んでいない。後者は赤ちゃん言葉のワン.ワンやマン.マと同じ構造である。とりわけ（79b）に見られる偏りは、赤ちゃんがバー.バとは言うがバ.バーとは言わないという偏りと同質のものと言える。

　(79c)（=78c）は 2 つの構造がともに軽音節の連続（LL）を含むため、いずれにおいても強いモーラの衝突が起こっている。ところが、HLL では衝突が 1 回しか起こっていないのに対し、LLH では 2 回起こっている。つまり、衝突の数という点では HLL の方が LLH よりも優れた韻律構造ということになる。表 5.8 の「延暦」と「暦仁」の間に見られる頻度の差はこのように説明できる。ちなみにこの表では〔2 モーラ＋2 モーラ〕が 4 種類に分類されているが、衝突の数が多くなるにつれて元号が少なくなっていることが分かる。衝突の少ないものから順に並べると、HH（135 個）>> HLL（33 個）>> LLH（2 個）>> LLLL（0 個）という違いが見られるのである。

　以上の議論から、元号に見られる構造上の偏りが「強いモーラの衝突」と

いう原理で説明できることが分かる。このことは、元号も前節で見た赤ちゃん言葉と同じ原理に支配されていることを意味している[23]。このように見ると、「平成」の後に「令和」が選ばれたのも単なる偶然ではない。マスコミの世論調査では「和平」という候補が一番人気であったようであるが、これは (74b) の中の〔軽音節＋重音節〕という構造を持つ。赤ちゃん言葉に現れないバ.バー、ジ.ジーと同じ構造であり、元号でも過去600年間に1例しかなかった構造である。

　一方、元号の考案に関わった有識者たちがあげた候補は (80) の6つであった。「明治」や「昭和」と同じ〔重音節＋軽音節〕のものが「令和」を含め4つあり、残る2つが「大正」や「平成」と同じ〔重音節＋重音節〕という構造である。〔軽音節＋軽音節〕や〔軽音節＋重音節〕という構造は候補の中にも入っていなかったのである。考案や選定に関わった人たちが (79) のような韻律構造を意識していたとは考えにくいが、「強いモーラの衝突を避ける」という日本語のリズム原理が無意識のうちに働いていたとしても不思議ではない。

(80) a. 〔重音節＋軽音節〕
　　　令和、万和、広至、久化

　　b. 〔重音節＋重音節〕
　　　英弘、万保

　最後に、元号が過去160年の間、(80) の2つの構造を交互に繰り返していることを指摘しておきたい。これもまた日本語話者が持つ「強いモーラの衝突を避ける」というリズム原理の現れであろう。

(81) a. 〔重軽〕　　　元治　　明治　　昭和　　令和
　　b. 〔重重〕　　文久　慶応　　大正　　平成

23　元号と同じように音読みの漢字2文字で構成されやすいのが「東大寺、興福寺、神護寺」などのお寺の名前（＿寺）である。〔重音節＋重音節〕という構造が圧倒的に多いように見えるが、ここにも元号と同じ韻律構造の偏りが見られるのかもしれない。

282 | 第5章　プロミネンスの衝突

5.3.3　他の現象
5.3.3.1 外来語の短縮
　ここまで赤ちゃん言葉と元号の韻律構造を分析し、強いモーラの連続（衝突）を避けようとする力が働いていることを指摘した。とりわけ、〔軽音節＋重音節〕という構造を避け、〔重音節＋軽音節〕ないしは〔重音節＋重音節〕という構造を作り出そうとする原理が働いていたが、この原理は日本語の他の現象にどの程度関わってくるものであろうか。

　日本語の研究において〔軽音節＋重音節〕という2音節構造が避けられる傾向があることを最初に指摘したのは外来語の短縮形を分析した Ito (1990)である。日本語の外来語は母音挿入などによって長くなる傾向があり、そのために複合語と同じように短縮されやすい。短縮形の出力は (82) のような音韻的制約を受ける（詳しくは 2.4.2.1 節参照）。

(82) a.　2〜4 モーラの長さになる。つまり1 モーラや5 モーラ以上の出力
　　　　　形は不適格である。
　　 b.　1 音節の出力形は不適格である。
　　 c.　〔軽音節＋重音節〕の2 音節構造は不適格である。

　(82a–c) の制約により、(83a–c) のような出力形は産出されない（（　）内は実際に出てくる短縮形）。

(83) a.　ストライキ → *ス（スト）
　　　　　チョコレート → *チョ（チョコ）
　　　　　イラストレーション → *イラストレ（イラスト）
　　　　　リハビリテーション → *リハビリテ（リハビリ）
　　 b.　ローテーション → *ロー（ローテ）
　　　　　パーマネント → *パー（パーマ）
　　　　　パンフレット → *パン（パンフ）
　　　　　ファンデーション → *ファン（ファンデ）
　　 c.　デモンストレーション → *デモン（デモ）

5.3 モーラ間のプロミネンス衝突 | 283

　　ロケーション → *ロケー (ロケ)
　　ギャランティー → *ギャラン (ギャラ)

　ここで問題になるのが (82c) の制約である。(83b) では 1 音節の出力を避けようとして〔重音節＋軽音節〕の 2 音節構造が多数産出されるが、これと鏡像関係にある〔軽音節＋重音節〕の 2 音節構造はまったく産出されない。明らかに前者を好み、後者を避けようとする傾向が観察されるのである。これは赤ちゃん言葉においてバ.バーのような語形が生じず、また元号の歴史で「和銅」のような語形が過去 600 年間に 1 個しか出てきていないという事実と性格を同じくする。
　モーラレベルで分析すると (84) のようになる。(84b) の〔軽音節＋重音節〕では、下線で示したように、強いモーラ（自立拍）同士が衝突している。同じ 2 音節の出力でも、「ローテ」が許容され「ロケー」が許容されない背景には、このようなプロミネンスの衝突を避けようとする力が働いていると考えられる。

(84) a.　ロー.テ　　　　　b. *ロ.ケー
　　　　○○○　　　　　　　○○○o

　ここで、(82c) の制約が語形成によって新たに作り出される語—広義の派生語 (derived word)—に課される制約であることを確認しておきたい。同じ外来語でも、(85a) のような非派生語には〔軽音節＋重音節〕という構造が自由に許される。また (85b) のように複合語の構成要素を丸ごと残すタイプの短縮形でも、同じ構造が許容される。(82c) の制約は、長い単純語から短縮形を作り出そうというプロセスに働いていることが分かる[24]。これは赤ちゃん言葉や元号についても言えることで、新たに語を生成しようとするプロセスに (82c) の制約が働いている。新しい語を作り出す際に、無意識のう

――――――――――――――――

24　「おばあさん」「おじいさん」から「おばあ」「おじい」という〔軽音節＋重音節〕の短縮形がでてくるのも入力が複数の形態素から成っているためと考えられる (2.4.2 節の注 49 参照)。

284 | 第5章　プロミネンスの衝突

ちにプロミネンスの衝突を避けようとしているのであろう。

(85) a.　カレー、トレー、ブルー、ワゴン、サロン、トライ、ドライ

　　b.　バレー（＜バレーボール）、セブン（＜セブンイレブン）

5.3.3.2　ズージャ語

　(82c) の制約はズージャ語という語形成過程にも観察される。ズージャ語とはジャズ音楽家たちが仲間内で使う逆さ言葉であり、隠語的な性格を持つ。ズージャ語という名称自体も「ジャズ」から作り出された逆さ言葉である（2.4.2.2 節）。

　基本的には (86) のように、語の前半と後半を入れ代えて作り出す語形成過程であるが、そこには (87) のような出力制約が働く（Ito et al. 1996）。(82) によく似た制約である。(88) に具体例をあげる。

(86)　バ.ツ.グン（抜群）→ グン.バ.ツ

　　　マ.ネー.ジャー → ジャー.マ.ネ

(87) a.　3～4 モーラの長さになる。つまり 1～2 モーラや 5 モーラ以上は不適格である。

　　b.　〔軽音節＋重音節〕の 2 音節形は不適格である。

(88) a.　〔重音節〕→〔重音節＋軽音節〕

　　　　キー（key）→ イー.キ

　　　　（魔人）ブウ → ウー.ブ〔漫画ドラゴンボール〕

　　b.　〔軽音節＋軽音節〕→〔重音節＋軽音節〕

　　　　ジャ.ズ → ズー.ジャ

　　　　メシ（飯）→ シー.メ

　　c.　〔軽音節＋重音節〕→〔重音節＋軽音節〕

　　　　ウ.マイ（旨い）→ マイ.ウ

　　　　ゴ.メン（ご免）→ メン.ゴ

　　　　ヤ.サイ（野菜）→ サイ.ヤ〔漫画ドラゴンボール〕

d. 〔重音節＋軽音節〕→〔重音節＋軽音節〕

　　パン.ツ → ツン.パ

　　ドイ.ツ → ツイ.ド

e. 〔重音節＋軽音節〕→〔重音節＋重音節〕

　　ゲイ.シャ（芸者）→ シャー.ゲイ

　全体に〔重音節＋軽音節〕という出力を作り出す傾向が顕著であるが、特に注目すべきは (88d) と (88e) のパターンである。入力の〔重音節＋軽音節〕を単にひっくり返すのであれば〔軽音節＋重音節〕という出力が生成されるはずのところ、実際には (88d) のように、入力をモーラ単位で（あるいは仮名文字単位で）逆読みするという例外的な手段で入力と同じ〔重音節＋軽音節〕という構造を作り出すか、あるいは (88e) のように前半と後半を入れ代えた後に最初の音節を伸ばして〔重音節＋重音節〕という出力を作り出す。例外的に (89) のような〔軽音節＋重音節〕が作り出されることもあるが、これは入力にある 2 つの形態素を入れ代えたもの—つまり形態素の交換—であり、入力が 1 つの形態素からなる場合には (88d) のパターンとなる。このように、ズージャ語においても (84b) のような〔軽音節＋重音節〕の 2 音節構造、すなわち軽音節同士が衝突する構造は避けられている。

(89)　ギン.ザ（銀座）→ ザ.ギン

5.3.3.3　野球の声援

　〔軽音節＋重音節〕の 2 音節構造を嫌う傾向は野球の声援にも現れる（田中 2008）。(90) に示した野球の声援音頭は XXX の位置に打者の名前を、！の位置にポーズ（間）をそれぞれ入れる。具体的な例を (91) に示す（方策については 4.4 節を参照）。

(90)　かっとばせ、XXX！ピッチャー倒せよ！

(91)　X-X-X

　　a.　カ - ケ - フ（掛布）

b.　イ - チ - ロー

c.　ナ - ガシ - マ（長嶋）

　では2モーラの名前の場合にはどうなるかというと、論理的に考えられるのは次の3つの方策である。（92a）は第1音節の母音を伸ばし、語全体として〔重音節＋軽音節〕の構造を作り出す。（92b）では第2音節の母音を伸ばし、〔軽音節＋重音節〕の出力を作り出している。（92c）は入力と同じ〔軽音節＋軽音節〕を作って最後にポーズ（間）を入れる方策である。

（92）a.　ヤー - ー - ノ（矢野）

　　　b.　ヤ - ノー - ー

　　　c.　ヤ - ノ - Ø

　この中で実際に使われているのは（92a）のパターンである。その理由は（92）の3つのパターンを（84）のようにモーラレベルのプロミネンスとして表すとすぐに理解できる。（93a）に示したように、（92a）だけがプロミネンスの衝突（下線部）を回避している。

（93）a.　〇〇〇

　　　b.　〇〇〇

　　　c.　〇〇

　同様の衝突を避ける傾向は、日本語の音変化にも観察される（窪薗 2000a、2017a、2023a）。（94a, b）では軽音節の連続から第1音節の母音を伸ばしたり、撥音（ン）を入れたり、あるいは促音（ッ）を入れて〔重音節＋軽音節〕の構造を作り出している。日本語はもともと軽音節の連続が多い言語であるから、逆方向の変化―〔重音節＋軽音節〕から〔軽音節＋軽音節〕への変化―が少ないのは当然と言えば当然であるが[25]、軽音節の連続から〔軽音節＋

25　謎（ナン.ゾ→ナ.ゾ）は逆方向に変化した数少ない例であろう。また、音変化ではないが、外来語の借用時になぜか第1音節の母音が短くなり、結果的に〔軽音節＋重音節〕と

5.3　モーラ間のプロミネンス衝突　| 287

重音節〕ではなく〔重音節＋軽音節〕という構造が作り出されている点が重
要である。ちなみに (94c, d) では、プロミネンスが衝突する〔軽音節＋重音
節〕の構造を避けて、〔重音節＋軽音節〕もしくは〔重音節＋重音節〕という
構造が生成されている。(94) のプロセスは、(70) に例示した赤ちゃん言葉
や (88) に示したズージャ語の生成過程に酷似している。

(94)　音変化

　　　a.　〔軽音節＋軽音節〕→〔重音節＋軽音節〕

　　　　　シ.カ → シー.カ（詩歌）

　　　　　フ.キ → フー.キ（富貴）

　　　　　ト.ジ → トー.ジ（杜氏）

　　　　　ミ.ナ → ミン.ナ（皆）

　　　　　ト.ビ → トン.ビ（鳶）

　　　　　ミ.ツ → ミッ.ツ（三つ）

　　　　　ム.ツ → ムッ.ツ（六つ）

　　　　　チャ.ク → チャッ.ク（巾着 →チャック）

　　　　　サ.キ → サッ.キ（先、さっき）

　　　b.　〔軽音節＋軽音節＋軽音節〕→〔重音節＋軽音節〕

　　　　　オ.ミ.ナ → オン.ナ（女）

　　　c.　〔軽音節＋重音節〕→〔重音節＋軽音節〕

　　　　　ゴ.ボー → ゴン.ボ（牛蒡の方言形）

　　　　　ゴ.ゴー → ゴン.ゴ（五合の方言形）

　　　d.　〔軽音節＋重音節〕→〔重音節＋重音節〕

　　　　　ニョ.ボー → ニョー.ボー（女房）

　　　　　ジョ.オー → ジョー.オー（女王）

　この他にも、日本語では (95) のようなキャラクターやニックネームの生
成や、(96) のような外来語における促音の添加に、〔重音節＋軽音節〕を積

────────────────

いう語形が作り出された例も散見される（ソ.ファー（< sofa）、レ.ディー（< lady）、メ.
ジャー（< major））。

288 | 第5章　プロミネンスの衝突

極的に作り出そうという力が観察される（3.5 節）[26]。ここでも〔軽音節＋重音節〕の構造は忌避されている。日本語全体に、プロミネンスが衝突する〔軽音節＋軽音節〕や〔軽音節＋重音節〕の構造を避ける力が働いていることが分かる[27]。

(95)　ハ.チ（蜂）→ ハッ.チ（アニメみなしごハッチ）

　　　テ.ツ.コ → トッ.ト（黒柳徹子）

　　　マ.ツ.ダ → マッ.チ（松田宣浩（野球選手））

　　　ヤ.ナ.ギ.タ → ギー.タ（柳田悠岐（野球選手））

(96)　hit → ヒッ.ト、*ヒ.ト

　　　top → トッ.プ、*ト.プ

　　　big → ビッ.グ、*ビ.グ

5.4　母音と母音の衝突

　ここまで、英語に見られる強勢の衝突（5.1 節）、日本語の諸方言に見られる高音調（High tone）の衝突（5.2 節）、自立拍の連続を避けようとする現象（5.3 節）を分析した。これらの現象に共通するのは、何らかのプロミネンスが衝突する際に、その衝突を避ける力が働くということである。プロミネンスの種類は現象によって異なり、英語では語アクセントを具現化する「強勢」、日本語では語アクセントを具現化する「高音調」や、特殊拍に対する「自立拍」であった。プロミネンスの種類や性格は異なり、またプロミネンスの衝突を避ける方策も現象ごとに（日本語の場合には方言ごとにも）違いが見られるが、産出の際にエネルギーを要するもの同士が隣接すること一つ

26　これと関連して、英語の listen が日本語に借用される際にリッ.スンとなり促音添加が起こるが、関連語彙のリ.ス.ナー（listener）とリ.ス.ニン.グ（listening）では起こらない。前者は促音添加によってリ.スンという〔軽重〕の 2 音節構造を避けようとしている。これに対し後者の 2 語では、促音添加が韻律構造を改善するわけではないため、促音が挿入されなかったと考えられる。

27　髙橋（2024）によると、Duanmu（1990）が中国語（北京官話）に同じ偏りを指摘している。声調を持つ音節を 2 モーラ、軽声音節を 1 モーラと分析すると、中国語の 2 音節語は〔重重〕か〔重軽〕かいずれかの構造となり、〔軽軽〕や〔軽重〕の構造は出てこないという。

まりプロミネンスの衝突―を避けようとする点では共通している。

　この中で、自立拍の連続を避けようとするのはモーラレベルの現象であった。ではモーラレベルからもう一段階単位を小さくし、母音や子音といったセグメント（分節音）のレベルではどうなのだろうか。セグメントの連続でもプロミネンスの衝突を避けようとする現象が見られるのであろうか。これがこの節のトピックである。

5.4.1　Hiatus の忌避

　母音と子音を比べると、母音の方が産出に大きなエネルギーを要するのは周知のことである。音声産出における両者の一番の違いは、声道を流れる空気の量の違いである。母音の産出では、肺から送られてきた空気が比較的自由に口腔や鼻腔などの声道を通ってから外に流れ出る。これに対し、子音は空気の流れが舌や唇などの発音器官に阻害されることによって作り出される。子音の記述に調音点（どこで空気の流れが阻害されるか）、調音法（どの程度阻害されるか）という基準が用いられるのはこのためである。

　子音に比べ母音が産出により大きなエネルギーを要するとなると、母音の連続を忌避する傾向が観察されることが予想される。音節境界を挟んで現れる母音の連続を hiatus、同一音節内に現れる母音連続を単母音に対して二重母音（diphthong）というが、これらの母音連続を避けようとする現象がまさにそれにあたる。二重母音は次節（5.4.2 節）で論じることにして、ここではまず広範囲な言語において忌避されることが知られている hiatus の現象を考察してみよう。

　たとえばイギリス標準英語では、car, far, for のように語末に現れる ‘r’ は一般に発音されず、母音の長さを示す機能を担っているが、その直後に of, a, and のような母音で始まる語が来ると、‘r’ が発音されるようになる。連結の ‘r’（linking ‘r’）と呼ばれるものである。またもともと ‘r’ を含まない場合でも、idea [aidiə] や law [lɔ:] のように母音で終わる語の後ろに母音で始まる語が来ると、突如 ‘r’ が出てくることもある。こちらは嵌入の ‘r’（intrusive ‘r’）と呼ばれている（Jones 1960）。(97) に具体例を示すが、いずれの場合でも〔母音＋母音〕という構造を忌避するために母音間に子音が挿入されている。

290 | 第 5 章　プロミネンスの衝突

(97) a.　連結の 'r' (linking 'r')

[kɑː əv]... → [kɑːrəv]... 'car of (the year)'

[fɑː əwei] → [fɑːrəwei] 'far away'

[fɔː ə]... → [fɔːrə]... 'for a (moment)'

[wɔːtə ənd]... → [wɔːtə rənd]... 'water and...'

　　b.　嵌入の 'r' (intrusive 'r')

[aidiə əv]... → [aidiə rəv]... 'idea of...'

[lɔː ənd]... → [lɔː rənd]... 'law and (order)'

　英語が母音連続を避けようとしていることは、語に接辞を付けて新たな語（派生語）を作り出す過程により明確な形で現れる。たとえば (98) では、名詞に -ist という接尾辞が付いて新たな名詞が作り出される。この詳細を見てみると、(98a) のように名詞にそのまま -ist が付く場合と、(98b) のように名詞末の母音が消えてしまう場合の 2 種類があり、どちらのパターンをとるかは名詞が子音で終わるか (98a)、母音で終わるか (98b) によって決まることが分かる。(98b) の方は語幹と接辞の接点（下線部）で母音が連続（衝突）してしまうために、語幹末の母音が消えてしまうのである。連続する母音の一方が消えてしまうことにより、母音連続は解消されることになる。

(98)　名詞 -ist

　　a.　violin-ist → violinist

medal-ist → medalist

science-ist → scientist[28]

　　b.　piano-ist → pianist, *pianoist

cello-ist → cellist, *celloist

　(98) と同じ現象が名詞に -ese を付ける派生過程にも観察される。これは名詞に -ese [iːz] という接尾辞を加えて「__語」という意味の派生語を作り

28　scientist では science [saiəns] の末尾の [s] が同じ無声歯茎音の [t] に変わっている。英語では摩擦音と閉鎖音が交替する変化は珍しくない（divide—division）。

5.4　母音と母音の衝突 | 291

出す過程であるが、この場合も (99b) のように名詞が母音で終わる場合には、その母音と接辞頭の母音との間に衝突（下線部）が生じてしまうため、名詞末の母音が消えてしまう。

(99)　名詞 -ese

　　a.　Japan-ese → Japanese

　　　　Vietnam-ese → Vietnamese

　　　　Canton-ese → Cantonese

　　　　mother-ese → motherese（母親語、母親言葉）

　　b.　China-ese → Chinese

　　　　Burma-ese → Burmese

　このように英語では母音で終わる語の後ろに母音で始まる要素が付く時、母音連続を断ち切る現象が起こる。(97) の子音挿入、(98) と (99) の母音脱落は一見異なる現象のように見えるが、両者が目指しているところは同じである。

　同様の現象は日本語でも起こる。日本語は開音節（母音で終わる音節）の語が多いため、母音で始まる音節が後続すると (100) の下線部（二重線）のように母音連続が生じることになる。日本語は英語にも増して多様な方法で、この有標な構造を解消しようとする（窪薗 1999b, 2019b, Kubozono 2015b)[29]。

(100)a.　子音挿入

　　　　haru-ame → haru-same（春雨）

　　　　hi-ame → hi-same（氷雨）

　　　　ma-ao → mas-sao（真っ青）

　　　　mi-asa → mi-sasa（三朝（温泉））

29　他の言語については Casali (2011) が詳しい。

b. わたり音挿入

piano → piyano（ピアノ）

koara → kowara（コアラ）

baai → bawai（場合）

c. わたり音化

iu → yuu（言う）

riu → ryuu（竜）

kiuri（黄瓜）→ kyuuri（きゅうり）

karusiumu → karusyuumu（カルシウム）

bariumu → baryuumu（バリウム）

d. 母音の脱落

mitino-oku（道の奥）→ mitinoku（みちのく、陸奥）

sumi-ire（墨入れ）→ sumire（すみれ（花））

tai-iku（体育）→ taiku〔くだけた発音〕

e. 母音融合

naga-iki（長息）→ nageki（嘆き）

te-arai（手洗い）→ tarai（盥）

site-oku（しておく）→ sitoku（しとく）

site-iru（している）→ siteru（してる）

　たとえば（100a, b）では英語の（97）と同様に子音が挿入される。このうち（100a）では（97b）と同じように元の語になかった子音（ここでは [s]）が挿入され[30]、一方（100b）では直前の母音が前舌母音（/i, e/）か後舌母音（/u, o, a/）かによって同じ調音点のわたり音（半母音）—前舌の /y/ [j] か後舌の /w/ [w]—が挿入される。

　（100c）では、/i/ が半母音の /y/ に変わることにより、/iu/ という母音連続が〔子音＋母音〕という連続に変換されている。ここでは母音が子音化すること

30　大雨（oo-ame）や小糠雨（konuka-ame）の例からも分かるように、/s/ の挿入はすべての語で起こるわけではない（2.3.1 節の注 18）。ちなみに英語の /r/ と日本語の /s/ は歯茎音という点（つまり調音点）が共通している。

に伴い、母音が持っていた 1 モーラの長さ―つまり語全体のモーラ数―を保とうとして母音が長くなる。代償延長と呼ばれる付随的な現象である。

　（100d）は母音連続を母音脱落という形で解消しようとする現象であり、基本的に英語の (98b) や (99b) と同じ方策と言える。最後に (100e) の母音融合は、異なる音色の母音を融合して 1 つの母音にする現象であり、（100a–d）と同様に母音の衝突が解消される。（100e）の中には (100d) の母音脱落とも解釈できる例があるが[31]、これらはすべて一般的な母音融合規則で統一的に説明できる[32]。

　母音連続を避ける傾向は普遍的なものであり、英語や日本語以外の言語でも観察される。たとえば朝鮮語では親しい人に呼びかける時、相手の名前に ya ないしは a という接辞が付加されるが、どちらが選ばれるかはその名前が母音で終わるか子音で終わるかによって決まる。母音で終わる名前には (101a) のように ya が、子音で終わる名前には (101b) のように a が付加される。逆の組み合わせをとると、(102a) のように母音が連続する構造と (102b) のような尾子音を持つ音節が生じてしまう。

(101) a. Hana-ya（ハナよ！）
　　　b. An-a（アンよ！）
(102) a. *Hana-a
　　　b. *An-ya

　このように母音の連続を避けようとする原理は言語を問わず、通言語的に観察される。母音というプロミネンスの高い要素（分節音）の衝突を避ける現象と見ることができる。

　ところで、最近の音韻研究ではこの現象を「頭子音を求める制約」(Onset) で説明しようとしている (Prince and Smolensky 1993/2004)。母音の前にく

31　(100e) には「手洗い」や「しておく」のように前の母音が消える例と、「している」のように後ろの母音が消える例がある。母音脱落と解釈すると、どちらの母音が消えるか予測できない。母音融合と解釈するとこの問題は解消される（窪薗 1999b）。

32　具体的には最初の母音から [±high] の特徴を、2 つ目の母音から [±low] と [±back] の特徴を受け継ぐという規則である（窪薗 1999b: 103）。

294 | 第5章 プロミネンスの衝突

る子音（頭子音）と後ろにくる子音（尾子音）のうち、前者は存在することが
望ましく、後者は存在しないことが望ましいという理解に基づく解釈であ
る。(97) – (101) の現象は確かに「頭子音を求める現象」とも解釈できるが、
単純に頭子音が求められるのであれば、母音間だけでなく語頭でも (97) –
(101) のような現象が起こるはずである。たとえば日本語で (100a) の現象
が語頭でも起こることが予想される。実際には (103) のような現象が起こ
らないことを考えると、(100) を引き起こしているのは母音の前の子音（頭
子音）を求める力ではなく、母音連続を避けようとする力—つまりプロミネ
ンスの衝突を避けようとする力—と考えるのが妥当であろう[33]。

(103) a.　ame → *same（雨）

　　　 b.　ao → *sao（青）

　　　 c.　asa → *sasa（朝）

　　　 d.　oku → *noku（奥）

5.4.2　二重母音

　このように母音の連続を「プロミネンスの衝突」と解釈すると、次に出て
くるのが「母音連続の中でもプロミネンスの衝突の度合いに差があるのでは
ないか」という疑問である。先に、子音より母音の方がプロミネンスが大き
いと述べたが、同じ母音であっても [i] や [u] より [e] や [o] の方が、さらに
[e] や [o] よりも [a] の方がプロミネンスが大きいとされている。一般に、聞
こえ度 (sonority) という尺度で測られるセグメント間の違い—聴覚的な大き
さの違い—である。

(104) 母音の聞こえ度

　　　 i, u < e, o < a

33　一方で、ten.oo → ten.noo（天皇）、han.oo → han.noo（反応）、gin.an → gin.nan（銀杏）
　　のように、鼻子音が撥音の後ろに挿入（コピー）される現象は、「母音連続を避ける」とい
　　う考え方では説明できず、「頭子音を求める」という説明が必要になる。

5.4 母音と母音の衝突 | 295

　母音間にこのようなプロミネンスの違いがあるのであれば、聞こえ度が大きい母音同士の衝突や、聞こえ度が近い母音同士の衝突が忌避される傾向が大きいと推測される。逆の言い方をすると、/ai/ や /au/ のような聞こえ度の差が大きな母音連続は許容されやすくなるという推測である。この推測は二重母音（diphthong）の分析から概ね支持される。

　二重母音とは、一般言語学において 'a vowel where there is a single (perceptual) noticeable change in quality during a syllable, as in English *beer*, *time, loud*'（Crystal 2008: 146）と定義されている[34]。すなわち「単一の音節に生じる、（音色が異なる）母音連続」（窪薗 2021: 110）である。「母音連続」という点では前節で論じた hiatus と同じであるが、「単一の音節に生じる」という点が音節境界を越えて起こる hiatus とは異なる。

　二重母音は、/a/ や /i:/ のように単一の音色から成る単母音（monophthong）と対立する概念であり、有標性理論では単母音よりも有標とされている。つまり、二重母音は単母音を前提に存在し、単母音しかない言語は存在しても二重母音しか持たない言語は存在しない。言語獲得においても、単母音→二重母音の順に獲得することを含意する。ちなみに最近の音韻理論では二重母音の有標性を*Complex という制約で表している（Prince and Smolensky 1993/2004）。単母音に対して二重母音が有標な存在であるという事実自体が、1 つの音節内においても母音の連続が嫌われる傾向があることを示している。

　単母音より有標だとは言え、前節で論じた hiatus とは違い、二重母音は多くの言語において安定した母音連続として受け入れられており、音声学的には（105）に示した 3 種類に区分される。（105a）は下降二重母音（falling diphthong）と呼ばれるもので、母音の聞こえ度（口の開き具合）が下がる母音連続、つまり口が開いた状態から閉じる方向に動く母音連続である。一方（105b）は、聞こえ度がほぼ同じ母音連続、（105c）は上昇二重母音（rising diphthong）と呼ばれ、聞こえ度が上昇する母音連続である。

34　その一方で Crystal 自身も「音節」を定義することは難しい（'providing a precise notion of the syllable is not an easy task'）と認めている（Crystal 2008: 467）。

296 | 第5章　プロミネンスの衝突

(105) a. /ai/, /au/, /ae/, /ao/, /oi/, /ou/, /ei/, /eu/

　　 b. /iu/, /ui/, /oe/, /eo/

　　 c. /ea/, /oa/, /ia/, /ie/, /io/, /ua/, /ue/, /uo/

　ここで (105) に示した3種類の母音連続と日本語の現象を比較してみる
と、(100a–d) に示した hiatus を避けようとする現象は (105b) や (105c) の
母音連続を中心に起こっていることが分かる。つまり、聞こえ度が下降しな
い母音連続が (二重母音ではなく) hiatus となりやすく、子音挿入、わたり
音挿入、わたり音化、母音脱落などの方法によって解消されている。

　(105) の3分類は、聞こえ度という尺度に基づいて一般音声学の立場から
母音連続を分類したものである。個別の言語において実際どの母音連続が二
重母音として機能するかということはこれとは別の問題であり、個別言語ご
との分析が必要となる。そこで言語ごとに二重母音を見てみると、面白い傾
向が観察される。たとえば英語には (106a) の8つの二重母音があるとされて
いるが (窪薗・溝越 1991)、このうち尾子音 /r/ の影響によってあいまい母音
が生じた3つ (/iə, eə, uə/) を除くと[35]、すべて (105a) に含まれる母音連続であ
り、2母音間のプロミネンスの差が大きく、高母音 (狭母音、high vowel) の
/i/ や /u/ で終わる母音連続が多い。逆に (105a) の中で英語の二重母音とはな
らない母音連続―(106b) の3つ―は、母音間の聞こえ度の差が小さい連続で
ある。

(106) 英語の二重母音

　　 a. /ai/ (b<u>i</u>ke), /au/ (<u>ou</u>t), /oi/ (<u>oi</u>l), /ei/ (<u>eig</u>ht), /ou/ (b<u>oa</u>t), /iə/ (f<u>ear</u>),
　　　 /eə/ 'f<u>are</u>', /uə/ 'p<u>oor</u>'

　　 b. */ae/, */ao/, */eu/

　この傾向は日本語でもある程度観察される。日本語で単一音節に収まる
母音連続として認められるのは /ai/, /oi/, /ui/ の3つであり、長母音 ([e:]) と

35　Jones (1960: 98) はこれらの3つも他の5つと同じように、第1母音から第2母音へと
　　聞こえ度が落ちる 'falling diphthong' とみなしている。

交替する /ei/[36] を含めても（107a）にあげる 4 つのみである（4.3.2 節、4.4.3 節、窪薗 2021）。このうち 3 つが（105a）に属している。逆方向から見ると、（105a）の中でも（107b）の /ae/ や /ao/ のような聞こえ度が大きい母音同士が連続する場合は二重母音とはならない。言語を問わず、プロミネンスの差が小さい母音連続は二重母音としてまとまりにくいことが分かる。日本語は /au/ や /eu/ のような /u/ で終わる母音連続が 1 つの音節に収まらないという特徴を持つために[37]（Kubozono 2015a/b, 窪薗 2021）、英語より二重母音の数が少なくなるが、プロミネンスの衝突を起こしにくい母音連続が二重母音となりやすいという傾向は共有している。

(107) a. /ai/, /oi/, /ui/, /ei/
　　　 b. */au/, */ae/, */ao/, */ou/, */eu/

　以上のことから、プロミネンスの差が大きな連続は二重母音という安定した母音連続として許容される傾向があることが分かる。プロミネンスの差が大きいということは衝突の度合いが小さいということであり、それゆえに二重母音という安定した母音連続になりやすいと考えられる。

5.5　子音と子音の衝突

　これまでの議論を子音（C (onsonant)）の連続に拡大してみるとどうなるのだろうか。一般に、同一音節内で子音が連続する構造（子音結合）は忌避されることが知られている。日本語のように子音結合に強い制約を持つ言語がある一方で[38]、英語のように CCVCC（たとえば trend, priest）や CCCVCCC（たとえば strength [strɛŋkθ]）という子音結合を比較的自由に許す言語もあるが、いずれのタイプでも必ず CV という単純な音節構造を有している。言語

36　たとえば「英語」という日本語は [eigo] と [e:go] の間で自由変異を起こす。

37　これは日本語だけの特徴ではなく、朝鮮語やルーマニア語など他の言語にも観察される（Kubozono 2005, 2008b）。

38　日本語ではキャ（kya）やミュ（myu）などの拗音が例外的な子音結合（[kj-], [mj-]）と分析されることが多い（窪薗 1995a: 22）。

獲得でも CV という単純な音節構造を獲得した後に子音結合を含む複雑な音節構造を獲得するとされている。つまり CC や CCC などの子音結合は単一の子音（C）を前提に存在する。最近の音韻理論では二重母音とあわせて *Complex という制約で表されている（Prince and Smolensky 1993/2004）。

　CC や CCC は C よりも複雑な構造であるから、その複雑さゆえに有標となるというのは自然な考え方であろうが、子音も弱いなりにある程度のプロミネンスを持つと捉えるならば、子音結合では子音間でプロミネンスの衝突が生じており、その衝突を避けるために子音結合そのものが忌避されると解釈することが可能となる。

　では、子音結合が生じる場合はどうであろうか。母音の場合と同じように、子音の場合も聞こえ度の大きいものと小さいものの差が観察される。一般に、空気の流れが大きく妨げられる阻害音（閉鎖音、摩擦音など）は聞こえ度が小さく、逆に、母音と同じように空気が声道を比較的自由に出ていく子音は聞こえ度が大きいとされている。後者は一般に共鳴音（sonorant）と呼ばれる子音で、/m/ や /n/ のような鼻音（鼻子音）、/l/ や /r/ のような流音、/j/ や /w/ などの半母音が含まれる。阻害音と共鳴音は声帯が振動するかしないか（つまり有声か無声か）ということと相関を示し、阻害音は無声の方が基本（つまり無標）であり、一方、共鳴音は母音と同じように有声であるのが基本である。一般音声学では (108) に示す聞こえ度の階層（sonority hierarchy）が一般に受け入れられている（Ladefoged 1975）。

(108) 子音の聞こえ度階層

　母音と同じように聞こえ度の差が音節内の安定性に関与するのであれば、聞こえ度の差が大きい子音連続の方が、その差が小さい子音連続よりもプロミネンスの衝突度が小さく、よって音節内で安定した連続（子音結合）とな

ることが予想される。この予想は先行研究が指摘する事実と一致する。

たとえば、英語のように子音結合を許容する言語ではその配列に規則性があり、母音の前（頭子音）では聞こえ度が小さい子音から大きい子音へと推移し、母音の後ろ（尾子音）では逆に聞こえ度が下がる方向へと推移するという。つまり、音節は「母音を中心とした聞こえ度の山」であり、もっとも聞こえ度が大きな母音を頂点として (109) のような聞こえ度の山が作られる[39]。Sonority Sequencing Generalization（聞こえ度配列の一般化）もしくは Sonority Sequencing Principle（聞こえ度配列の原理）と呼ばれる原理である (Selkirk 1984, Blevins 1995)。英語に kr- (cry, cream) や dr- (draw, dream)、sm- (small, smoke) などの頭子音はあるが、rk- や rd-, ms- などの頭子音がないのはこのためである。また尾子音の位置に -lt (salt, melt) や -ld (mild, child)、-nd (kind, mind) などの子音連続は生起しても、-tl や -dl, -dn などの連続が生起しないのも同じ理由による（ちなみに lit.tle, can.dle, sud.den などはいずれも 2 音節語であり、-tl, -dl, -dn が尾子音を成すわけではない[40]）。

(109) 音節内の構造（聞こえ度の推移）

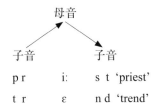

このような制限に加え、聞こえ度の大きい子音同士が連続することは好まれない。英語では、たとえば共鳴音同士の結合は (110) に示すように、/mj-/ と /nj-/ を除いて許容されない。このような強い子音の連続は、これまで音素配列制約 (phonotactic constraint) あるいは子音間の共起制限 (cooccurrence

---

39 [s] は例外的な振る舞いを示すことが知られている。英語が頭子音位置に st- (star, stay) や sp- (speak, spa)、sk- (sky, ski)、str- (street, strength) といった子音連続を許容するのはこのためである。

40 語末の [l] や [n] は成節子音として 2 音節目の中核となる。

300 | 第5章 プロミネンスの衝突

restriction）という形で排除されてきたが、これらの概念ではどのような子音連続が許容されないのか予測できない。一方、子音間のプロミネンスの衝突として捉え直すと、聞こえ度の大きい子音同士の結合が許容されにくいことが自然に説明できるようになる（*は許容されない結合を示す）。

(110) a. 流音＋半母音 *lj-, *rj-, *lw-, *rw-

　　　b. 鼻音＋流音 *ml-, *nl-, *mr-, *nr-

　　　c. 鼻音＋半母音 mj- (mute, music), nj- (new, news) , *mw-, *nw-

　英語の頭子音位置で子音結合を作れるのは、主に閉鎖音や摩擦音に共鳴音が続く場合である。つまり、聞こえ度の差が大きい子音の連続である。さらに (111) と (112) の対比からも分かるように、阻害音の中でも聞こえ度がより大きい摩擦音は共鳴音と結びつきにくく、また同じ理由により、有声阻害音は無声阻害音よりも共鳴音と結びつきにくい。

(111) 閉鎖音＋共鳴音

　　　a. pl- (play), pr- (pray), pj- (puma), *pw-

　　　b. bl- (blue), br- (bread) , bj- (beautiful), *bw-

　　　c. *tl-, tr- (tray), tj- (stupid), tw- (twin)

　　　d. *dl-, dr- (dry), dj- (due), dw- (dwell)

　　　e. kl- (clay), kr- (cry), kj- (cute) , kw- (queen)

　　　f. gl- (glad), gr- (green), *gj-, ?gw- (Gwent)

(112) 摩擦音＋共鳴音

　　　a. fl- (fly), fr- (France), fj- (few), *fw-

　　　b. *vl-, *vr-, vj- (view), *vw-

　　　c. sl- (slow), *sr-[41], sj- (イギリス英語の sue), sw- (swing)

　　　d. *zl-, *zr-, *zj-, *zw-

　　　e. *ʃl-, ʃr- (shrine) , *ʃj-, *ʃw-

41　Sri Lanka（スリランカ）は外来語として例外的に [sr-] の連続が許容される例であるが、この場合でも英語話者は [ʃr-] に置き換えて（つまり [ʃri lɑːŋkə]）発音する傾向が強い。

f. *ʒl-, *ʒr-, *ʒj-, *ʒw-

　以上の事実は、子音結合を許容しやすいとされる英語においても、その結合には強い制限があり、聞こえ度が大きい子音同士の結合や、聞こえ度が近い子音同士の結合は許容されないことが分かる。これもプロミネンスの衝突という視点から見ると納得がいく。これらの結合はプロミネンスの衝突を作り出すために忌避されやすいと解釈できる。前節で見た、音節内における母音の連続―つまり二重母音―に観察される傾向と同じである。

5.6　まとめ

　この章では（113）の5つの現象を「プロミネンスの衝突」として捉え、この有標な音韻構造を解消するプロセスを考察した。（113a–e）に対応する代表的な例を（114）–（118）に示す。

(113) a. 英語の強勢の衝突（5.1節）

　　 b. 日本語諸方言における高音調の衝突（5.2節）

　　 c. 自立拍の衝突（5.3節）

　　 d. 母音と母音の衝突（5.4節）

　　 e. 子音と子音の衝突（5.5節）

(114) 強勢衝突の解消

　　 a. リズム規則（強勢の消失・弱化）

　　　 Nèw Yórk Cíty → Nèw York Cíty

　　 b. 余剰語の挿入

　　　 Money makes the mare go. → Money makes the mare to go.（諺）

　　 c. 語順の調整

　　　 a quite long river → quite a long river

　　　 Paul, Peter and Mary → Peter, Paul and Mary（PPM）

（115）高音調衝突の解消

    a. 高音調の消失

        ネズミ ヲ ミタ　→ ネズミ ヲ ミタ（近畿方言）

        カガミ → カガミ（同上）

        ヤマダ ハナコ → ヤマダ ハナコ（甑島方言）

        バー チャン！ → バーチャン！（鹿児島方言）

        ダイガ キタ カ → ダイガ キタ カ（同上）

    b. 高音調の移動

        アマザケ → アマザケ（甑島方言）

（116）〔軽音節＋重音節〕と〔軽音節＋軽音節〕の回避

        バ.バ → バー.バ、*バ.バー（赤ちゃん言葉）

        メー.ジ、タイ.ショー、ショー.ワ、ヘー.セー、レー.ワ（元号）

        デ.モン.ス.ト.レー.ション → デ.モ、*デ.モン（短縮）

        ジャ.ズ → ズー.ジャ、*ズ.ジャ、*ズ.ジャー（ズージャ語）

        ヤ.ノ → ヤー.ノ、*ヤ.ノー（野球の声援）

        ジョ.オー → ジョー.オー（音変化）

（117）母音連続の回避

    a. 子音・わたり音（半母音）の挿入

        [kɑː əv]... → [kɑːrəv]... 'car of ...'（英語の連結の 'r'）

        ハル - アメ（haru-ame）→ ハルサメ（harusame）

        ピアノ（piano）→ ピヤノ（piyano）

        Hana-a! → Hana-ya!（朝鮮語呼びかけ）

    b. 母音の脱落

        piano-ist → pianist

        ミチノ - オク（mitino-oku）→ ミチノク（mitinoku）

    c. わたり音化（母音の半母音化）

        イウ（iu）→ ユー（yuu）

        カルシウム（iu）→ カルシューム（yuu）

    d. 二重母音として受け入れ

        /ai/, /au/, /oi/, /ei/, /ou/; * /ae/, * /ao/（英語）

/ai/, /oi/, /ei/, /ui/; * /ae/, * /ao/（日本語）

（118）強い子音連続の回避

kr-（cry, cream）, dr-（draw, dream）, sm-（small, smoke）

vs. * lj-, * rj-, * lw-, * rw-, * ml-, * mr-, * nl-, * nr-, * mw-, * nw-（英語）

　（113）から分かるように、プロミネンスの衝突には様々なものが含まれる。まず一言で「プロミネンスの衝突」と言っても、英語のような強さアクセント言語に見られる「強勢の衝突」から、高さアクセント言語である日本語の諸方言に見られる「高音調の衝突」、日本のモーラ連続における「強いモーラ（自立拍）の衝突」、分節音レベルにおいて子音より聞こえ度が大きい「母音の衝突」、音節内における「強い子音の衝突」というように、衝突の種類は多岐にわたる。

　これらは音韻構造の異なるレベルに生じることから、従来の音韻研究ではお互い無関係な現象として捉えられてきた。たとえば強さアクセントの言語に観察される強勢の衝突（114）と、高さアクセント言語に観察される高音調の衝突（115）が同じ土俵で論じられることは少なかった。また同じ高音調の衝突でも、1つの語の中で起こる現象は「アクセント」の現象として扱われる一方で、複数の語句が連続する場合に起こる高音調の衝突現象は「イントネーション」の変化として議論されてきた。

　同様に、高音調の衝突（115）はアクセントやイントネーションの現象として捉えられ、（116）にあげた自立拍の連続が回避される現象と同じ土俵で議論されることはなかった。さらに（116）の諸現象を見ても、赤ちゃん言葉と元号、外来語の短縮、ズージャ語、野球の声援といった、一見してまったく異なる現象を統一的に説明しようとする努力も少なかった。

　（114）–（118）の諸現象は、このようにお互い関係ないもののように捉えられてきたが、「プロミネンスの衝突」という概念を想定すると無視できない共通点が見えてくる。すなわち、音韻的に強い要素と強い要素の衝突として捉え直してみると、「プロミネンスの衝突」を避けるという共通の動機・原理が見えてくるのである。実に様々な現象が、「プロミネンスの衝突」を避けるという共通の目的によって引き起こされる同質の現象として統一的に

説明することができるようになる。科学では「統一的な説明」を「一般化」と呼ぶが、「プロミネンスの衝突」という概念はそのような統一的な説明（一般化）を可能にしてくれるものである。

　プロミネンスの種類が多様であるのと同時に、その衝突を解消する方法も多様であった。(114) – (118) に例示したように、「衝突の解消」と言ってもその解消方法は様々存在する。強い要素同士が相並ぶことが「衝突」を起こすのであるから、論理的に考えると (i) 一方の要素を消す、(ii) 一方を動かす、(iii) 一方を弱くする、(iv) 両者の間に弱い要素を挿入するなど、複数の解消策がありうる。(114) – (118) の現象は、そのような多様な解決策が実際に使われていることを示している。

　以上述べてきたように、プロミネンスの衝突も、それを解消する方法も多様である。今後、このような視点から日本語の諸方言や諸現象が分析されると、さらなる一般化が可能になるに違いない。たとえば5.2節では日本語の3つの方言について高音調の衝突が避けられる実態を探ったが、日本語や琉球語の諸方言に研究対象が広がれば、「プロミネンスを避ける」という原理の一般性が実証される可能性が高い。方言の数だけ調査研究ができる分野である。さらに研究対象が日本語や琉球語以外の言語に広がれば、一般言語学の中でこの原理の一般性が明らかになるはずである。日本語や琉球語の研究が一般言語学に貢献できる可能性を秘めている。

| 305

結び

本書のまとめ

　本書は「一般言語学から見た日本語の音声」シリーズ（3部作）の3巻目として、前2巻で直接取り扱うことができなかった4つのトピックを論じた。第1章で言語学の基本的な概念である「一般化」と「有標性」を略述した上で、第2章では詩の韻律から音韻規則、形態規則、言い間違い・吃音、音楽のテキストセッティング、乳幼児の言語獲得までの広範囲な言語現象において、モーラと音節がどのような役割を果たしているかを分析し、あわせて2モーラが音韻的なまとまりをなすというフットの概念がどのような一般化を可能にしてくれるか考察した。そこから見えてきたのは、日本語におけるモーラとフットの重要性であり、またそれを補完するように働く音節の役割である。

　第3章では日本語の方言に視野を広げ、方言アクセント体系に見られるモーラと音節の関係を考察した。九州西南部に横たわる二型アクセント体系において、長崎方言のように「モーラで数えてモーラでアクセント（高音調）を担う体系」と、鹿児島方言のように「音節で数えて音節でアクセントを担う体系」が存在することが知られてきたが、100kmしか離れていない地域—しかも他の点では均一なアクセント体系を示す方言地域—に、なぜこのような対極的な体系が存在するのか謎であった。

　この章では、長崎方言と鹿児島方言の中間地点に位置する離島（甑島）の方言に「モーラで数えて音節でアクセントを担う体系」が存在することに注目し、この危機方言の体系を一般言語学的視点から考察した。この結果、「長崎方言のようにモーラを基調とする体系から甑島方言のハイブリッドな体系を経て、鹿児島方言のように音節を基調とする体系が発達した」と推定した。この推定の根拠になったのが、アフリカなどの声調言語において水平音調が好まれ、曲線音調（上昇曲線音調と下降曲線音調）が忌避される一般的な傾向である。日本語にもこの一般的な原理が働いたと仮定すれば、長崎方言から甑島方言を経て鹿児島方言に至るアクセント体系の変化は、曲線音

調を許容する体系から上昇曲線音調を忌避し、次に下降曲線音調を忌避するようになったという2段階の変化で説明できるようになる。この章ではさらに、過去数百年間に起こったであろうこの2段階の変化が、現在の鹿児島方言において現在進行形の変化として観察されることを指摘した。

第3章の最後では、音節を単位にアクセント付与がなされる現在の鹿児島方言の音韻体系においても、モーラという概念が不可欠であることを示した。具体的には、英語や東京方言にも観察される超重音節（3モーラ音節）を避けようとする力が、鹿児島方言においても働き、複数の現象となって現れることを指摘した。

第4章では、これまで体系的な研究が行われてこなかった歌謡と言葉の関係を俎上にあげた。注目したのはテキストセッティングと呼ばれる楽譜と歌詞（単語）の関係である。テキストセッティングには、先に作られた歌詞に音符が付与されるタイプと、それとは逆に楽譜が先に作られ、そこに歌詞が付与されるタイプがあるが、この章ではその両方を分析し、分節単位としてのモーラ／音節の役割や、歌の分析から見えてくる音節構造の問題—二重母音の特定、超重音節の有標性—を考察した。

歌詞に音符が付与されるタイプのテキストセッティングから見えてきたのは、日本語がモーラを音符付与の基本単位としながらも、特殊拍の種類によってその度合いが異なるという点である。また、楽譜に歌詞を付与するタイプのテキストセッティング分析からは、単語が長くなれば音節単位の分節がなされるようになるということと、モーラから音節への転換が3モーラと4モーラの間で起こるという特徴が見えてきた。また同じ分析から、日本語の二重母音が /ai, oi, ui/ の3つのみ—長母音の [e:] を二重母音 /ei/ と解釈すれば合計4つ—であるという知見と、超重音節を忌避する力がテキストセッティングにも現れているという知見も得られた。

最終章の第5章は様々なレベルに観察されるプロミネンスの衝突（prominence clash）を分析した。強さアクセントの言語である英語では、アクセント（強勢）が隣接する構造—強勢の衝突（stress clash）—が様々な方法によって回避されることが知られていたが、この章では高さアクセント言語である日本語の諸方言に、アクセント（高音調）の衝突（high tone clash）を

忌避する現象が観察されることを指摘し、強勢衝突と合わせて「プロミネンスの衝突」という概念で統一的に説明することを提案した。強さアクセントに特徴的と考えられてきたアクセントの衝突を回避する現象と同質の現象が、高さアクセントを持つ日本語でも観察されるのである。

　第5章の後半では、「プロミネンスの衝突」という概念をモーラレベルや分節音のレベルにまで拡張することを提案した。モーラには音韻的に強いモーラ（自立拍）と弱いモーラ（特殊拍）の2種類があるが、日本語では自立拍が連続する構造を忌避しようとする現象が種々観察される。具体的には、赤ちゃん言葉にバーバやジージはあってもババーやジジーという語はない。後者ではプロミネンスの大きいモーラ（自立拍）同士が衝突するが、前者では自立拍と自立拍の間に特殊拍が入ることにより、プロミネンスの衝突が回避（解消）されている。

　これと同じ原理が、大化（645～650年）以降1400年近く続いてきた日本の元号の歴史にも明確に現れていた。「和銅」のように〔自立拍＋自立拍・特殊拍〕（つまり軽音節＋重音節）という構造を持つ元号は少なく、同じ2音節でも「明治」や「昭和」のような〔自立拍・特殊拍＋自立拍〕（つまり重音節＋軽音節）という構造の元号は数多い。また1400年近い日本の元号の歴史の中で、〔自立拍・特殊拍＋自立拍・特殊拍〕（つまり重音節＋重音節）という構造を持つ元号は「慶応、大正、平成」のように数多いが、〔自立拍＋自立拍〕（つまり軽音節＋軽音節）という構造の元号は皆無である。このように見てくると、「…慶応、明治、大正、昭和、平成」と続いてきた中で、「令和」という元号が選ばれたのは偶然ではないことが分かる。日本の元号には、昔からプロミネンス（ここでは自立拍）の衝突を避けようとするリズムの原理が働いてきたのである。

　第5章の最後では、「プロミネンスの衝突を避ける」という原理が、母音連続（hiatus と二重母音）を避けようとする言語一般的な現象や、聞こえ度が大きい子音同士の結合を避けようとする現象をも説明できる可能性を示唆した。

　以上、本書の内容を手短にまとめてみたが、全体から見えてくるのは、（言語理論を含む）一般言語学の知見をもとに日本語という個別言語を分析

308 | 結び

しようとする研究方向―ソトからウチを見る研究―と、それとは逆方向に、日本語の研究から得られた知見を一般言語学に還元しようとする研究方向―ウチからソトを見る研究―の、両方の重要性である。これが本書を含む「一般言語学から見た日本語の音声」シリーズ3部作に共通する結論である。「ソトからウチを見る」研究と「ウチからソトを見る」研究が車の両輪となって進めば、日本語音声の研究がさらなる進展を遂げ、人間の言語の本質と言語個別性を明らかにしてくれるに違いない。そのような研究の発展を期待したい。

最後に

「一般言語学から見た日本語の音声」シリーズ3部作を書き終えるにあたり、自分の45年間の研究生活を振り返ってみると、言語研究からいろいろなことを学んだことに気づく。その1つは「一般化」の楽しさであり、もう1つは「面白い研究素材が日常生活の身近なところに潜んでいる」という発見である。また「言語学の原理や規則が極めて常識的なものである」ということも大きな気づきであった。

第5章のテーマを例にとると、日本語において高音調の衝突を避けようとする現象―たとえば近畿方言において「ネズミを」の「を」に付与される高音調が「見る」（低高）の前では消えないのに、「見た」（高低）の前では消えてしまうという事例（5.2.1 節）―は、英語において強勢の衝突を避けようとする現象―たとえば歌手グループの PPM が、強勢が衝突する Paul, Peter and Mary という語順を避け、Peter, Paul and Mary と命名されたという事例（5.1 節）―と無関係ではなく、ともに「プロミネンスの衝突を避ける」という同じ原理に支配されている。同じ原理が、赤ちゃん言葉の構造―赤ちゃんがお婆ちゃんやお爺ちゃんのことをババー、ジジーではなくバーバ、ジージと呼ぶこと―も、「明治、大正、昭和」に続く元号が「令和」となったことも説明してくれる。さらには「春雨」がハルアメ（haru-ame）ではなくハルサメ（haru-same）と発音される子音挿入の事例や、「長息」がナガイキ（naga-iki）からナゲキ（nageki, 嘆き）と発音されるようになった母音融合の事例（5.4 節）も、これらの現象と同じ原理に支配されている。「プロミネン

スの衝突を避ける」という原理を想定することによって、これまで無関係と思われてきた複数の現象—その多くは赤ちゃん言葉や元号のように日常生活で身近な現象—が統一的に説明できるようになるのである。これは、1.1 節で紹介した自然科学における一般化の歴史と同質のものと言えよう。

　様々な言語現象を統一的に説明してくれる「プロミネンスの衝突を避ける」という原理は、言語研究にだけ観察されるものではなく、人間の生活において常識的なものである。音声におけるプロミネンスは強さアクセントの「強勢」や、高さアクセントの「高音調」、音韻的に強いモーラである「自立拍」など様々なレベルで観察されるが、共通しているのは「大きな発話エネルギーを要する」ということであった。大きなエネルギーを要する活動の連続を避けるというのは、言語現象だけでなく人間の様々な活動に観察される。スポーツの世界ではたとえば 100m ダッシュを休憩なしに連続して行うことは変則的であるし、音楽の世界でも 2 拍子（〔強弱〕の繰り返し）や 4 拍子（〔強弱弱弱〕の繰り返し）に対して 1 拍子（〔強〕の繰り返し）は変則的である。共通しているのは、「大きなエネルギーを要する活動の連続は避けられる」ということである。言語現象における「プロミネンスの衝突を避ける」という原理もこれと同じ性格を持つものであり、広く「リズム」と呼ばれるものに共通する一般的で、かつ常識的な原理である。

　長年の言語研究からもう 1 つ見えてきたのは、「1 つの謎を解き明かすと、その後にまた新たな謎が生まれる」という謎や疑問の連鎖である。「なぜなのだろう」「どうなっているのだろう」という疑問を突き詰めていくと 1 つの謎を解決できるが、そのすぐ後には新たな謎や疑問が自然に生じる。

　たとえば第 5 章では、「プロミネンスの衝突を避ける」という原理が日本語の様々な現象を支配しており、赤ちゃん言葉や元号において「自立拍の連続を避ける」という形で現れてくることを指摘したが、日本語の発話—たとえば「私の名前は山田花子です」という文—は基本的に自立拍の連続から成っている。これは日本語がもともと特殊拍を持たなかったこと、換言すると日本語が〔子音＋母音〕という単純な音節構造を基調としていたことに起因するが、少し冷静になって考えると、「日本語はどうしてこのようなプロミネンスが連続する文や発話を許容してきたのだろうか」という素朴な疑問

が生じる。1つの疑問や問題を解決すると、その次に新たな疑問が湧いてくるのである。

このような新たな疑問は本書のどの章からも湧いてくる。第4章で論じた音楽のテキストセッティングの分析では、「3モーラ語まではモーラで分節し、4モーラ以上の長さの語は音節で分節する」という日本語の仕組みが見えてきた。これがHappy Birthdayや野球の声援音頭に共通する仕組みであることが分かると、次に「どうして長くなるとモーラではなく音節で分節するようになるのだろうか」という疑問が生じ、また仮にモーラから音節への転換を受け入れたとしても、「その境界がどうして2モーラと3モーラの間や4モーラと5モーラの間ではなく、3モーラと4モーラの間にあるのだろう」という素朴な疑問が湧いてくる。とりわけ、日本語では4モーラと5モーラの間に大きな音韻的境界を示す現象が多いという従来の指摘を踏まえると（2.3.1.6節、2.8節）、その疑問は深まる。1つの謎を解き明かすと、すぐその後に新たな謎が自然に見えてくるのである。

これは言語研究に限らず、科学や学問と呼ばれるものに共通することなのであろうが、ここで大事なことは「新たな疑問や謎に気づくことは楽しい」という感覚である。新たな疑問や問題に気づくことは「無知の知」と呼ばれるものであり、「分からない」ということに気づいたということである。自ら「新たな疑問や謎を発見した」ということである。このように考えると、「分からない」ということは決して不愉快なことではなく、むしろ愉快なことであることが分かる。「分からない」ということに悩むのではなく、むしろそれを楽しむという気持ちが大切なのだろう。「分からないことを楽しむ」ということは、言語研究に限らず、学問という人間活動の醍醐味に違いない。

英文要旨（English summary）

The Phonological Structure of Japanese From a General Linguistic Perspective
by Haruo Kubozono

This is the third and last volume of the series *Japanese Phonology From a General Linguistic Perspective* that I have published from Kurosio Publishers in the past five years, following *Japanese Prosody From a General Linguistic Perspective* (vol. 1, 2021) and *Word Formation and Phonological Structure in Japanese From a General Linguistic Perspective* (vol. 2, 2023). As the title suggests, the series aims to analyze the phonological structure of Japanese from the viewpoint of general linguistics. Specifically, it aims to demonstrate how our knowledge of general linguistics sheds new light on the phonological structure of Japanese, on the one hand, and how linguistic analysis of Japanese can deepen our understanding of language in general, on the other hand.

With this common goal, the current volume discusses four major topics pertaining to Japanese phonology and phonological theory. Following an introductory chapter explaining the two key notions in current phonological studies, i.e. 'generalization' and 'markedness', Chapter 2 examines the roles of the mora, the syllable, and the foot in a wide range of linguistic phenomena in (Tokyo) Japanese, including (a) rhythm in poetry, (b) phonological rules, (c) morphological rules, (d) speech disfluencies, i.e. speech errors and stuttering, (e) text-setting in music, and (f) language acquisition. The chapter also analyses how the three phonological units interact with each other in the language.

Chapter 3 expands the analysis of the mora and the syllable to Japanese dialects which are known for their diversity in phonological and prosodic structure. It takes us to the south of Japan, where we find two types of prosodic systems—'mora-counting, mora system' (Nagasaki Japanese) and 'syllable-counting, syllable system' (Kagoshima Japanese). It tackles the long-standing and unsolved question of why these seemingly opposite types of prosodic systems co-exist within the otherwise homogeneous 'two-pattern accent systems' found in the narrow geographical area in the south of Japan. The key dialect to this interesting question is Koshikijima Japanese, an endangered dialect spoken on the Koshikijima Islands lying between Nagasaki and Kagoshima. This dialect has a two-pattern accent system just like Nagasaki and Kagoshima Japanese, but differs from Kagoshima in computing the basic position of the accent (or high tone) with the mora, on the one hand, and from Nagasaki Japanese, on the other, in assigning the accent to the syllable: that is, it is a 'mora-counting, syllable' dialect. A detailed analysis of this hybrid system enables us to reconstruct the history of the two-pattern accent systems in the area, suggesting that the Nagasaki-type 'mora-counting, mora system' is the proto system from which the Kagoshima-type 'syllable-counting, syllable system' developed via the Koshikijima-type hybrid system. Specifically, it demonstrates that the completely mora-based system developed into the completely syllable-based system in only two steps, first by changing rising contour tones to level tones, and secondly, by avoiding falling contour tones in favor of level tones. Thus, understanding the two types of contour tones as marked tonal configurations plays a pivotal role in solving the long-standing question in the historical phonology of Japanese. This analysis is further supported by new evidence from Kagoshima Japanese, which is discussed in the last section of the same chapter: we find ongoing sound changes that are taking place in the same two steps in the peripheral vocabulary of the dialect.

Chapter 4 discusses the relationship between music and language by focusing on text-setting or text-to-tune alignments. It actually analyzes two types of text-setting in Japanese in comparison with those of English and German: (i) the ways musical notes are aligned with pre-determined sequences of words and (ii) the ways words are aligned with a pre-specified musical score. It is shown that the mora plays a pivotal role in the first type of text-setting in which the role of the syllable is also becoming increasingly important. This contrasts with the text-setting in English and German where the syllable plays a key role.

The second type of text-setting reveals an interesting interaction between the mora and the syllable in Japanese. The most interesting is the finding that three-mora or shorter words are segmented by the mora, while four-mora or longer words are segmented by the syllable. This switch from the mora to the syllable is found in the happy birthday song as well as baseball chants. The switch from the mora to the syllable is interesting by itself, but the more interesting finding (and question as well) is the fact the boundary between the two segmentation patterns lies between

英文要旨（English summary） | 313

three and four moras.

The final sections of the chapter develop the analysis of text-setting into the phonological controversies regarding 'diphthongs' and 'superheavy syllables'. As for diphthongs, the evidence from text-setting confirms the view that Japanese has only three diphthongs, i.e. /ai/, /oi/, and /ui/, or four if [eː] is interpreted as a fourth diphthong /ei/. The same analysis also provides evidence that trimoraic syllables are disfavored in Japanese just as in other languages, if not completely prohibited.

The final chapter of the book, Chapter 5, proposes the notion of 'prominence clash' to account for a wide range of phenomena in Japanese and other languages. It is now an established fact that 'stress clash' is a marked prosodic structure in English and other 'stress-accent languages' and is actually resolved in multiple ways including what is now known as 'rhythm rule' (Liberman and Prince 1977). Analysis of Japanese accent shows that high tone clashes are avoided in much the same way across Japanese dialects, thus allowing us to generalize high tone clash with stress clash in terms of the general notion of 'prominence clash'.

The idea of prominence clash can be expanded to the prosodic analysis of Japanese words, notably to the fact that Japanese favors H(eavy)-H(eavy) and H(eavy)-L(ight) disyllables over L(ight)-L(ight) or L(ight)-H(eavy) disyllables in various linguistic phenomena. This asymmetry between HH/HL and LL/LH can be accounted for in a reasonable way by the notion of prominence clash because LL and LH involve a sequence of two phonologically strong moras, or head moras, whereas HH and HL have a weak mora between two strong moras. Specifically, this analysis explains why Japanese-speaking babies say *baaba* and *ziizi* (HL), and not *babaa* or *zizii* (LH), for their grandmother and grandfather, respectively. The same analysis also provides a reasonable account for the fact that HL and HH disyllables overwhelm LH and LL disyllables in Japanese *gengoo* (era names) such as *keioo* 'Keio', *taisyoo* 'Taisho', *heisei* 'Heisei' (HH) and *meizi* 'Meiji', *syoowa* 'Showa', and *reiwa* 'Reiwa' (HL).

The final sections of Chapter 5 further expand the notion of prominence clash to the clashes of vowels and consonants, respectively. It is proposed, specifically, that the same notion of prominence clash provides a principled account for the well-known facts that (a) hiatus, or vowel sequences across a syllable boundary, (b) diphthongs, or vowel sequences within a syllable, and (c) consonant clusters are generally disfavored across languages, not just in Japanese.

参照文献

Abercrombie, David (1967) *Elements of General Phonetics.* Edinburgh: Edinburgh University Press.

秋永一枝 (1985)「共通語のアクセント」NHK (編)『日本語発音アクセント辞典』巻末解説. 東京:日本放送出版協会.

Allen, George D. (1975) Speech rhythm: Its relation to performance universals and articulatory timing. *Journal of Phonetics* 3(2): 75–86.

Allen, W. Sidney (1973) *Accent and Rhythm (Prosodic Features of Latin and Greek : A Study in Theory and Reconstruction).* Cambridge: Cambridge University Press.

天沼寧、大坪一夫、水谷修 (1978)『日本語音声学』東京:くろしお出版.

有坂秀世 (1940)『音韻論』東京:三省堂.

Árnason, Kristján (1980) *Quantity in Historical Linguistics.* Cambridge: Cambridge University Press.

Beckman, Mary E. (1986) *Stress and Non-stress Accent.* Dordrecht: Foris Publications.

別宮貞徳 (1977)『日本語のリズム—四拍子文化論』講談社現代新書. 東京:講談社.

Blevins, Juliette (1995) Syllable in Phonological Theory. In John Goldsmith (ed.) *The Handbook of Phonological Theory.* 206–224. Cambridge, Mass. & Oxford: Blackwell.

Bloch, Bernard (1950) Studies in colloquial Japanese IV: Phonemics. *Language* 26: 86–125.

Bolinger, Dwight L. (1965) *Form of English.* Cambridge, Mass.: Harvard University Press.

Casali, Roderic F. (2011) Hiatus resolution. In Marc van Oostendorp, Colin Ewen, Elizabeth Hume, and Keren Rice (eds.) *The Blackwell Companion to Phonology.* Vol. 3, 1434–1460. Malden, Mass. & Oxford: Wiley-Blackwell.

Chomsky, Noam and Morris Halle (1968) *The Sound Pattern of English.* New York: Harper and Row.

Crystal, David (2008) *A Dictionary of Linguistics and Phonetics.* 6th edition. Malden, Mass. & Oxford: Blackwell.

Dauer, Rebecca M. (1980) *Stress and Rhythm in Modern Greek.* Doctoral dissertation, University of Edinburgh.

Dauer, Rebecca M. (1983) Stress-timing and syllable-timing reanalyzed. *Journal of Phonetics* 11(1): 51–62.

Dell, François and Mohamed Elmedlaoui (1985) Syllabic consonants and syllabification in Imdlawn Tashlhiyt Berber. *Journal of African Languages and Linguistics* 7: 105–130.

Duanmu, San (1990) *A Formal Study of Syllable, Tone, Stress and Domain in Chinese Languages.* Doctoral dissertation, MIT.

Ferguson, Charles A. (1964) Baby talk in six languages. *American Anthropologist* 66(6):

103–114.

Fromkin, Victoria (1973) *Speech Errors as Linguistic Evidence*. Berlin: De Gruyter Mouton.

Fry, Dennis B. (1958) Experiments in the perception of stress. *Language and Speech* 1(2): 126–152.

Fujisaki, Hiroya (1992) Modeling the process of fundamental frequency contour generation. In Yoichi Tohkura, Eric Vatikiotis-Bateson, and Yoshinori Sagisaka (eds.) *Speech Perception, Production and Linguistic Structure*, 313–326. IOS and Ohmsha.

福居誠二 (1990)「近畿方言の数字列の音調」『音声言語』4: 41–67. 近畿音声学会.

儀利古幹雄 (2009)『日本語における語認識と平板型アクセント』神戸大学博士論文.

Goldsmith, John (2011) The syllable. In John Goldsmith, Jason Riggle, and Alan C.L. Yu (eds.) *The Handbook of Phonological Theory*. 2nd Edition. 164–196. Oxford: Wiley-Blackwell.

Gussenhoven, Carlos (1991) The English Rhythm Rule as an accent deletion rule. *Phonology* 8: 1–35.

Han, Mieko S. (1994) Acoustic manifestations of mora timing in Japanese. *Journal of the Acoustical Society of America* 96(1): 73–82.

Haraguchi, Shosuke (1977) *The Tone Pattern of Japanese: An Autosegmental Theory of Tonology*. Tokyo: Kaitakusha.

Hasegawa, Yoko (2015) *Japanese: A Linguistic Introduction*. Cambridge: Cambridge University Press.

服部四郎 (1960)『言語学の方法』東京：岩波書店.

林 大 (監修) (1982)『図説日本語』東京：角川書店.

早田輝洋 (1999)『音調のタイポロジー』東京：大修館書店.

Hayes, Bruce (1979) Extrametricality. *MIT Working Papers in Linguistics* 1: 77–86.

Hayes, Bruce (1980) *A Metrical Theory of Stress Rules*. Doctoral dissertation, MIT.

Hayes, Bruce (1995) *Metrical Stress Theory: Principles and Case Studies*. Chicago: The University of Chicago Press.

平山輝男 (1951)『九州方言音調の研究』東京：学界之指針社.

平山輝男 (編) (1960)『全国アクセント辞典』東京：東京堂出版.

Hockett, Charles F. (1958) *A Course in Modern Linguistics*. New York: MacMillan.

Hyman, Larry M. (2007) Universals of tone rules: 30 years later. In Tomas Riad and Carlos Gussenhoven (eds.) *Tones and Tunes, Vol. 1: Typological Studies in Word and Sentence Prosody*, 1–34. Berlin & New York: Mouton de Gruyter.

Inagaki, Kayoko, Giyoo Hatano, and Takashi Otake (2000) The effect of kana literacy acquisition on the speech segmentation unit used by Japanese young children. *Journal of Experimental Child Psychology* 75(1): 70–91.

Ito, Junko (1990) Prosodic minimality in Japanese. In M. Ziolkowski, M. Noske, and K. Deaton (eds.) *CLS 26-II: The Parasession on the Syllable in Phonetics and Phonology*,

213–239. Chicago: Chicago Linguistic Society.

Ito, Junko, Yoshihisa Kitagawa, and Armin Mester (1996) Prosodic faithfulness and correspondence: Evidence from a Japanese argot. *Journal of East Asian Linguistics* 5(3): 217–294.

Ito, Junko, Haruo Kubozono, Armin Mester, and Shin'ichi Tanaka (2019) Kattobase: The linguistic structure of Japanese baseball chants. In *The Proceedings of Annual Meeting of Phonology (AMP) 2018*. The Linguistic Society of America.

Ito, Junko and Armin Mester (1996) Stem and word in Sino-Japanese. In Takeshi Otake and Anne Cutler (eds.) *Phonological Structure and Language Processing: Cross-linguistic Studies*, 13–44. Berlin: Mouton de Gruyter.

Ito, Junko and Armin Mester (2012) Recursive prosodic phrasing in Japanese. In Toni Borowsky, Shigeto Kawahara, Takahito Shinya, and Mariko Sugahara (eds.) *Prosody Matters: Essays in Honor of Elisabeth Selkirk*. Bristol, CT: Equinox Publishing.

Ito, Junko and Armin Mester (2015) Word formation and phonological processes. In Haruo Kubozono (ed.) *Handbook of Japanese Phonetics and Phonology*, 363–395. Berlin: De Gruyter Mouton.

Jones, Daniel (1960) *An Outline of English Phonetics*. 9th Edition. Cambridge: W. Heffer & Sons LTD.

上村孝二 (1937)「甑島方言の研究」『満鐵教育研究所研究要報』11: 321–348.

上村孝二 (1941)「甑島方言のアクセント」『音声学協会会報』65–66: 12–15.

Karimata, Shigehisa (2015) Ryukyuan languages: A grammar overview. In Patrick Heinrich, Shinsho Miyara, and Michinori Shimoji (eds.) *Handbook of the Ryukyuan Languages*, 113–140. Berlin, Boston & Munich: De Gruyter Mouton.

Katayama, Motoko (1998) *Optimality Theory and Japanese Loanword Phonology*. Doctoral dissertation, University of California, Santa Cruz.

Kawahara, Shigeto (2016) Japanese has syllables: A reply to Labrune. *Phonology* 33: 169–194.

川上蓁 (1973)『日本語アクセント法』東京：学書房.

川上蓁 (1977)『日本語音声概説』東京：桜楓社.

木部暢子 (編) (1997)『鹿児島県のことば』(日本のことばシリーズ 46) 東京：明治書院.

木部暢子 (2000)『西南部九州二型アクセントの研究』東京：勉誠出版.

木部暢子 (2010)「イントネーションの地域差―疑問文のイントネーション」小林隆・篠崎晃一 (編)『方言の発見』1–20. 東京：ひつじ書房.

木部暢子、橋本優美 (2003)「鹿児島市方言の外来語の音調」『音声研究』7(3): 92–100.

金田一春彦 (1967)『日本語音韻の研究』東京：東京堂出版.

金田一春彦 (1974)『国語アクセントの史的研究―原理と方法―』東京：塙書房.

金田一春彦 (監修) 秋永一枝 (編) (1981)『明解日本語アクセント辞典』(第二版) 東

京：三省堂.

金田一春彦（監修）秋永一枝（編）(2001)『新明解日本語アクセント辞典』東京：三省堂.

金田一春彦（監修）秋永一枝（編）(2010)『新明解日本語アクセント辞典』東京：三省堂.

金水敏 (1999)「大阪方言の特殊拍アクセントについて」音声文法研究会（編）『文法と音声Ⅲ』107–140. 東京：くろしお出版.

Kubozono, Haruo (1985) Speech errors and syllable structure. *Linguistics and Philology* 6: 220–243. 名古屋大学英語学談話会.

Kubozono, Haruo (1988) *The Organization of Japanese Prosody*. Doctoral dissertation, University of Edinburgh. [東京：くろしお出版, 1993].

Kubozono, Haruo (1989) The mora and syllable structure in Japanese: Evidence from speech errors. *Language and Speech* 32(3): 249–278.

Kubozono, Haruo (1990) Phonological constraints on blending in English and Japanese as a case for phonology-morphology interface. *Yearbook of Morphology* 3: 1–20.

窪薗晴夫 (1994)「日本語の音節量について」『国語学』178, 7–17.

窪薗晴夫 (1995a)『語形成と音韻構造』東京：くろしお出版.

Kubozono, Haruo (1995b) Constraint interaction in Japanese phonology: Evidence from compound accent. *Phonology at Santa Cruz* (PASC) 4: 21–38.

Kubozono, Haruo (1995c) Perceptual evidence for the mora in Japanese. In Bruce Connell and Amalia Arvaniti (eds.) *Phonology and Phonetic Evidence: Papers in Laboratory Phonology IV*, 141–156. Cambridge: Cambridge University Press.

Kubozono, Haruo (1996) Syllable and accent in Japanese: Evidence from loanword accentuation. *Bulletin* 211: 71–82. Phonetic Society of Japan.

Kubozono, Haruo (1997) Lexical markedness and variation: A non-derivational account. *WCCFL* 15: 273–287.

窪薗晴夫 (1998a)『音声学・音韻論』東京：くろしお出版.

窪薗晴夫 (1998b)「桃太郎と金太郎のアクセント構造」『神戸言語学論叢』1: 35–49.

窪薗晴夫 (1999a)「歌謡におけるモーラと音節」音声文法研究会（編）『文法と音声Ⅱ』241–260. 東京：くろしお出版.

窪薗晴夫 (1999b)『日本語の音声』東京：岩波書店.

Kubozono, Haruo (1999c) Mora and syllable. In Natsuko Tsujimura (ed.) *The Handbook of Japanese Linguistics*, 31–61. Oxford: Wiley-Blackwell.

窪薗晴夫 (2000a)「日本語の語彙と音節構造―「女王」は「じょおう」か「じょうおう」か―」『日本語研究』20: 1–18. 東京都立大学.

窪薗晴夫 (2000b)「子供のしりとりとモーラの獲得」『50 周年記念論集』587–602. 神戸大学文学部.

窪薗晴夫 (2002a)『新語はこうして作られる』東京：岩波書店.

Kubozono, Haruo (2002b) Syllable weight and Japanese accent. In Shosuke Haraguchi, Bohumil Palek, and Osamu Fujimura (eds.) *Proceedings of Linguistics and Phonetics 2002*. Charles University Press and Meikai University.

Kubozono, Haruo (2003) Accent of alphabetic acronyms in Tokyo Japanese. In Takeru Honma, Masao Okazaki, Toshiyuki Tabata, and Shin-ichi Tanaka (eds.) *A New Century of Phonology and Phonological Theory,* 356–370. Tokyo: Kaitakusha.

窪薗晴夫 (2004a)「音韻構造から見た単純語と合成語の境界」音声文法研究会 (編) 『文法と音声 IV』123–143. 東京：くろしお出版.

Kubozono, Haruo (2004b) Weight neutralization in Japanese. *Journal of Japanese Linguistics* 20: 51–70.

Kubozono, Haruo (2005) [ai]-[au] asymmetry in English and Japanese. *English Linguistics* 22(1): 1–22.

Kubozono, Haruo (2006a) Where does loanword prosody come from? A case study of Japanese loanword accent. *Lingua* 116: 1140–1170.

窪薗晴夫 (2006b)『アクセントの法則』(岩波科学ライブラリー 118) 東京：岩波書店.

Kubozono, Haruo (2008a) Japanese accent. In Shigeru Miyagawa and Mamoru Saito (eds.) *The Handbook of Japanese Linguistics,* 165–191. Oxford: Oxford University Press.

Kubozono, Haruo (2008b) [ai]-[au] asymmetry: A phonetic account. In Haruo Kubozono (ed.) *Asymmetries in Phonology: An East-Asian Perspective,* 147–163. Tokyo: Kurosio.

Kubozono, Haruo (2010) Accentuation of alphabetic acronyms in varieties of Japanese. *Lingua* 120: 2323–2335.

窪薗晴夫 (2011)『数字とことばの不思議な話』(岩波ジュニア新書 684) 東京：岩波書店.

窪薗晴夫 (2012a)「鹿児島県甑島方言のアクセント」『音声研究』16(1): 93–104.

Kubozono, Haruo (2012b) Word-level vs. sentence-level prosody in Koshikijima Japanese. *The Linguistic Review* 29: 109–130.

Kubozono, Haruo (2015a) Diphthongs and vowel coalescence. In Haruo Kubozono (ed.) *Handbook of Japanese Phonetics and Phonology,* 215–249. Berlin: De Gruyter Mouton.

Kubozono, Haruo (2015b) Loanword phonology. In Haruo Kubozono (ed.) *Handbook of Japanese Phonetics and Phonology,* 313–361. Berlin: De Gruyter Mouton.

Kubozono, Haruo (2015c) Japanese dialects and general linguistics.『言語研究』148: 1–31.

Kubozono, Haruo (2016) Diversity of pitch accent systems in Koshikijima Japanese.『言語研究』150: 1–31.

窪薗晴夫 (2017a)『通じない日本語—世代差・地域差からみる言葉の不思議』東京：平凡社.

窪薗晴夫 (2017b)「どうして赤ちゃん言葉とオノマトペは似ているの？」窪薗晴夫 (編) 『オノマトペの謎—ピカチュウからモフモフまで』121–142. 東京：岩波書店.

Kubozono, Haruo (2018a) Postlexical tonal neutralizations in Kagoshima Japanese. In Haruo Kubozono and Mikio Giriko (eds.) *Tonal Change and Neutralization,* 27–57. Berlin: De Gruyter Muoton.

Kubozono, Haruo (2018b) Mora sensitivity in Kagoshima Japanese: Evidence from *no* contraction. In Ryan Bennett et al. (eds.) *Hana-bana: A Festschrift for Junko Ito and Armin Mester* (online) https://itomestercelebration.sites.ucsc.edu/

Kubozono, Haruo (2018c) Prosodic evidence for syllable structure in Japanese. In Céleste Guillemot, Tomoyuki Yoshida, and Seunghun J. Lee (eds.) *Proceedings of the 13th Workshop on Altaic Formal Linguistics* (MIT Working Papers in Linguistics 88), 35–50. MIT.

Kubozono, Haruo (2018d) Focus prosody in Kagoshima Japanese. In Rob Goedemans, Jeffrey Heinz, and Harry van der Hulst (eds.) *The Study of Word Stress and Accent: Theories, Methods and Data*, 323–345. Cambridge: Cambridge University Press.

Kubozono, Haruo (2018e) Loanword accent in Kyungsang Korean: A moraic account. In Kunio Nishiyama, Hideki Kishimoto, and Edith Aldridge (eds.) *Topics in Theoretical Asian Linguistics: Studies in Honor of John B. Whitman*, 303–329. Amsterdam & Philadelphia: John Benjamins.

Kubozono, Haruo (2019a) Secondary high tones in Koshikijima Japanese. *The Linguistic Review* 36(1): 25–50.

窪薗晴夫（編）(2019b)『よくわかる言語学』京都：ミネルヴァ書房.

Kubozono, Haruo (2019c) The phonological structure of Japanese mimetics and motherese. In Kimi Akita and Prashant Pardeshi (eds.) *Ideophones, Mimetics and Expressives*, 35–56. Amsterdam & Philadelphia: John Benjamins.

Kubozono, Haruo (2020) Default word prosody and its effects on morphology. *Japanese/ Korean Linguistics* 26: 16–31. Stanford: CSLI.

窪薗晴夫 (2021)『一般言語学から見た日本語のプロソディー――鹿児島方言を中心に――』東京：くろしお出版.

窪薗晴夫 (2022a)「鹿児島方言のアクセントの弁別的特性について」窪薗晴夫・守本真帆（編）『プロソディー研究の新展開』169–190. 東京：開拓社.

Kubozono, Haruo (2022b) Interactions between lexical and postlexical tones: Evidence from Japanese vocative prosody. In Haruo Kubozono, Junko Ito and Armin Mester (eds.) *Prosody and Prosodic Interfaces,* 249–281. Oxford: Oxford University Press.

Kubozono, Haruo (2022c) *Word and Sentence Prosody: The Endangered Dialect of Koshikijima Japanese.* Berlin: De Gruyter Mouton.

窪薗晴夫 (2023a)『一般言語学から見た 日本語の語形成と音韻構造』東京：くろしお出版.

窪薗晴夫、秋田喜美、上山あゆみ、金水敏、広瀬友紀（編）(2025)『論点・言語学』京都：ミネルヴァ書房.

窪薗晴夫 (2023b)「音韻論から見た「語」の特性」沈力（編）『類型論から見た「語」の本質』239–269. 東京：ひつじ書房.

窪薗晴夫、伊藤順子、アーミン・メスター (1997)「音韻構造からみた語と句の境界」音声文法研究会（編）『文法と音声』147–166. 東京：くろしお出版.

Kubozono, Haruo and Ai Mizoguchi (2023) Text-to-tune alignment in Japanese "Happy

Birthday to You". *Proceedings of ICPhS 2023*, 580–584. Prague.

窪薗晴夫、溝越彰（1991）『英語の発音と英詩の韻律』東京：英潮社.

窪薗晴夫、小川晋史（2005）「ストライキ」はなぜ「スト」か？―短縮と単語分節のメカニズム―大石強・西原哲雄・豊島庸二（編）『現代形態論の潮流』155–174. 東京：くろしお出版.

窪薗晴夫、太田聡（1998）『音韻構造とアクセント』東京：研究社.

窪薗晴夫、上野善道、木部暢子、久保智之、松森晶子、新田哲夫（2016）「甑島方言アクセントデータベース」（https://www2.ninjal.ac.jp/koshikijima/）.

Labrune, Laurence（2012）*The Phonology of Japanese*. Oxford: Oxford University Press.

Ladd, D. Robert（1980）*The Structure of Intonational Meaning: Evidence from English*. Bloomington & London: Indiana University Press.

Ladd, D. Robert（1996）*Intonational Phonology*. Cambridge: Cambridge University Press.

Ladefoged, Peter（1975）*A Course in Phonetics*. New York: Harcourt Brace Javanovich, Inc.

Lee, DongMyung（2005）Weight-sensitive tone patterns in loanwords of South Kyungsang Korean. *Paper presented at Harvard ISOKL-2005*.

Liberman, Mark（1975）*The Intonational System of English*. Doctoral dissertation, MIT. [New York & London: Garland Publishing, 1979].

Liberman, Mark and Alan Prince（1977）On stress and linguistic rhythm. *Linguistic Inquiry* 8(2): 249–336.

Lovins, Julia B.（1975）*Loanwords and the Phonological Structure of Japanese*. Bloomington: Indiana University Linguistics Club.

Martinet, André（1955）*Économie des changements phonétiques*. Berne: Francke.

松丸真大（2019）「甑島里方言の文法概説」窪薗晴夫・木部暢子・高木千恵（編）『鹿児島県甑島方言からみる文法の諸相』3–45. 東京：くろしお出版.

松浦年男（2014）『長崎方言からみた語音調の構造』東京：ひつじ書房.

McCawley, James D.（1968）*The Phonological Component of a Grammar of Japanese*. The Hague: Mouton.

McCawley, James D.（1978）What is a tone language? In Victoria Fromkin（ed.）*Tone: A Linguistic Survey*, 113–131. New York: Academic Press.

Mester, Armin（1990）Patterns of truncation. *Linguistic Inquiry* 21(3): 478–485.

毛利正守（2005）「字余り研究の課題―音韻現象と定型との関わり」『日本語学会 2005 年度春季大会予稿集』2–6.

中井幸比古（2002）『京阪系アクセント辞典』東京：勉誠出版.

中井幸比古（2012）「京都方言における 2 拍 + 2 拍和語複合名詞のアクセントについて」『音声研究』16（3）47–58.

NHK（日本放送協会）（編）（1985）『日本語発音アクセント辞典』東京：日本放送出版協会.

NHK 放送文化研究所（編）（1998）『NHK 日本語発音アクセント辞典』東京：日本放

送出版協会.

NHK 放送文化研究所（編）(2016)『NHK 日本語発音アクセント新辞典』東京：NHK
出版.

「日本のうた ふるさとのうた」全国実行委員会（編）(1991)『NHK 日本のうた ふるさ
とのうた 100 曲』東京：講談社.

Ohno, Kazutoshi (2000) The lexical nature of *rendaku* in Japanese. *Japanese/Korean
Linguistics* 9: 151–164. Stanford: CSLI.

Otake, Takashi (2015) Mora and mora-timing. In Haruo Kubozono (ed.) *Handbook of
Japanese Phonetics and Phonology,* 493–523. Berlin: De Gruyter Mouton.

Pike, Kenneth L. (1947) *Phonemics: A Technique for Reducing Languages to Writing.* Ann
Arbor: The University of Michigan Press.

Poser, William J. (1984) *The Phonetics and Phonology of Tone and Intonation in Japanese.*
Doctoral dissertation, MIT.

Poser, William J. (1990) Evidence for foot structure in Japanese. *Language* 66 (1): 78–105.

Pound, Louise (1914) Blends, their relation to English word-formation. *Anglistische
Forschungen* Vol. XLII. (若林秀善（訳）1934『混成語の考察』英語学パンフレット
第 11 編、東京：研究社出版).

Prince, Alan and Paul Smolensky (1993) *Optimality Theory: Constraint Interaction in
Generative Grammar. Technical Report #2.* Rutgers Center for Cognitive Science,
Rutgers University. [Malden, Mass.: Wiley-Blackwell, 2004].

Rosen, Eric Robert (2003) Systematic irregularity in Japanese rendaku: How the grammar
mediates patterned lexical exceptions. *Canadian Journal of Linguistics* 48:1–37.

坂口至 (2001)「長崎方言のアクセント」『音声研究』5 (3)：33–41.

Salingre, Maelys (2024) S-insertion in Japanese compounds and Rosen's Rule. Phonology
Forum 2024 口頭発表、2024.8.22. 名古屋学院大学.

Selkirk, Elisabeth O. (1978) *On Prosodic Structure and its Relation to Syntactic Structure.*
Bloomington: Indiana University Linguistics Club.

Selkirk, Elisabeth O. (1984) On the major class feature and syllable theory. In Mark
Aronoff and Richard T. Oehrle (eds.) *Language Sound Structure: Studies in Phonology
Presented to Morris Halle by his Teacher and Students,* 107–136. Cambridge, Mass.:
MIT Press.

柴田武 (1962)「音韻」国語学会（編）『方言学概説』東京：武蔵野書院.

柴田武 (1994)「外来語におけるアクセント核の位置」佐藤喜代治（編）『現代語・方
言の研究』338–418. 東京：明治書院.

杉藤美代子 (1995)『大阪東京アクセント音声辞典』(CD-ROM 版), 東京：丸善.

杉藤美代子、坂井康子 (1999)「「わらべ歌」のリズムと音節」音声文法研究会（編）
『文法と音声 II』291–306. 東京：くろしお出版.

鈴木萌夏 (2022)「「ベージュ」と他色との混成語「A ジュ」の語形成」国際基督教大
学言語学上級セミナーレポート.

高嶋秀（2024）「大阪方言における特殊拍アクセントと高起二型の回避」第 19 回音韻論フェスタ口頭発表、2024.3.7. 関西大学.

高橋康徳（2024）「中国語諸方言の声調とイントネーション」プロソディー研究シンポジウム 2024 口頭発表、2024.8.21. 名古屋大学.

田中明子（2023）「日本語における短縮語形成に関する一考察」東京言語研究所理論言語学講座「音韻論」レポート.

田中真一（1999）「日本語の音節と 4 拍のテンプレート―川柳とプロ野球声援における「字余り」の分析」音声文法研究会（編）『文法と音声 II』261–290. 東京：くろしお出版.

田中真一（2008）『リズム・アクセントの「揺れ」と音韻・形態構造』東京：くろしお出版.

田中真一（2017）「「ダイヤモンド」と「コンクリート」のアクセント―大阪方言における外来語の音韻変化と言語構造―」西原哲雄・田中真一・早瀬尚子・小野隆啓『現代言語理論の最前線』東京：開拓社.

Treiman, Rebecca（1986）The division between onsets and rimes in English syllables. *Journal of Memory and Language* 25: 476–491.

Trubetzkoy, Nikolai S. (1958/69) *Grundzüge der Phonologie* [*Principles of Phonology*]. Los Angeles: University of California Press.

氏平明（1996）「歌唱に見る日本語の特殊モーラ」音韻論研究会（編）『音韻研究―理論と実践』71–76. 東京：開拓社.

氏平明（1997）「吃音の引き金の日英比較」『大阪大学日本学報』16: 49–67.

氏平明（2000）『発話の非流暢性に関する言語学的・音声学的研究』大阪大学文学研究科博士論文.

Ujihira, Akira and Haruo Kubozono（1994）A phonetic and phonological analysis of stuttering in Japanese. *Proceedings of ICSLP 1994. Vol. 3*, 1195–1199. Yokohama.

上野善道（1984）「類の統合と式保存」『国語研究』47: 1–53.

上野善道（1992）「鹿児島県吹上町方言の複合名詞のアクセント」国広哲弥（編）『日本語イントネーションの実態と分析』（科学研究費補助金「日本語音声」C 班日本語音声の韻律的特徴に関する言語学的理論の研究 , 平成 3 年度研究成果報告書）.

Uwano, Zendo（1999）Classification of Japanese accent systems. In Shigeki Kaji（ed.）*Cross-Linguistic Studies of Tonal Phenomena: Tonogenesis, Typology and Related Topics*, 151–186. 東京：東京外国語大学アジア・アフリカ言語文化研究所.

上野善道（2012）「N 型アクセントとは何か」『音声研究』16(1): 44–62.

Vance, Timothy（1987）*An Introduction to Japanese Phonology*. Albany: State University of New York Press.

和田実（1942）「近畿アクセントに於ける名詞の複合形態」『日本音声学会会報』71: 10–13.

Wee, Lian-Hee（2019）*Phonological Tone*. Cambridge: Cambridge University Press.

Wentworth, Harold（1934）*Blend-words in English*. Doctoral dissertation, Cornell

University.

Yavaş, Mehmet S. (1998) *Phonology: Development and Disorders.* San Diego: Singular Publishing Group.

横山晶一 (1979) 「辞書見出し語のアクセントの性質について」『日本音響学会講演論文集』.

Zec, Draga (1995) The role of moraic structure in the distribution of segments within syllables. In Jacques Durand and Francis Katamba (eds.) *Frontiers of Phonology: Atoms, Structure, Derivation*, 149–179. New York: Longman.

索　引

ア行

愛称（語）124, 260, 287

愛称語形成 124

あいまい母音（schwa）229, 296 → 強さアクセント

赤ちゃん言葉（motherese, baby-talk words）11, 112–114, 127–131, 270–275, 281, 302–303, 308–309

アクセント（accent）2–5, 13
　　アルファベット頭文字語 63–65
　　外来語 45, 49, 60–63, 67, 131, 137–138, 214–217
　　獲得 129–131
　　起伏式 → 起伏式アクセント
　　形容詞 52, 123
　　＿次郎 38–41, 49, 56, 60
　　数字列 49–50
　　世代差 159–160, 188
　　＿太郎 58–60
　　＿町 43–45
　　転成名詞 47–48
　　電話番号 49–50
　　動詞 48, 123
　　平板型 → 平板型アクセント
　　複合語 → 複合語アクセント
　　付与の方向性 141–142
　　付与の領域（domain）139–140, 144
　　弁別性 31, 149, 248, 257
　　弁別的特徴（distinctive feature）4, 31, 248
　　＿屋 41–43

アクセント核（accent kernel）4, 16, 21–22

アクセント核移動規則 → アクセント核移動現象

アクセント核移動現象 56–58, 246–247 → 高音調移動現象

アクセント型（accent pattern）4, 31, 39–45 → 複合語アクセント

アクセント句 158 → アクセント単位

アクセント句の融合 158

アクセント体系の類型 23, 57, 135–143, 156, 170–171

アクセント単位 50–55

アクセント調整 56–58, 147, 197 → アクセント核移動現象

アクセントデータベース → 甑島方言

アクセントの中和 → 中和

アクセントの弁別性 → アクセント

アクセントの弁別的特徴 → アクセント

アクセントの揺れ 160, 215, 259

アクセントの類型 → アクセント体系の類型

アクセント変化（accent(ual) change）14, 150, 156–161, 241

アラビア語（Arabic）27

アルファベット頭文字語（alphabetic acronym）63–65

言い切り形 252

言い間違い（speech error）78, 89–102, 120
　　交換エラー 91–94, 97–98, 101–102
　　混成エラー 78, 92–96, 99–100, 132
　　選択エラー 92–93, 106
　　置換エラー 91–96, 101–102

異化 → 必異原則

鋳型（template）→ テンプレート

索　引　| 325

育児語 → 赤ちゃん言葉

一語化しない複合語 → 非融合型の複合語

一般化（generalization）9–11, 308

一般言語学（general linguistics）→ 言語類型論

一般性（generality）17, 22, 172, 219

意味的主要部（semantic head）→ 主要部

隠語 284 → ズージャ語

inter-stress interval → 強勢拍リズム

イントネーション（intonation）5–6. 61, 149, 256, 269 → 強調イントネーション、呼びかけイントネーション

イントネーション句 24

韻律外性（extrametricality）35

韻律語（prosodic word）23–24, 120

韻律構造（prosodic structure）62–65, 82, 101, 113, 193, 217, 272–274, 278

韻律的鋳型（prosodic template）→ テンプレート

英語（English）20, 25–31, 61–77, 91–100, 104–105, 108–109, 128–131, 162

　　赤ちゃん言葉 270–272

　　アクセント 30–32, 183–185, 216–217, 229

　　音節量 162, 168–170

　　基礎語彙 25, 129

　　吃音 104–105

　　強勢の衝突 229–237, 257, 301, 306, 308

　　混成語 73–77, 99–101

　　子音結合 297–301, 303

　　短縮語 26–27, 81, 218

　　テキストセッティング 108, 110, 176–179, 183–185, 195

　　二重母音 296, 302

　　ハイエイタス 289–291, 302

　　リズム（規則）240, 253–256

/s/ の挿入 37, 292 → 子音挿入

Edgemostness → 最右端の原理

N 型アクセント体系（N-pattern accent system）139 → 二型アクセント体系

大阪方言 243 → 近畿方言

OCP（Obligatory Contour Principle）→ 必異原則

オノマトペ（mimetic word）50, 112, 130, 180, 270

Optimality Theory → 最適性理論

〔お＋名詞〕の短縮語 124

音韻階層 23–24

音韻句（phonological phrase）24

音韻制約 1 → 制約

音楽と言葉の関係 → テキストセッティング

音節（syllable）6–7, 196 → 音節量

　　音韻論的音節 20

　　音声学的音節 20

　　獲得 112–119, 127–128

　　役割 56–68, 78–90, 101–102, 111–113, 118–120, 137, 186–191, 204–206

音節境界（syllable boundary）6, 16, 69, 76–78, 85, 111, 124, 159, 163, 196, 289

音節言語 19–20, 24–32 → シラビーム方言

音節構造（syllable structure）6–7, 18, 63, 69, 79, 98, 126, 128–129, 170, 195 → 韻律構造、音節量、二重母音

音節構造の制約 79, 101–102

音節構造の調整 → 再音節化

音節方言 → 鹿児島方言、シラビーム方言

音節量（syllable weight）6, 16–17, 31, 83, 271–272 → 韻律構造、軽音節、重音節、超重音節

音節量の中和 → 長さの中和

音素配列制約（phonotactic constraint）300
音調（tone）5 → 曲線音調、高音調、水平音調、ピッチ
音調の衝突 → 高音調の衝突
音変化（sound change）156–159, 286–287 → アクセント変化

カ行

開音節長母音化（open syllable vowel lengthening）162
外来語（loanword）21, 67, 79–82, 162–163, 287 → 外来語アクセント、促音添加
外来語アクセント → アクセント
外来語の短縮 79, 221, 241, 282–284 → 単純語の短縮
下降曲線音調 11–14, 152–156, 160–161, 172–173, 305
下降調 → 起伏式アクセント
鹿児島方言 8, 21, 30–32, 156–174, 260–269, 302
　　アクセント体系 31–32, 60, 135, 138–143, 151–156,
　　アクセント変化 156–161
　　疑問イントネーション 268–269
　　強調イントネーション 266–269
　　高音調の衝突 260–269, 302
　　超重音節 161–170
　　二重母音 156, 158
　　「の」の縮約 166–170, 173
　　複合語アクセント 140–142
　　母音融合 158
　　モーラ性 161–170
　　呼びかけイントネーション 162, 260–265
頭文字語（acronym, initialism）→ アルファベット頭文字語
歌謡の二層性 175

簡潔性（simplicity）17
漢語 45–46, 60, 66, 79, 130–131, 214, 276–277
韓国語 → 朝鮮語
漢語の短縮 → 複合語の短縮
漢字 40, 46, 276–279
嵌入の 'r'（intrusive 'r'）289–190
擬音語 → オノマトペ
聞こえ度（sonority）18, 181, 232, 294–303
聞こえ度の階層（sonority hierarchy）298
聞こえ度配列の一般化（Sonority Sequencing Generalization）299
聞こえ度配列の原理（Sonority Sequencing Principle）299
疑似平板化形態素（pseudo deaccenting morpheme）45
基礎語彙 25, 129, 275
擬態語 → オノマトペ
吃音（stuttering）102–105
基底 3 分割構造説 → 単純語の短縮
機能語 178
起伏式アクセント（accented pattern）→ 東京方言
基本周波数（F0, f0）→ ピッチ
疑問イントネーション 268–269
休止 → ポーズ
九州西南部方言 2, 8, 14, 142–144, 171–174 → 鹿児島方言、甑島方言、長崎方言
境界音調（boundary tone）6 → 句音調
強弱アクセント → 強さアクセント
強勢の衝突 2–3, 11, 229–237, 257, 301 → プロミネンスの衝突
　　語順の選択 233, 235–237, 301
　　語の選択 233–234
　　余剰要素の挿入 232–233, 301
　　リズム規則 229, 232, 240, 252–257, 301

索 引 | 327

強勢拍リズム（stress-timed rhythm）→ リ
　ズム
鏡像関係 283
強調イントネーション 260, 266–269
共通語（standard Japanese）→ 東京方言
共鳴音（sonorant）298–300
曲線音調（contour tone）5, 11–14, 305–306
　→ 下降曲線音調、上昇曲線音調
際立ち → プロミネンス
近畿方言 49–50, 265, 302
　　　高音調の衝突 11, 238–247
　　　高起二型 240–245
　　　式の変化 244–247
　　　式保存の法則 141–142, 242–246
　　　低起無核型 238–240
　　　特殊拍アクセント 243–246
　　　複合語アクセント 141–142, 242–247
句音調 248–249
くだけた発話（casual speech）156, 166–
　168
句頭の上昇（phrase-initial pitch rise）148
「グレージュ」タイプの混成語 → 混成語
軽音節（light syllable）→ 韻律構造
形態規則　68–90, 167 → 混成語、ズー
　ジャ語、単純語の短縮、複合語の短縮
形態素（morpheme）37, 41, 46, 76, 79, 93,
　140–141, 193, 283, 285 → 疑似平板化形
　態素、平板化形態素
形態素境界（morpheme boundary）69, 76,
　82, 85, 186, 193–194, 224
「ケータイ」タイプの短縮語 → 複合語の
　短縮
形容詞（adjective）52
　　　アクセント 52, 123
　　　語順 236–237
　　　用法 234–235
ゲルマン系諸語 234

原語（source word）38, 61, 79, 165
元号のリズム 275–281
言語獲得（language acquisition）13, 112–
　120, 126–128, 131, 295, 298　→ 赤ちゃ
　ん言葉、しりとり遊び、タッピング実
　験
言語の二層性 175
言語発達 → 言語獲得
言語類型論（language/linguistic typology）
　1, 18–23, 136–138, 156, 171 → アクセン
　ト体系の類型
語アクセント（word accent）3–5, 23, 61,
　139, 149, 176–177, 208–210, 224, 263–
　267　→ アクセント、語声調、複合語
　アクセント
高音調 5, 21, 145–148
高音調移動現象（high tone shift）147–148,
　153, 251, 302
高音調拡張現象（high tone spreading）
　146–153
高音調消失 → 高音調の衝突
高音調の衝突（high tone clash）238–270,
　274, 301–304, 308 → プロミネンスの衝
　突
　　　鹿児島方言 260–269
　　　近畿方言 238–247
　　　高音調の移動 147–148, 153, 247–251,
　　　302
　　　高音調の消失 252–260, 267, 301–302
　　　甑島方言 247–260
高起式 141–142, 238, 241 → 近畿方言、
　式保存の法則
高低アクセント → 高さアクセント
語形成（word formation）1, 15, 26, 28, 82,
　123–126 → 混成語、重複語、ズージャ
　語、短縮語、転成名詞、派生語、複合
　語
甑島方言 8, 14, 143
　　　アクセント体系 143–156, 247–260

アクセントデータベース 8, 144
片野浦方言 154
桑之浦方言 251–252, 258–259
高音調の移動 247–252
高音調の消失 252–260
高音調の衝突 247–260
里方言 252. 257
重起伏アクセント 144, 147–148,
　154–155, 247–260
主流方言 252
瀬々野浦方言 154–155, 250–252, 259
平良方言 14, 144–156, 171–172, 247–
　248
手打方言 144, 147, 250–252, 257–259
長浜方言 250–252, 258–259
複合語アクセント 144
五七五 → 詩の韻律
語種 (word type, lexical stratum) → 外来
　語、漢語、和語
五十音図 13
語種とアクセント 37, 66–67, 131
語順とアクセント 235–237, 301
語順の選択 → 強勢の衝突
語声調 (word tone) 139 → アクセント
諺 233
語の結合点 87, 100 → 語の分節点
語の最小性 (word minimality) 19, 25–27,
　82, 125, 187, 219 → 最小性条件、単純
　語の短縮
語の3分割構造 213 → 単純語の短縮
語の選択 → 強勢の衝突
語のプロソディー (word prosody) 5 → ア
　クセント
語の分節点 99, 112 → 混成語、テキスト
　セッティング
混成句 92–93
混成語 (blending, blended word) 21, 72–78

エラー 78, 92–93, 95, 99–101, 132
　規則 72–78
　「グレージュ」タイプ 86–90
　データ 131–134
　長さの法則 74–78, 87, 95
混成文 92–93

サ行

最右端の原理 (Rightmostness) 52, 58,
　122, 216
最右端のフット (rightmost foot) 52, 58,
　122, 216
再音節化 (resyllabification) 164, 169–170
最小語 (minimal word) 19, 92, 125 → 語
　の最小性、最小性条件
最小語条件 → 最小性条件
最小修正 (minimal repair) 221
最小性条件 (minimality condition) 26–28,
　82, 125, 187, 221 → 単純語の短縮
最適性理論 (Optimality Theory) 10, 153
逆さ言葉 193, 284 → ズージャ語
サンスクリット語 (Sanskrit) 72
3モーラ音節 → 超重音節
3モーラと4モーラの境界 188–192, 204–
　208, 306, 310
字余り → 詩の韻律
子音 6, 17–18, 93, 97–98, 126–127, 181,
　297–301
子音結合 (consonant cluster) 126, 232,
　297–301
子音挿入 (consonant insertion) 290–291,
　308 → 促音添加
子音脱落 29, 157–159
子音と子音の衝突 297–301 → プロミネ
　ンスの衝突
子音の聞こえ度 → 聞こえ度
式保存の法則 → 近畿方言、複合法則
自然性 161, 173 → 一般性

索引 | 329

詩的逸脱（poetic license）233
詩の韻律 32–36, 121
　　五七五のリズム 33–34, 121
　　字余り 34–36, 119
弱起の曲 177, 182, 192 → 強さアクセント
主アクセント 154, 248–260 → 重起伏アクセント
重音節（heavy syllable）3, 6, 16, 30–31, 35–36, 66, 99, 106, 277 → 音節量、超重音節、長さの中和
重起伏アクセント（two-peak accent system）140, 154 → 甑島方言
重子音化 165 → 促音添加
終助詞 → 文末詞
十二支 125, 187
重複形 → 重複語
重複形オノマトペ → オノマトペ
重複語 50
出力条件 → 単純語の短縮
主要部（head）212–213, 217, 220
畳語 → 重複語
上昇曲線音調 11–14, 148–149, 153–156, 160–161, 171–173, 305–306
使用頻度 → 馴染み度
情報量 178
シラビーム方言（syllabeme dialect）21, 138 → 音節言語、鹿児島方言
シラブル → 音節
自立拍（independent mora, head mora）3, 6–7, 11, 16, 96–98, 101–102, 115, 146–148, 231 → モーラ
自立モーラ → 自立拍
しりとり遊び 114–120, 127
__次郎のアクセント 38–41, 49, 56, 60
新造語（nonce word）37, 61, 63
新造複合語（novel compound）38

親密な呼びかけ（affective vocative）→ 呼びかけイントネーション
水平音調（level tone）5, 11–14, 152–154, 173, 305
数字列のアクセント 49–50
ストレスアクセント → 強さアクセント
成節子音（syllabic consonant）232, 299
声調言語（tone language）13, 148, 152, 305
制約（constraint）1, 9, 70, 80–83, 113, 172, 181, 219 → 最右端の原理、最小性条件、最適性理論、長さの法則、非語末原理
接辞（affix）290–293
接続形 253
接尾辞 → 接辞
前進型アクセント 215–216, 274
川柳 33–35, 119–121
挿入母音（epenthetic vowel）62
阻害音（obstruent）16, 18, 194, 298–300
促音（moraic obstruent）7, 16, 26, 57, 70–71, 97, 107, 148, 163–166, 180–181, 223, 271–273　→ 特殊拍
促音添加 165–166, 168, 170, 287–288
祖語 174

タ行

代償延長（compensatory lengthening）25, 28–30, 157–159, 293
第 2 強勢（secondary stress）183, 185, 229–230, 254–255
対比（contrast）177, 254
高さアクセント（pitch accent）2–3, 181–182, 192, 229–231, 303, 306–309
多型アクセント体系（multi-pattern accent system）139 → 東京方言
タッピング実験 118–120 → 言語獲得
__太郎のアクセント 58–60

330 | 索　引

短音節 → 軽音節

短歌 7, 32–34, 121

単起伏アクセント（one-peak accent
system）140 → 重起伏アクセント

短縮語（truncated/shortened word）→ 単純
語の短縮、複合語の短縮

単純語のアクセント 30, 52, 216–217,

単純語の短縮 79–83, 125, 191, 218–223

　　基底 3 分割構造説 220

　　最小性条件 27–28, 80–82, 125. 221

　　出力条件 81–82, 113, 219

　　入力条件 80–81, 218–219

単純名詞のアクセント → 単純語のアク
セント

短母音化（vowel shortening）70, 162, 165,
168–170

単母音化 29 → 母音融合

中間的な複合語 → 中途半端な複合語化

中国語 277, 288 → 漢語

中途半端な複合語化 54–55

中和（neutralization）6

　　アクセントの中和（accentual
neutralization）142, 147, 193, 208–
210, 224, 258, 263

　　長さの中和（temporal neutralization）
35–36, 118

長音 7, 16, 57, 70–71, 89–90, 97–98, 107,
116–117, 180–181, 190, 273 → 特殊拍

長音節 → 重音節

超重音節（superheavy syllable）6, 195,
210, 271

超重音節の忌避 88, 162–170, 201–202,
211–212, 225–226, 306

朝鮮語（Korean）24, 30, 149, 293, 297, 302

超長音節 → 超重音節

超分節音的特徴 → プロソディー

長母音化（vowel lengthening）29.

強さアクセント（stress accent）2–3,

178–179, 181, 195, 223, 229–231, 257,
306

低起式　141–142, 238–241 → 近畿方言

低起無核型 → 近畿方言

テキストセッティング（text-setting）106–
112, 175–227

　　アクセントとの関係 178–179, 181–
185, 192–193, 195

　　英語 108, 176–179, 183–185, 195

　　形態構造との関係 193–194

　　日本語 179–182, 185–227

　　Happy Birthday to You 108–112, 182–
202

　　母音の無声化との関係 186, 194–195,
207, 224

　　野球の声援 202–226, 285–286, 302–
303

転成名詞 47–48

テンプレート（template）69, 77, 83, 87–88

電話番号のアクセント → アクセント

ドイツ語（German）20, 27. 110, 126, 175–
176, 183–184

頭韻（alliteration）235

東京方言 4, 8

　　アクセント規則 4, 21–22, 137, 147,
214–216, 273–274

　　アクセント体系 23, 138–139

　　アルファベット頭文字語 63–65

　　外来語アクセント 62–63, 214

　　前進型アクセント 215–216, 274

　　超重音節 88, 162–170, 201–202, 211–
212, 225–226, 306

　　二重母音 57, 71, 107, 195–198, 210–
211, 225, 294–297

　　複合語アクセント 39, 46–47, 51–56,
58, 121–123, 140, 196–198, 214

頭子音（onset）26, 74, 93, 98–100, 293–
294, 299–300

索引 | 331

動詞のアクセント 48, 123
トーン 5. 173, 241 → 音調
特殊拍（dependent/special mora）3, 6–8.
　16, 22, 57–58, 71, 96–98, 107, 116–118,
　180–181, 190, 273–274 → モーラ
特殊拍アクセント → 近畿方言
特殊モーラ → 特殊拍
吃り → 吃音
トンガ語（Tongan）27

ナ行

長崎方言 14, 49. 137–144, 154–155, 171–
　172, 305
長さの中和 → 中和
長さの法則 → 混成語
馴染み度（familiarity）61, 79
二型アクセント体系（two-pattern accent
　system）8, 14, 39. 161, 171, 305 → 鹿児
　島方言、甑島方言、長崎方言
二重母音（diphthong）57, 71, 107, 195–
　198, 210–211, 225, 277, 294–297, 302
ニックネーム → 愛称（語）
2モーラフット（bimoraic foot）→ フット
入力条件 → 単純語の短縮
女房言葉 124
人称 39
脳内辞書（mental lexicon）91, 93, 96
「の」の縮約（no contraction）167–170
「の」の前の平板化（pre-no deaccenting）
　65–68
Nonfinality → 非語末原理

ハ行

ハイエイタス（hiatus）3, 35, 37, 232, 289–
　296
俳句 7, 32–34, 121
ハイブリッド体系（hybrid system）135,
　143, 155, 160, 171, 305

拍 → モーラ
派生語 26, 82, 283, 290
撥音（moraic nasal）→ 特殊拍
撥音添加 272
撥音の前の短母音化 166, 168–170
Happy Birthday to You 108–112, 182–202
　→ テキストセッティング
　英語 183–185
　日本語 185–202
発話（utterance）24, 91, 102–104
発話速度 255
発話努力 230, 309
母親語 → 赤ちゃん言葉
ハワイ語（Hawaiian）27
半母音の挿入 → わたり音挿入
鼻音の前の短母音化（pre-nasal vowel
　shortening）165–166 → 撥音の前の短母
　音化
非語末原理（Nonfinality）51–52
尾子音（coda）18, 25–26, 31, 98, 110, 164,
　190, 271, 293–294, 299
必異原則（Obligatory Contour Principle,
　OCP）241 → 強勢の衝突、高音調の衝
　突
ピッチ（pitch）5, 21
ピッチアクセント → 高さアクセント
ピッチの変動 4, 13, 149 → 曲線音調、水
　平音調
非融合型の複合語 53–54
標準語（standard Japanese）8 → 東京方言
品詞 93
フォーカス（focus）266–268 → 強調イン
　トネーション
不可視（invisibility）35
不均衡（asymmetry）86, 187, 259
複合語（compound）30, 36–56 → 中途半
　端な複合語化、非融合型の複合語、複
　合語アクセント、複合語の短縮

複合語アクセント（compound accent）
　鹿児島方言 140–142
　近畿方言 141–142, 242–247
　甑島方言 144
　東京方言 39–60, 121–122, 140, 164, 196–198
　長崎方言 140–142
　方言差 140–142
　右側優位（left-dominant）45
　例外的な複合語アクセント規則 38–45
複合語化（compounding）73
複合語の短縮（compound truncation）68, 81, 218
　「ケータイ」タイプ 81, 218, 220
　「ポケモン」タイプ 49, 68–71, 73, 77, 80, 82–83, 89, 123, 191, 218
複合法則 → 複合語アクセント
複合名詞アクセント → 複合語アクセント
副詞 236–237
副次アクセント（secondary accent）248–259 → 重起伏アクセント、第 2 強勢
付属拍 → 特殊拍
フット（foot）7, 15, 19, 23–24. 34, 37, 49, 52, 69, 120–125, 216–217
フット形成（原理）37, 122
プロソディー（prosody）5, 175 → アクセント、イントネーション
プロミネンス（prominence）229–231
プロミネンスの衝突（prominence clash）229–304
　強勢の衝突 229–237, 257, 301, 306, 308
　高音調の衝突 238–270, 274, 301–304, 308
　子音と子音の衝突 297–302
　母音と母音の衝突 288–297, 301–303
　モーラ間のプロミネンス衝突

　　270–288, 302
文音調 → イントネーション
文節（minimal syntactic phrase）140, 144, 238–240, 252–253
文末詞 256–257, 266–269
閉音節短母音化（closed syllable vowel shortening）162, 168–170
平板化形態素（deaccenting morpheme）41, 45–49, 66, 140
平板化条件 → 平板型アクセント
平板型アクセント（unaccented pattern）4, 41–48, 129–131, 139–140, 208–209. 214, 271
　　生起条件 53–55, 60–68, 122 → 疑似平板化形態素、平板化形態素
平板式 → 平板型アクセント
並列複合語（dvandva compound）47, 50, 53
ベジャ語（Beja）23, 136, 138
ベルベル語（Berber）232
母音 6, 13, 25–26, 120, 184, 288–297
母音消去 → 母音脱落
母音挿入 282 → 挿入母音
母音脱落（vowel deletion）156–158, 291–293, 296, 302
母音と母音の衝突 288–297, 301–303 → 二重母音、ハイエイタス、プロミネンスの衝突
母音の聞こえ度 → 聞こえ度
母音の短音化 → 短母音化
母音の長音化 → 長母音化
母音の無声化（vowel devoicing）186, 194–195, 207, 224
母音融合（vowel coalescence）28–30, 156–158, 292–293, 308
母音連続（hiatus）3, 35, 37, 198, 200, 210–211, 232, 289–296, 302
ポーズ（pause）34, 285–286

ポーランド語 23, 136–138
「ポケモン」タイプの短縮語 → 複合語の
　短縮

マ行

間 → ポーズ
マイナス 3 (−3) の規則 4, 214–216, 244,
　273
枕崎方言 8
万葉集 35
右側優位 → 複合語アクセント
ミスマッチ (mismatch) 148, 178–179, 182
無声化 → 母音の無声化
無標のアクセント (型) 14, 130–131
モーラ (mora) 3–7, 11, 15–24 → 音節量、
　自立拍、特殊拍、フット
　　獲得 112–120, 126–128
　　役割 25–131, 157–158, 161–170, 186–
　　188, 204, 270, 282–284
モーラ音素 → 特殊拍
モーラ間のプロミネンス衝突 270–288 →
　赤ちゃん言葉、元号のリズム、ズー
　ジャ語、単純語の短縮、野球の声援
モーラ境界 16, 69, 77–78, 99–101, 110–
　112, 137
モーラ言語 10, 19–25, 29, 138–143, 187
モーラ拍リズム (mora-timed rhythm) 20,
　187
モーラ方言 → モーラ言語

ヤ行

野球の声援 (baseball chant) 202–226,
　285–286, 302–303 → テキストセッティ
　ング
大和言葉 → 和語
有標性 (markedness) 11–14, 85, 126–131,
　148, 152–153, 168–172, 193, 271. 291,
　295 → 超重音節の忌避、ハイエイタ
　ス、プロミネンスの衝突

有標性理論 (markedness theory) 295 → 最
　適性理論
幼児語 → 赤ちゃん言葉
曜日 125, 187
余剰要素の挿入 → 強勢の衝突
呼びかけイントネーション (vocative
　intonation) 162, 209, 260–265
4 モーラと 5 モーラの境界 49–56, 81,
　121, 191–192, 219, 310

ラ行

Rightmostness → 最右端の原理
ラテン語 (Latin) 23, 27, 30–31, 138, 162,
　168–170, 216
リズム (rhythm) 5, 19–20, 33–34, 121,
　175, 178, 229, 270–281, 309 → 強勢拍リ
　ズム、モーラ拍リズム
リズム規則 229–232, 240, 252–257, 301
　→ 強勢の衝突
リズム能力 179
リトアニア語 23, 136–138
略語 → 短縮語
琉球語 232, 304
類型論 (typology) → 言語類型論
類別語彙 141
ルーマニア語 (Romanian) 297
連結 (align) → テキストセッティング
連結の 'r' (linking 'r') 289–290, 302
連濁 (rendaku voicing, sequential voicing)
　36–38, 50, 121, 192
ロマンス系諸語 → ラテン語

ワ行

和語 (native (Japanese) word) 45–47, 60,
　66–67, 79, 130–131, 214
和語の短縮 → 複合語の短縮
わたり音化 28, 292, 296, 302
わたり音挿入 292, 296, 302

窪薗 晴夫（くぼぞの はるお）

1957年3月、鹿児島県（薩摩）川内市生まれ。大阪外国語大学（現大阪大学外国語学部）で英語を、名古屋大学大学院で英語学を、イギリス・エジンバラ大学で言語学・音声学を学ぶ。専門は音韻論（言語学）、他の言語との対照により日本語の仕組みを研究している。南山大学外国語学部、大阪外国語大学、神戸大学文学部で教鞭を執った後、2010年より人間文化研究機構・国立国語研究所教授。現在、神戸大学および国立国語研究所名誉教授。日本言語学会会長（2015-2017）。主な単著に『語形成と音韻構造』、*The Organization of Japanese Prosody*、『一般言語学から見た日本語のプロソディー』『一般言語学から見た日本語の語形成と音韻構造』（以上、くろしお出版）、『日本語の音声』『新語はこうして作られる』『アクセントの法則』（以上、岩波書店）、『通じない日本語』（平凡社）、*Word and Sentencee Prosody: The Endangered Dialect of Koshikijima Japanese*（De Gruyter Mouton）など。主な編著書に *Handbook of Japanese Phonetics and Phonology*（De Gruyter Mouton）、*The Phonetics and Phonology of Geminate Consonants*（Oxford University Press）、*Prosody and Prosodic Interfaces*（同上）など。

一般言語学から見た日本語の音韻構造

初版第1刷 —— 2025年 4月 30日

著　者 ——— 窪薗 晴夫

発行人 ——— 岡野 秀夫

発行所 ——— 株式会社くろしお出版

　　　　　　〒102-0084　東京都千代田区二番町4-3
　　　　　　［電話］03-6261-2867　［WEB］www.9640.jp

印刷・製本　シナノ書籍印刷　　装 丁　折原カズヒロ

©KUBOZONO Haruo 2025

Printed in Japan

ISBN978-4-8011-1010-6 C3081

乱丁・落丁はお取りかえいたします。本書の無断転載・複製を禁じます。